BASTEI
LÜBBE

Barbara von Bentheim

Endlich Zeit für alles!

BASTEI
LÜBBE

BASTEI-LÜBBE-TASCHENBUCH
Band 66 346

Originalausgabe

Printed in Germany, Mai 1997
Einbandgestaltung: Gisela Kullowatz
Titelfoto: Mechthild Op Gen Oorth, Köln
Satz: Textverarbeitung Garbe, Köln
Druck und Bindung: Elsnerdruck, Berlin
ISBN 3-404-66346-2

Der Preis dieses Bandes versteht sich einschließlich
der gesetzlichen Mehrwertsteuer.

Ich danke allen Frauen, die im Rahmen der Interviews durch ihre Erzählungen, Berichte und Ratschläge an diesem Buch mitgewirkt haben.
Ich danke meinen Kindern und jungen Freunden Ariane, Sabine und Sandra, Hajo, Hubertus und Uli, die durch ihre Kommentare und aufbauende Kritik das Buch mitgestaltet haben und mir immer wieder Mut machten und die Freude am Schreiben anfachten.

Inhalt

[illegible]

[illegible]

[illegible] wenn man [illegible] [illegible] [illegible] [illegible] [illegible] [illegible] Dabei [illegible] [illegible] wenn man nicht [illegible] [illegible] [illegible] [illegible] [illegible] [illegible] [illegible] [illegible] [illegible] [illegible] [illegible] [illegible] vorstellen [illegible] [illegible] [illegible] [illegible] [illegible] [illegible] [illegible] [illegible] [illegible] [illegible] [illegible] [illegible] das [illegible]

Vorwort

Wie dieses Buch entstand

Nicht zu glauben, mit welch sträflicher Unbedarftheit ich in den Ruhestand stolperte. Ich hatte meinen Beruf sehr geliebt, das »Danach« irgendwie verdrängt. Da war wohl so eine nebelhafte Vorstellung – auf dem Lande leben, viel reisen – aber alles fern jeder Realität. So hatte ich doch wahrhaftig nur am Rande mal darüber nachgedacht, daß Rente nicht gleich Gehalt ist oder daß ein Tag auch dann 24 Stunden lang ist, wenn man nicht mehr berufstätig ist. Heute frage ich mich, wie kann eine Frau mit einigermaßen guter Schulbildung und einem sogar etwas über dem Durchschnitt liegenden Intelligenzquotienten so dumm sein? Sie kann – und sie fiel natürlich hinein ins berühmt-berüchtigte Rentenloch. Da saß ich nun, tief unten, niedergeschlagen, zum ersten Mal in meinem Leben konnte ich mir unter »depressiv« durchaus etwas vorstellen. Selbstquälerisch marterte ich mich mit sinnlosen Vorwürfen: Hätte ich doch früher …, wäre ich doch eher … Und ich erwachte morgens und fiel des Abends in unruhigen Schlaf mit der Frage: Warum um Himmels willen hast du nicht beizeiten an deinen Ruhestand gedacht! Da blitzte ein Gedanke in meine Trübsal: Du mußt die anderen Frauen warnen! Ich fing bei ehemaligen Kolleginnen an. Nach anfänglichem »Ach, das ist doch noch weit weg, und das läuft sich dann schon zurecht« gelang es mir mehr und mehr, die Frauen zu überzeugen – zunächst durch meine desolate Gemütsverfassung (*so* hatten die mich nie erlebt) und dann auch mehr und mehr durch meine konkreten Ratschläge. Da erwachten missionarische Gelüste in mir: Warum nicht in größerem Rahmen Rat geben? So wurde die Idee zu diesem Buch geboren, und mit ihr kletterte ich aus dem Abgrund. Bei den dann folgenden zahlreichen Interviews, die ich mit Frauen in Seniorenclubs, Altenheimen, Vereinen und auch im privaten Kreis führte, erfuhr ich die – traurige – Genugtuung, daß ich in meiner Blauäugigkeit und unbedarften Planlosigkeit nicht allein stand. Nicht alle Frauen waren bei Rentenbeginn so tief wie ich gestürzt, doch mit Selbstvorwürfen und »hätte« und »wäre« plagten sich die meisten; und natürlich würden sie es heute ganz anders machen. Ich hörte gut hin, fragte nach, recherchierte, suchte und fand Antworten, Rat, Ideen, Vorschläge, Konzepte. So wurde aus dem Gedanken, andere Frauen zu warnen und vor dem Absturz zu Beginn des Ruhestandes zu bewahren, dieser Ratgeber. Die umfangreiche interessante Arbeit damit hat mich endgültig aus dem Abgrund gezogen und mir gezeigt, was für eine wunderbare Aufgabe die Gestaltung des dritten Lebensabschnittes sein kann. Heute bedaure ich nur noch eins: Hätte ich mein eigenes Buch bloß vor 15 Jahren lesen können!

Was dieses Buch will

Es will Sie vor dem Sturz ins »schwarze Loch« bewahren, will Sie anregen, über den kommenden Ruhestand nachzudenken und heute schon mit konkreten Vorbereitungen zur Gestaltung des Zeitraums nach der Erwerbstätigkeit und der Familienarbeit zu beginnen.

Der dritte Lebensabschnitt, der Ruhestand, wird sich für uns Frauen gewaltig wandeln. Zum einen ist er durch unsere hohe Lebenserwartung bedeutend länger geworden. Zur Zeit der Jahrhundertwende dauerte er, wenn er überhaupt stattfand, nur wenige Jährchen; heute sind es 20 bis 30 Jahre und mehr. Zum anderen sind es heute keine ihr Gnadenbrot verzehrende Omas, die in den Ruhestand treten, sondern Frauen, die außer »Kinder und Küche« meist eine Erwerbstätigkeit hinter sich haben, qualifiziert gebildet sind, Auto fahren, joggen, Jeans tragen. Von solchen Frauen und in dieser langwährenden Dauer ist der Ruhestand noch nie gelebt worden. Neuland erwartet Sie mit bisher nicht erfahrenen Möglichkeiten und Chancen.

Für diese großartige Herausforderung will Ihnen das Buch Anregungen geben durch Vorschläge für das Planen und Vorbereiten der Dinge, die konkret planbar sind, wie Finanzlage und Wohnen, Tips für den Einklang von Altern und Gesundheit, Beschäftigung in Form von Arbeit und Vergnügen, das Klären der zwischenmenschlichen Beziehungen. Von einem derart sicheren Sockel aus läßt es sich dann getrost und mit Freude dem Ruhestand entgegensehen.

»man« oder »frau«?

Zum Sprachgebrauch im Frauenbuch:

Obwohl dies ein Frauenbuch ist und obwohl ich entschieden für die Emanzipation der Frauen eintrete, werde ich nicht von Ärzten und Ärztinnen und Soziologen und Soziologinnen oder gar von ÄrztInnen oder SoziologInnen sprechen. Diese Wortungeheuer erschweren die Information, die Holprigkeit macht den Stil kaputt, und der Gleichberechtigung der Frau hilft es doch kein Schrittchen weiter; eher laufen wir Gefahr, uns lächerlich zu machen. Ein dem Spotte zugetaner Kollege wollte einmal eine Versammlung von Gemeinde-Oberhäuptern so begrüßen: »Liebe Bürgermeister, liebe Bürgermeisterinnen, liebe Bürgerinnenmeister, liebe Bürgerinnenmeisterinnen! ›Man‹ – und nicht das hilflose ›frau‹ und schon gar nicht das Wortungetüm ›man/frau‹ – gestatte mir also den schlichten ›Bürgermeister‹ (und jede weiß doch, wer alles gemeint ist) – danke!«

»alt« oder »älter«?

Bei der »alten« und der »älteren« Frau liegen grammatische Logik und allgemeiner Sprachgebrauch im Widerspruch. Die Steigerung von »alt« heißt »älter«; also wenn Liese 60 Jahre alt ist und Lotte 90, dann ist doch Lotte die ältere Frau. Wir aber sagen: Lotte ist eine alte Frau, und Liese ist eine ältere Frau. Aber keine Angst, ich halte mich im Text an den Sprachgebrauch und lasse Liese, eine ältere Frau, jünger sein als Lotte, eine alte Frau – Pardon!

Nun ist das mit der »älteren Frau« ja lieb gemeint, soll schonen, soll so ungefähr sagen, sie ist noch nicht richtig alt, nur so ein bißchen alt. So ist wohl auch »Seniorenheim« statt »Altenheim« zu verstehen, obwohl nun wieder jenes »frauenfeindlicher« ist als dieses; denn eigentlich müßte es Senioren- und Seniorinnenheim heißen, während im Altenheim »alles drin« ist, die alten Frauen wie die alten Männer.

Mir gefällt das Wort »alt« – es klingt gut, ist begrifflich klar und ehrlich. Wie irreführend ist doch schon »Seniorensport«, womit ja »Sport für die Alten« gemeint ist. Andererseits sind jedoch viele Sportler schon mit 20 Senioren und betreiben dann auch »Seniorensport«; ein Seniorenheim könnte so auch ein Heim für blutjunge Schwimmer oder Fußballer sein. Doch Schluß mit der Wortklauberei – »Seniorin« sagt halt so wenig aus. »Alte Frau« hingegen klingt schön, rührt an und erzählt etwas. Ich habe mich in meinem Text mehr an »die Alten« gehalten.

Die große Freizeit

Der neue Freiraum

Unberührtes Neuland wartet darauf, entdeckt und gestaltet zu werden. Der dritte Lebensabschnitt bietet Ihnen einen Handlungsfreiraum, wie Sie ihn nie vorher erlebt haben. Kindheit und Jugend wurden weitgehend von anderen bestimmt, und in der Familien- und Berufsphase sind wir recht starken Zwängen unterworfen. Doch dann sind Sie frei – Sie entscheiden, Sie führen Regie in Ihrem Leben, Sie machen das, worauf Sie Lust haben. Einen Pferdefuß hat diese herrliche Freiheit: Wir könnten auf unserer Reise ins unbekannte, nie erfahrene Terrain die Orientierung verlieren, uns im Labyrinth der unzähligen Möglichkeiten verirren. Betrachten Sie doch das Buch als einen Reiseführer und die folgenden Vorschläge und Angebote als Wegweiser im Dschungel des Freiraums. Die Route, die Haltestellen, die Ziele bestimmen nur Sie. Sie sind frei!

Es wird ernst

Urlaubsende – das letzte Frühstück auf dem Balkon der trauten kleinen Pension, wehmütiger Blick über den See auf die nahen Berge. Die knusprigen Brötchen werden dick im Mund und der Kloß im Hals auch: der Abschied naht. Koffer packen – auf Wiedersehen – gute Reise – Winken – Heimfahrt. Die gedämpfte Stimmung erreicht ihren Tiefpunkt beim Durchfahren der heute natürlich besonders trostlosen Randbezirke der Heimatstadt. Beim Hochschleppen der Koffer im Treppenhaus (war es eigentlich immer so kalt, grau und muffig?) erreicht das Elend dann ein Ausmaß, daß der Mensch sich kopfschüttelnd fragt: Wie ist derart tiefe Trauer möglich, nur weil die Ferien vorbei sind? Es ist so – und ein Stoßseufzer bricht sich Bahn: Ach, ginge doch der Urlaub nie zu Ende. Im trauten Heim dann, im bequemen Sessel, wird das mitgebrachte Fläschchen des Weines entkorkt, der des Abends die Seele noch seliger baumeln ließ. Leider scheint der edle Tropfen die eingefangene Sonne auf dem Weg über die Alpen verloren zu haben; er schmeckt jetzt wie der aus dem Regal links unten im Supermarkt. Der Wein hat es also auch nicht gebracht. Doch nun nehme ich meine zehn Finger und zähle es an ihnen ab. Wie lange noch? Wie lange noch bis zum herrlichen Urlaub ohne Ende? Und siehe, er rückt Jahr für Jahr näher und damit das Stimmungsbarometer endlich ein paar Grad nach oben.

Und auf einmal ist er da – der ewige Urlaub! Das letzte Mal der Weg zur Arbeit, das letzte Mal alle Ampeln bei Grün geschafft, den Wagen hinter den firmeneigenen Rosenrabatten geparkt, wie immer schwungvoll und zeitgleich mit Kollege L.: »Na, zum letzten Mal heute, was!« Und dann der Pförtner: »Zum letzten Mal heute, Frau Doktor!« (Der tägliche Witz – ich bin keine.) Nach dem zehnten »Das letzte Mal, Frau Kollegin« und meinem gewollt-forschen »Ja, Gott sei Dank, aber ein bißchen komisch ist es doch« erreiche ich endlich meinen Arbeitsplatz – und schlucke am heulenden Elend. Die Blümchen und die liebevoll verschnürten Päckchen auf dem Schreibtisch verstärken noch den gefühlsduseligen Druck hinter den Augen und gleich neben dem Herzen. Doch Schultern gestrafft, Augen vorsichtig getupft; es gilt noch Abschließendes zu erledigen, die letzten Dinge für die Nachfolgerin zu ordnen. Am frühen Nachmittag dann die kleine Abschiedsfeier, vor der mir schon seit längerem etwas und jetzt panikartig graut. Dann wird es doch ganz nett: freundliche kleine Worte, große Blumensträuße, die wohlgesetzte Rede des Chefs: »... hat sich verdient gemacht«, klingt so ein wenig nach »drei plus«. Nun, vielleicht hatte ich mir doch etwas mehr erwartet, bin mir eigentlich ein wenig großartiger vorgekommen. Na, sei's drum. Die herzlichen Umarmungen, die nicht so geschliffenen, dafür aber aus dem Herzen kommenden Worte der Kollegen tun dann gut, und mit dem obligatorischen mit O-Saft vermischten Schluck Sekt breitet sich sanfte Rührung aus. Letztes Händedrücken, Wird-schon-werden-Schulterklopfen, auch mal ein Küßchen (sieh an!) – und nun die letzte Heimfahrt vom Dienst – verdammt komisch das alles!

Wenn man jetzt nach Hause kommt, ist Familie, eine Freundin, ein Gefährte – und sei es auch nur ein Hund – außerordentlich hilfreich. Wobei sich letzterer wohl am meisten darüber freut, daß Sie jetzt ständig zu Hause sind! Alleinsein ist jetzt nicht einfach. Einen menschlichen Partner kann man sich wohl nicht mal eben schnell vorher besorgen. Doch die vorherige Anschaffung eines Haustieres sollte man in Erwägung ziehen.

Auf jeden Fall ist es jetzt rat- und heilsam, sofort zu verreisen und das Arbeitsleben mit dem letzten »richtigen« Urlaub ausklingen zu lassen. Vermutlich ist er auch noch direkt erarbeitet, also vom letzten Gehalt bezahlt.

Dieser Urlaub wird anders sein als die während der Berufstätigkeit. Ein wenig schleppt man die Wehmut des Abschieds von der weiß Gott nicht immer heißgeliebten Firma mit: der letzte »echte« Urlaub! Und ob die Rückkehr zum

Heimatort so sehr viel heiterer sein wird? Das hängt nun ganz stark davon ab, welche Vorsorge für die kommende Dauerfreizeit getroffen wurde.

Diese Vorsorge muß lange, lange vor der Stunde Null einsetzen. Sie brauchen für die Zeit »danach« ein festes Gerüst, nicht nur die vage Vorstellung: Dann kann ich endlich machen, wozu ich Lust habe. Sicher, das kann gutgehen. Doch was tun, wenn Sie nach dem ersten Frühstück als »Freifrau« denken: Nun geht's los – und da geht nichts? Plötzlich gähnt da vor Ihnen ein Vakuum, das gefüllt werden will, und Sie wissen auf einmal nicht mehr genau, worauf Sie eigentlich Lust hätten! Eine kribbelige Leere ist in Ihnen, und schon sind Sie in das berühmt-berüchtigte Rentenloch geplumpst.

Dieser Absturz kann verhindert oder doch stark gebremst werden, wenn Sie in den letzten Jahren der Berufstätigkeit konkret und planend an die Zeit danach denken. Schieben Sie es nicht weg! Versuchen Sie, ein paar Jahre zu überspringen und sich als Neu-Rentnerin zu sehen. Wie wird mir zumute sein? Was möchte ich tun? Was möchte ich nicht tun? Wozu habe ich Lust? Und wie läßt sich das, wozu ich Lust habe, realisieren? Und schon machen Sie sich Zukunftsgedanken, beginnen mit dem Bau einer Brücke über das Rentenloch.

Ehe Sie nun tagträumerisch abheben, müssen Sie noch einmal auf den harten Boden der Wirklichkeit zurückkehren, und wenn es auch nüchtern und hart klingt: Wir müssen zuallererst über das Geld reden. Einer Planung Ihrer zukünftigen Dauerfreizeit muß eine Abklärung der zu erwartenden finanziellen Lage vorausgehen. Geld ist nun einmal ein wesentlicher Punkt bei der Gestaltung des »ewigen Urlaubs«. Aha, sagen Sie, habe ich also wenig Rente, habe ich wenig Spaß, und habe ich viel Rente, dann viel Spaß! So ist es natürlich nicht, es kann sich sogar genau umkehren, obwohl es für »reiche« Rentnerinnen doch wohl einfacher ist, sich Spaß zu verschaffen als für »arme«.

So oder so – Sie haben sich in Gedanken auf die Brücke zur ewigen Freizeit, zum großen Freiraum begeben – wir können mit dem Planen beginnen.

Beschäftigung

Von der ersten Zeit ihres Daseins als Rentnerin berichtet Edith K.:

»Am schlimmsten war, daß ich mir so nutzlos vorkam. Ich ging vor neun Uhr morgens nicht auf die Straße, weil ich es nicht ertragen konnte, wenn die Berufstätigen zur Arbeit eilten. Dann hing ich den ganzen Tag zu Hause herum, das bißchen Geschirr war schnell abgewaschen, und die Blumen hatte ich sowieso schon ersäuft. Ich traute mich erst wieder runter, wenn die anderen Feierabend hatten, dann gehörte ich wieder zu ihnen.« Frau K. hatte es versäumt, ihren Ruhestand zu planen.

Im Kapitel »Geld« wird auf Sparmaßnahmen im Haushalt wie günstig Einkaufen, Handarbeit, Nähen, Basteln, Gärtnern hingewiesen. Wenn man diese Sparmaßnahmen auch nur teilweise durchführt, hat man schon gut zu tun. Das Gefühl, nutzlos zu sein, kann gar nicht aufkommen. Hinzu kommt die Freude und der Stolz am Eigenwerk, wenn Sie zum Beispiel in Ihrem selbstgenähten Kleid bewundert werden. Und noch eine Freude: Sie haben Geld für Luxus und Spaß, vor allem fürs lang ersehnte Reisen, gespart.

Nun, Sie wollen ja gar nicht dauernd reisen oder anderweitig dem Luxus frönen. Sie würden auch gern außer Eintopfkochen, preiswert Einkaufen und Geschenke basteln, etwas

Nützliches tun. Wobei zu klären ist, was es heißt, »Nützliches« zu tun. Nützlich für wen? Für mich? Dann kann das Tun doch auch reiner Spaß sein, wie Hobbys pflegen oder reisen. Hier soll der Begriff zweierlei bedeuten: zum einen Nutzen durch Hilfe für andere und – ganz cool – Nutzen durch Aufbesserung der Rente. Auf jeden Fall gibt es für solches Tun der Möglichkeiten fast unendlich viele.

Zunächst gilt es, grob abzuwägen: Soll das Tun ehrenamtlich sein, oder will (bzw. muß!) ich etwas hinzuverdienen? Es ist auch gewiß nicht verwerflich, sondern durchaus legitim und verständlich, zur Verwirklichung des vorerwähnten Luxus etwas für Geld zu tun.

Im Falle des Ehrenamtes werden Sie wohl überall mit offenen Armen empfangen, und Sie können unter vielen Möglichkeiten wählen. Wenn Sie nicht nur Lob und Anerkennung, sondern auch Geld haben wollen, sind die Möglichkeiten natürlich weit eingeschränkter, vor allem, wenn es eine lustbetonte Beschäftigung sein soll. Und allzu offen werden da die Arme (und die Geldbeutel) nicht sein.

Geld oder Ehre oder beides – was gibt es für Möglichkeiten?

Kinderhüten

Da wäre zunächst das Hüten kleiner Kinder. Dieses Tun der Frauen, die aus dem harten Arbeitsprozeß austreten, ist so alt wie die Menschheit und für viele wohl auch das schönste und sinnvollste. Sagen Sie jetzt nicht, das ist nicht mein Ding, ich bin keine Oma, habe keine Enkelkinder. Sicher, rein biologisch sind Sie dann keine Großmutter, doch eine liebevolle, begehrte Oma für Großnichten, Großneffen, Nachbarskinder, im Kindergarten oder wo auch immer, können Sie allzeit werden. Sie füllen mit diesem Tun eine große Bedarfslücke, ökonomisch und in Ihrem Herzen – Sie sind wichtig, Sie werden gebraucht, geliebt. Und ganz ohne Bezahlung muß es ja auch nicht sein. Doch hat das Kinderhüten seine Tücken und muß besonders sorgfältig vorbedacht werden; denn die kleinen Geister, die Sie da riefen, die werden Sie so schnell nicht los. Derlei menschliche Beziehungen lassen sich nicht mal eben wieder aufkündigen wie irgendein Job. Besonders bei »echten« Enkelkindern ist da einiges zu klären. Auf dieses Problem wird ausführlich im Kapitel »Großmutter« eingegangen.

Wie wär's, wenn Sie das Kinderhüten mehr oder weniger kommerziell betreiben würden? Zwei Fliegen könnten Sie mit einer Klappe schlagen, wenn Sie zu den Enkelkindern ein Kind oder mehrere gegen Bezahlung dazunähmen. Die Rentenaufbesserung wäre sicher, denn an Tagesomas herrscht (besonders in den Großstädten) großer Mangel. Tagesoma ist überhaupt eine runde Sache, von der Erfüllung durch die Tätigkeit bis hin zum Geld. Besonders gesucht sind Tagesmütter bzw. -omas für Säuglinge und Kleinkinder, denn es ist in unserem Land fast unmöglich, für diese Altersgruppe einen Krippen- oder Kindergartenplatz zu bekommen. In einigen Städten, zum Beispiel in Bremen, gibt es einen *Oma-Hilfsdienst.* Die Institution in Bremen verfügt zur Zeit über mehr als 60 Damen (und vier Herren!). Sie werden über Zeitungsannoncen gefunden und dann weitervermittelt. Einmal vermittelt, arrangieren sich Familie und »Oma« miteinander. Achten Sie doch auf entsprechende Anzeigen in den Zeitungen oder geben Sie selbst welche auf. Auch bei Bezirksämtern, Gemeindeverwaltungen oder karitativen Verbänden können Sie nachfragen; da wird immer Bedarf sein, vor allem, wenn Sie ehrenamtlich arbeiten möchten.

Wenn Ihnen die ganz Kleinen nicht so liegen, wie wär's mit Schulkindern, deren Eltern berufstätig sind? In besonders großer Not sind oft Eltern der Erst- und Zweitkläßler. Im Kindergarten wurden sie noch bis nachmittags betreut, doch nun stehen sie meist nach zwei Schulstunden vor der Tür, und Tagesstätten für Schüler sind noch rarer als Kindergärten. Die Kinder hätten bei Ihnen eine Anlaufstelle nach der Schule, sie bekämen ein Mittagessen, Zuwendung, Unterhaltung, könnten vielleicht sogar ein paar Sorgen loswerden. Im Idealfall könnten Sie ihnen sogar bei den Schularbeiten über die Schulter sehen. Fremde Hilfe bei den Hausaufgaben wird viel eher akzeptiert und gestaltet sich weit effektiver als die der Eltern. Sie sind als Außenstehende weit entfernt vom Ehrgeiz der Mütter und Väter, die ständig von der Angst geplagt sind, Leute und Lehrer könnten vermuten, daß die Begriffsstutzigkeit der Kids geerbt ist.

Berufserfahrung nutzen

So eine Schularbeitenhilfe wäre eine ideale Beschäftigung für eine ehemalige Lehrerin. Dies legt generell den Gedanken nahe, Ihr Tun mit Ihrem erlernten und/oder ausgeübten Beruf in Zusammenhang zu bringen. Wie können Sie Ihre beruflichen Fähigkeiten im Ruhestand nutzen? Sie haben jahrzehntelange Erfahrung, sind kompetent – warum sollte das brachliegen, warum sollten nicht Sie und andere daraus Nutzen ziehen? Außerdem reißt die das bisherige Leben weitgehend ausfüllende, oft auch geliebte Tätigkeit, nicht so plötzlich ab – und Sie können sich langsam entwöhnen.

Machen Sie in den letzten Jahren Ihrer Berufstätigkeit die Betriebsleitung (den Chef, die Behörde) darauf aufmerksam, daß Sie nach der Pensionierung gern Urlaubs-, Kranken- und Mutterschaftsvertretungen übernehmen. Wer ist dazu geeigneter als Sie mit Ihrem Wissen um die Dinge? Durch die begrenzte Zeit, die Rente im Hintergrund und das

Gefühl, doch noch gebraucht zu werden, macht so eine Vertretung richtig Spaß. Wenn es in Ihrer Firma keine Möglichkeit gibt, dann hören Sie sich anderweitig um. In jedem Fall lohnt es sich, den entsprechenden Anzeigenteil der Zeitung zu studieren.

Vergessen Sie bei allen bezahlten Tätigkeiten nicht, daß Ihr Hinzuverdienst bis zum Alter von 65 Jahren begrenzt ist bzw. die Rente gekürzt werden kann.

Und nun einige Anregungen: Die vorher besprochene Kinderbetreuung eignet sich natürlich besonders für Erzieherinnen, Sozialpädagoginnen, Therapeutinnen. Sind Sie Lehrerin, können Sie Nachhilfe geben und in Vereinen, Clubs, Volkshochschulen Seminare abhalten. Als Dozentin an Volkshochschulen o. ä. müssen Sie nicht notwendig Lehrerin sein. Besonders gesucht sind da Frauen, die Handwerkliches oder Kunsthandwerkliches wie Nähen, Töpfern, Malen, Drechseln oder Technik vermitteln können. Wenn Sie ein Handwerk ausgeübt haben, wird es sowieso nicht schwer sein, Beschäftigung zu finden. Die Möglichkeiten für die im kaufmännischen Bereich Erfahrenen sind so vielfältig, daß hier nur einige angesprochen werden können. Aushilfsverkäuferinnen werden immer und überall gesucht. Sie könnten auch in einem kleinen Betrieb oder Verein die Korrespondenz erledigen, Telefondienst machen, Adressen schreiben, auf Messen helfen und vieles andere mehr.

Waren Sie im Pflegedienst wie in der Alten- oder Behindertenpflege, Krankenschwester oder Ärztin, dann werden Sie besonders für Notsituationen gebraucht. Bei vielen Anstalten wie Krankenhäusern kann man sich auf eine Liste setzen lassen, wenn man bereit ist, im Ernstfall einzuspringen. Man wird dann von Fall zu Fall angerufen und um Hilfe gebeten.

Ähnliche Notfall-Listen gibt es auch bei einigen Schulen, Kindergärten, Behörden und größeren Betrieben.

Wenn Sie meinen, Ihr Beruf eigne sich wirklich nicht zum Sich-nützlich-Machen oder Hinzuverdienen, oder Sie haben andere Gründe, ihn nicht mehr ausüben zu wollen, dann bleibt zum Beispiel noch die Betreuung von Haus, Hund, Katze, Topfblumen oder Garten während des Urlaubs von anderen. Besonders das Bewachen und Bewahren eines Hauses in schöner Gegend mit schönem Garten kann geradezu zum Genuß werden. Für so manche Rentnerin wird das Jahr für Jahr zum preiswerten Urlaub.

Soziales Engagement

Vielleicht sagen Sie jetzt: das ist mir alles zu professionell, zu kommerziell. Sie haben durchaus das Bedürfnis, Nützliches zu tun, doch mehr in die Richtung, etwas zu bewegen, zu helfen, Gutes zu tun. Außerdem sind Sie nicht darauf angewiesen und/oder nicht darauf aus, noch etwas dazu zu verdienen.

Dann spricht Ihnen Simone de Beauvoir in ihren »Betrachtungen über das Alter« sicher aus dem Herzen: »Wollen wir vermeiden, daß das Alter zur spöttischen Parodie unserer früheren Existenz wird, so gibt es nur eine einzige Lösung: nämlich weiterhin Ziele zu verfolgen, die unserem Leben einen Sinn verleihen: das hingebungsvolle Tätigsein für einzelne, für Gruppen oder für eine Sache, Sozialarbeit, politische, geistige oder schöpferische Arbeit … Das Leben behält einen Wert, solange man durch Liebe, Freundschaft, Empörung oder Mitgefühl am Leben anderer teilnimmt.« Sie können von Herzen Anteil nehmen am Schicksal anderer, Sie können sich für soziale Probleme engagieren, Sie können spontan und unbefangen an Hilfesuchende herangehen, Sie können unbürokratisch denken, Sie haben eigene praktische Erfahrungen und womöglich auch persönliche

Fähigkeiten im karitativ-sozialen Bereich? Dann sind Sie eine weit und breit gefragte, äußerst wertvolle Frau.

Wo wird so eine Frau gebraucht? Man könnte kurz antworten: überall! Einige mögliche Aufgabengebiete sollen zur Anregung genannt werden:

Sie besuchen in Kliniken Kranke, die allein stehen, bei denen nie ein Blumenstrauß auf dem Nachttisch steht, für die Besuchszeit bedeutet, den anteilnehmenden Gesprächen von Familie und Freunden der Bettnachbarin zu lauschen. In Hamburger Krankenhäusern heißen diese Frauen *Grüne Damen* (sie tragen ein grünes Band um den Ärmel). Sie besuchen nicht nur, sie machen auch kleine Besorgungen für einsame Patienten, lesen vor, begleiten den ersten Spaziergang der Genesenden und vor allem – sie haben Zeit für ein Gespräch. Verständlich, daß die Frauen nicht nur bei den Kranken, sondern auch beim Pflegepersonal und dem Ärzteteam sehr willkommen sind. Eine der *Grünen Damen* berichtet: »Ich wollte nach dem Abitur Medizin studieren, mußte aber abbrechen, weil ich sehr früh heiratete, nicht nur einen Mann, sondern einen großen Haushaltswaren-Laden. Drei Kinder kamen auch noch, und so wurde ich voll ausgelastete Haus- und Kauffrau. Die Medizin blieb ein Traum. Kurz vor Beginn des Ruhestandes (der Sohn übernahm das Geschäft) mußte ich einige Zeit im Krankenhaus liegen und lernte dort die *Grünen Damen* kennen. Noch vor meiner Entlassung aus der Klinik besprach ich mich mit der Einsatzleitung dieser Damen. Heute bin ich eine von ihnen – und ich bin glücklich. Ich bin meinem Traum sehr nahe gekommen. Ärztin bin ich nicht geworden, aber ich erlebe die Medizin; ich fühle mich wohl in der Atmosphäre der Klinik, ich liebe meine Tätigkeit, und ich werde gebraucht. Ich empfinde es fast als Verrat an meiner Familie, aber es ist so: Ich war noch nie im Leben so heiter, ausgeglichen und zufrieden.«

Wenn Sie so etwas machen möchten, wenden Sie sich doch an ein Krankenhaus in Ihrer Nähe. Falls es dort so eine Initiative nicht gibt, dann rufen Sie sie doch ins Leben!

Wenn Sie in der eben geschilderten Art helfen wollen und können, so gibt es da ein weites Feld. Hilfe für Behinderte, gebrechliche Senioren und chronisch Kranke kann man durch Mitarbeit in Kliniken, Heimen, Wohngemeinschaften und Werkstätten leisten.

Doch warum in die Ferne schweifen, Hilfsbedürftige sind ganz nah. Sehen und hören Sie sich in der Nachbarschaft um. Sie finden bestimmt jemanden, der Sie braucht. Oft sind das Menschen, die durchaus noch einen eigenen Haushalt führen können, nur das eine oder andere fällt ihnen schwer; meist handelt es sich um eine Behinderung beim Gehen und/oder beim Sehen. Diesen Menschen könnten Sie ein erheblich gesteigertes Lebensgefühl verschaffen, wenn Sie sie beim Einkaufen, bei Behördengängen, Arztbesuchen, zu Veranstaltungen begleiten oder, wenn Sie motorisiert sind, in Ihrem Wagen mitnehmen.

Sie meinen vielleicht, für solche Menschen müsse Stadt oder Gemeinde sorgen; doch das ist leider für solche leichteren Behinderungen nicht der Fall. Nach Einführung der Pflegeversicherung gibt es zwar einen Drei-Stufen-Plan, aber auch Stufe eins schließt eine leichtere Behinderung beim Gehen und Sehen aus. Meist ist jemand, der derlei Hilfe bedarf, auch sehr einsam – es gäbe ja sonst wohl Verwandte oder Freunde, die einsprängen. Wenn Sie dann auch noch das eine oder andere Mal Zeit für eine Tasse Kaffee, eine Plauderei haben, dann schenken Sie neue Lebensfreude.

Annette S., 62 Jahre, Rentnerin, berichtet:

»Unter mir wohnt eine über 80 Jahre alte Dame. Wenn wir uns begegneten, grüßten wir uns, sagten manchmal auch ›schö'n Tach noch‹. Eines Tages geht sie vor mir auf der

Straße. Plötzlich strauchelt sie und wankt auf ein Mäuerchen zu. Ich renne hin, stütze sie und frage, was los ist. Sie atmet schwer, lächelt aber tapfer: ›Ich habe mir zuviel zugemutet, die Wege zum Einkaufen sind hier halt sehr weit‹. Ich begleite sie nach Hause, und wir vereinbaren, daß ich bei ihr anklingele, wenn ich mit dem Auto Besorgungen mache. Außerdem könne sie mich im Notfall immer anrufen. Bei den folgenden gemeinsamen Wegen kamen wir uns näher und fanden mehr und mehr Gefallen aneinander. Wir haben uns soviel zu erzählen, daß die Autofahrten nie ausreichen und wir immer bei einer Tasse Kaffee noch weiter plaudern. – Ich gebe zwar die Hilfeleistung, aber was von dieser Frau zurückkommt, ist noch wertvoller. Ich kann mit ihr über meine Sorgen und Ängste sprechen, sie hört mir zu, nimmt Anteil, weiß Rat. Zu dieser seelischen Lebenshilfe kommt auch noch eine praktische: Sie kann hervorragend stricken, und ich würde es gern können, und so habe ich in ihr eine geduldige, liebevolle Lehrmeisterin gefunden. Neulich holte ich sie zu einer Fahrt ins Grüne ab. Mein Gott, wie sich diese Frau freuen kann, und das mit über 80 Jahren! Sie sieht Interessantes und Schönes, an dem ich vorbeigefahren wäre. – Jetzt planen wir sogar eine gemeinsame Fahrt in die Provence; da freue ich mich jetzt schon drauf.«

Wenn Sie ein starkes Herz, eine hoch angesetzte Toleranzgrenze, großes Verständnis für Menschen am Rande unserer Gesellschaft und nicht zuletzt eine gehörige Portion Mut haben, dann könnten Sie in einem ganz außergewöhnlichen Milieu wirken: Sie könnten Strafgefangenen oder Strafentlassenen helfen. Auch hier gibt es Menschen, die nie Besuch bekommen, obwohl sie welchen erhalten dürften. Lesen Sie bitte dazu auch den späteren Bericht zu Brigitte-C. A., die einen entsprechenden Verein gründete.

Wichtiger fast als der Besuch Gefangener ist eine Betreuung der Angehörigen, besonders der Kinder und der einen Ehehälfte, während die andere einsitzt. Neben der oft entstehenden finanziellen Not leiden sie unter der Häme ihrer Mitmenschen – der Nachbarn, der Mitschüler. Diese Schuldlosen zu betreuen, ist eine große Aufgabe, vor allem, ihnen zu einem see-lischen Panzer gegen die ungerechte Umwelt zu verhelfen.

Und denken Sie nicht, da gibt es doch genug Leute, die das professionell und besser machen. Irrtum, so ist es nicht. Nicht, daß es an Leuten mit passender sozialer Berufsausbildung mangele, aber Stadt und Land müssen an allen Enden – und wohl gerade an solchen »Enden« – sparen.

Ein weiteres Feld für eine Frau mit Ihrer Lebenserfahrung ist die Hilfe für Umsiedler und Asylanten, wie

- allgemeine Hilfe beim Zurechtfinden im neuen, noch fremden Land,
- Hilfe beim Erlernen der deutschen Sprache,
- Hilfe für die Kinder, besonders die Schulkinder,
- Betreuung von Container-Dörfern.

Zum letzteren berichtet Lieselotte M.:

»›Wenn das man gutgeht‹, dachte ich, als die infrastrukturellen Maßnahmen auf dem Bolzplatz in unserer ›ehrenwerten‹ Gegend begannen, um ein Container-Dorf zu errichten. Doch als es dann soweit war, blieb alles ganz ruhig. Man (die ›Inländer‹) ärgerte sich zwar, daß sich die Einkaufswagen auf dem Gelände häuften bzw. lange Ketten bildeten. Den schwarzhaarigen Mann, der jeden abend vor seiner ›Wohnschachtel‹ fremde Weisen wunderschön auf seiner reichverzierten Gitarre spielte, bestaunte man zunächst, und bald fing man an, auf seine Musik zu warten.

Eines Tages stand auf einem Transparent: ›Wir wollen ein Dorffest machen. Wer uns helfen kann oder will, bitte im Büro melden.‹

Irgendwie fühlte ich mich aufgerufen. Um die Schwellenangst zu mildern, überredete ich eine Freundin, und so meldeten wir uns beim Container-Dorf-Bürgermeister. Der hatte schon Adressen von anderen Hilfswilligen. Wir trafen uns bei einer der Frauen und machten uns mit viel Freude an die Vorbereitungen. Ich bekam die Aufgabe zugewiesen, Spielsachen zu organisieren. Ich, die immer große Hemmungen hatte, um etwas zu bitten, wurde zur Super-Bettlerin. Zuerst noch zögernd, dann immer resoluter, betrat ich Spielwarenläden und Kaufhäuser, verlangte den Chef, um nach leicht beschädigten Spielsachen zu fragen – und hatte meist Erfolg. Ich habe gelernt, daß das Drücken auf die Tränendrüse weit weniger bringt, als der Wink mit der Spendenquittung.

Das Sommerfest war dann ein voller Erfolg, zumal das Wetter herrlich war. Die ›Dörfler‹ führten Tänze auf, zur Gitarre gesellten sich noch zwei Geigen. Es gab Kaffee und Kuchen, Säfte und Süßigkeiten für die Kinder. Den ganzen Tag über schmurgelte ein Riesentopf Gulasch über einem offenen Feuer, was köstlich duftete. Das gab es dann abends – scharf und lecker. Dazu erklangen sehnsüchtige Weisen in lauer Sommernacht – es ging zu Herzen und war zum Heulen schön!

Vorbeigehende blieben stehen, staunten, zunächst hinter dem Zaun, dann rückten sie näher. Dieses ›Näherrücken‹ der anderen war das schönste Ergebnis unseres Festes.

Das *Comité Container-Dorf* ist weiterhin tätig, hilft, berät, begleitet. Als ehemalige Angestellte der Schulbehörde habe ich die Beratung der Eltern schulpflichtiger Kinder übernommen. Ich begleite auch bei Gesprächen mit der Schulbehörde, den Schulleitern und Lehrern. Ganz begeistert von uns ist der junge ›Bürgermeister‹ des Dorfes; die vielen Wege, die wir ihm abnehmen, könnte er allein niemals schaffen. Seine ›hochverehrten lieben Damen‹ haben zum größten Teil dazu beigetragen, daß unser Dorf eines der am besten funktionierenden im weiten Umkreis ist.

Und ich selbst fühle mich total wohl, und ich bin richtig stolz auf mich. Mein Selbstbewußtsein ist viel stärker geworden, und noch was: Ihr wißt ja, daß da bei mir immer ein kleiner Stachel, nicht des Ausländerhasses, aber des Argwohns gegenüber Ausländern war. Das ist vorbei. Es ist jetzt keine Liebe, wie es vorher kein Haß war. Aber aus dem Argwohn wurde Verständnis – und tiefstes Mitleid.«

Besonders lustbetont kann es sein, kulturelle und ähnliche Veranstaltungen zu betreuen, als da wären Theater- und Museumsbesuche, Spielnachmittage, Basare, Wanderungen, Radtouren oder Busfahrten. Letzteres ist vor allem dann etwas für Sie, wenn Sie das eine oder andere Land besonders gut kennen, vielleicht sogar der Landessprache mächtig sind. Lesen Sie sich zu Ihrer eigenen Sicherheit noch tieferes Wissen an – und dann bieten Sie sich als Reisebegleiterin bei Kirchen, Gemeinden, Altenclubs an.

Heidrun I., 66 Jahre, seit drei Jahren Rentnerin, begeisterte Radlerin, berichtet:

»Ich wurde von der Leitung des Senioren-Clubs, bei dem ich Mitglied bin, gefragt, ob ich nicht ein paar Interessierte auf meinen Rad-Spazierfahrten durch die Stadt mitnehmen könnte. Ich konnte und hatte Lust. Zunächst arbeitete ich kleine Touren im Stadtgebiet aus. Bald dehnten wir unsere Touren dann aufs Umland aus und machten sogar Radwanderungen mit mehreren Übernachtungen. Schlafen, Frühstück und Abendessen fanden teilweise in Jugend(!)-Herbergen statt. Die ›Alten‹ wurden von den ›Jungen‹ gut angenommen. Von einer Schulklasse gab es standing ovations! Nun war die Gruppe – di die Älteste 78! – reif für die ganz große Leistun Rad-Wanderweg von Passau nach Wien. Scho reitung hat mir viel Spaß gemacht; ich organis steckte die zumutbaren Strecken ab, ließ Übernachtungen in preiswerten Pensionen, Naturfreunde-Häusern u. ä. reservieren. Auf den Vorbereitungstreffen wurde mit viel guter Laune und Vorfreude geplant, jedes Stück Gepäck sorgfältig überlegt. Platz- und Fahrkarten waren besorgt, die Räder schon ein paar Tage vorher zur Bahn gegeben. Und dann ging's los. Bis Passau mit der Bahn, von da ein kleines Stück (25 km) mit dem Schiff auf der Donau und dann alles bis Wien mit dem Radel. Die Tour war ein voller Erfolg: im Mai, bei herrlichem Wetter, durch immer wieder wechselnde, wunderschöne Landschaften, Rasten in lauschigen Biergärten und lustige Abende beim Grünen Veltliner. Eine Begebenheit muß ich Euch noch extra erzählen: In der Wachau sitzt die Gruppe im Garten unserer Übernachtungs-Pension in der strahlenden Sonne beim Frühstück, da sehe ich, wie dicke Tränen über Gertruds Wangen kullern. Ich sage: ›Mein Gott, was ist los?‹ Da lächelt sie und sagt: ›Ich kann nicht anders, ich war noch nie so glücklich.‹ Na ja, ich sah auf unsere fertig gepackten Räder, die am Zaun lehnten, und dahinter die Donau und dahinter eine himmelblaue Barockkirche vor den Weinbergen – und mir ging's so ähnlich. Ich war nicht nur gerührt, sondern auch stolz auf meine gelungene Tour.«

Insbesondere Seniorenvereine suchen händeringend Frauen, die solche Wanderungen und auch Veranstaltungen wie gemeinsames Singen, Erlernen von Kartenspielen, Handarbeiten, Basteln, Literatur lesen (oder auch selbst schreiben) übernehmen.

Haben Sie Mut zum sozialen Engagement! Vielleicht können Ihnen Albert Schweitzers Worte den letzten Schubs geben:

»Schafft Euch ein Nebenamt, ein unscheinbares, womöglich ein geheimes Nebenamt. Tut die Augen auf und sucht, wo ein Mensch ein bißchen Zeit, ein bißchen Teilnahme, ein bißchen Gesellschaft, ein bißchen Fürsorge braucht. Vielleicht ist es ein Einsamer, ein Verbitterter, ein Kranker, ein Ungeschickter, dem du etwas sein kannst. Vielleicht ist es ein Greis, vielleicht ein Kind. Wer kann die Verwendungen alle aufzählen, die das kostbare Betriebskapital, Mensch genannt, haben kann! An ihm fehlt es an allen Ecken und Enden. Darum suche, ob sich nicht eine Anlage für dein Menschtum findet. Laß dich nicht abschrecken, wenn du warten oder experimentieren mußt. Auch auf Enttäuschungen sei gefaßt. Aber laß dir ein Nebenamt, in dem du dich als Mensch an Menschen ausgibst, nicht entgehen. Es ist dir eines bestimmt, wenn du nur richtig willst.«

Sie wollen ja, hätten aber gern ein wenig Hilfe bei der Bestimmung Ihres Nebenamtes, Ihres sozialen Engagements. Eine ideale Anlaufstelle sind die in fast allen größeren Städten existierenden *Seniorenbüros*. Das zentrale Aufgabenfeld dieser Büros »ist die trägerübergreifende Förderung des freiwilligen Engagements und der Selbstorganisation älterer Menschen in verschiedenen gesellschaftlichen Bereichen. Das *Seniorenbüro* entwickelt und fördert Tätigkeitsfelder für ehrenamtliches Engagement, begleitet und qualifiziert die ehrenamtlich Tätigen«. Das Problem, daß ehrenamtlich Tätige den jungen Menschen Arbeitsplätze wegnehmen könnten, will diese Institution ausschließen: »Engagementfelder, die vom Seniorenbüro aufgebaut werden und in die das Büro vermittelt, sind kein Ersatz für und keine Konkurrenz zu beruflicher Erwerbstätigkeit.« Die Anschrift des in Ihrer Nähe gelegenen *Seniorenbüros* können Sie über folgende Adresse erhalten: Bundesarbeitsgemeinschaft Seniorenbüros, c/o ISIS, Postfach 201551, 53145 Bonn, Tel.: 0228-371671, Fax: 0228-371771.

Als weitere Anlaufstellen bieten sich karitative Verbände an. Falls Sie in Ihrem heimischen Telefonbuch keine Niederlassung finden, wenden Sie sich an folgende Adressen:

- Die Arbeiterwohlfahrt, AWO Bundesverband e. V.
  Oppelner Str. 130, 53119 Bonn, Tel.: 0228-6685-0
- Das Deutsche Rote Kreuz
  Friedrich-Ebert-Allee 71, 53113 Bonn, Tel.: 0228-5410
- Diakonisches Werk EKD e. V.
  Stafflenbergstr. 76, 70184 Stuttgart, Tel.: 0711-21590
- Der Deutsche Caritasverband
  Karlstr. 40, 79104 Freiburg, Tel.: 0761-2000
- Der Deutsche Paritätische Wohlfahrtsverband EKD e. V.
  Heinrich-Hoffmann-Str. 3, 60528 Frankfurt/Main, Tel.: 069-67060

Für Frauen mit besonderem Wagemut und wohl auch besonderem Fachwissen soll noch eine interessante Institution vorgestellt werden, und zwar der *Senior Experten Service (SES)* in Bonn. Seit Jahren vermittelt der *SES,* eine private Organisation, die von der deutschen Wirtschaft getragen wird, pensionierte Fach- und Führungskräfte aus Wirtschaft, Handel, Banken und Versicherungen oder dem Öffentlichen Dienst in Entwicklungsländer. In Einsätzen, die bis zu sechs Monaten dauern, unterstützen die Seniorexperten dort mit ihrem in einem langen Berufsleben erworbenen Erfahrungsschatz und Wissen insbesondere kleine und mittelständische Firmen, Behörden sowie den Bereich Agrar- und Forstwirtschaft. Besonderes Gewicht wird auf die Aus- und Fortbildung der einheimischen Mitarbeiter gelegt, stets nach dem Prinzip der »Hilfe zur Selbsthilfe«. Ein Honorar erhalten die

Seniorexperten nicht; vergütet werden Aufenthaltskosten im Einsatzland und die Reisekosten.

Und hier die Adresse:

- Senior Experten Service, Ehrenamtlicher Dienst der Deutschen Wirtschaft für Internationale Zusammenarbeit GmbH Buschstr. 2, 53113 Bonn, Tel.: 0228-260900

Wenn Sie politisch etwas bewegen oder mitbewegen wollen, dann wartet in Stadt und Land der *Seniorenbeirat* auf Sie. Seniorenbeiräte vertreten die Belange der älteren Generation in der Öffentlichkeit und bei der Verwaltung. Sie werden von Senioren-Gremien eines Bezirkes gewählt und arbeiten ehrenamtlich. Sie halten Sprechstunden ab, sind telefonisch erreichbar, hören sich die Sorgen der älteren Mitbürger an, geben Rat und helfen, wo sie können. Aus dem Informationsblatt der Seniorenbeiräte in Hamburg: »In einer sich ständig wandelnden Welt mit tiefgreifenden sozialpolitischen Veränderungen ist auch die ältere Generation betroffen und zur Mitgestaltung aufgerufen. Sie hat einen Anspruch auf mehr Entscheidungsrechte in unserer Gesellschaft, denn sie hat den heutigen demokratischen Staat geschaffen und aufgebaut. Die Seniorenbeiräte in Hamburg betrachteten es als ihre wichtigste Aufgabe, diesen berechtigten Anspruch sichtbar zu machen und durchzusetzen.« Wenn Sie Lust haben sollten, in dieser Richtung tätig zu werden, dann wenden Sie sich doch an Ihre Stadt-, Bezirks- oder Gemeindeverwaltung.

Eine Initiative gründen

Vielleicht glimmt in Ihnen schon lange eine Idee, der Gedanke, etwas zu ändern, etwas zu bewegen, etwas zu schaffen, in politischer, sozialer, geistiger Richtung? Und es mangelt bei der Umsetzung in die Tat stets an der Zeit? *Dann* haben Sie Zeit, dann können Sie die kleine Flamme zum Lodern bringen. Schüren Sie die Glut mit dem frischen Wind Ihres Willens, vielleicht mit lange aufgestautem Zorn, werden Sie aktiv, seien Sie kreativ. So sind die *Grauen Panther* entstanden!

Oder die *Hamburger Tafel*:

In der November-94-Ausgabe des Hamburger Straßenmagazins *Hinz und Kunz* wird unter der Überschrift »Tischlein deck dich! – Gut essen mit der Hamburger Tafel« berichtet: »In Berlin sammeln Frauen überschüssige Lebensmittel ein – ehrenamtlich – und verteilen sie an Obdachlose. Eines Tages meldete sich Frau Annemarie Dose (66 Jahre) bei uns: ›Wäre doch gelacht, wenn wir hier nicht auch!‹ Und am nächsten Tag der Anruf: ›Ich bin nächste Woche nicht da, ich fahre nach Berlin – zu den Frauen.‹ Annemarie kam begeistert aus Berlin zurück und war gar nicht mehr zu bremsen. Sie klapperte alles ab: Gesundheitsamt, Suppenküchen, Krankenhäuser – und dann marschierte sie zur Senatorin ins Vorzimmer. ›Ist Frau Fischer-Menzel zu sprechen?‹ Die Sekretärin fiel fast in Ohnmacht: ›Sie haben doch gar keinen Termin!‹ ›Doch, jetzt haben wir einen!‹ Die Senatorin begrüßt das ehrenamtliche Engagement. Klar: Der Staat braucht ja nichts dazu zu zahlen ... Eine erste kleine Gruppe von Ehrenamtlichen steht schon in den Startlöchern. Wir müssen sehr bescheiden anfangen, haben noch nicht einmal einen Lieferwagen. Aber was nicht ist, kann ja noch werden.«

Und nun ein Bericht derselben Zeitschrift aus der Ausgabe Anfang Januar 1995:

»Es ist nicht ganz so wie die Geschichte vom ›Tischleindeckdich‹, aber der Erfolg der ›Hamburger Tafel‹ ist schon fast märchenhaft. Dabei läuft das Projekt erst seit knapp zwei Monaten: Ehrenamtliche Helfer holen übriggebliebene Lebensmittel wie Obst, Gemüse und Brot ab und verteilen sie anschließend an Beratungsstellen und Suppenküchen ... Den größten Teil der Lebensmittel bekommt die ›Hamburger Tafel‹ von regelmäßigen Lieferanten wie Großmarkt, Mitropa, Lufthansa, Service-Gesellschaft, dem Hansebäcker und sogar von einem Biobauern. Rund 9.000 Kilo Lebensmittel sind seit Beginn der Aktion statt im Müll in hungrigen Mägen gelandet.« Annemarie Doses Kommentar: »Ich habe die Zeit und Lust, noch einmal so richtig durchzustarten – für ein Projekt, das sich lohnt.«

Auch das *Hamburger Abendblatt* berichtet am 14. Februar 1995 vom »tonnenschweren Erfolg« der *Hamburger Tafel*. Und am 17. April 1996 bringt dasselbe Blatt wieder einen Bericht über Annemarie Dose und ihre Institution unter »Hilfe als Lebens-Sinn«. Inzwischen unterhält die *Hamburger Tafel* ein Büro, hat 70 ehrenamtliche Mitarbeiter, einen festangestellten Koordinator und einen Zivi. Mit drei Transportern werden die Lebensmittel-Spenden abgeholt und bis zum Mittag an soziale Einrichtungen verteilt: 20.000 Tonnen pro Monat!

Es muß ja nicht gleich so ein tonnenschwerer Brocken sein: Frau Magda H. hörte von ihrem Enkel, daß sich die Schüler und Schülerinnen seines Gymnasiums seit Jahren eine Cafeteria wünschen, vor allem die Schüler der Mittel- und Oberstufe, die oft bis in den späten Nachmittag hinein Unterricht haben. Die Schulbehörde winkte auf die Anfrage wegen Unterstützung ab: kein Geld. Da schlägt die Stunde der Magda H. Sie bespricht sich mit der Schulleitung, redet und wirbt auf Eltern- und Schulkonferenzen (um Mitarbeiterinnen), fragt an bei Kirche und Industrie (wegen Kücheneinrichtung, Geschirr, Tischen, Stühlen), hat immense Lauferei wegen Genehmigungen und diesem und jenem – kurz: heute läuft die Cafeteria mit Müttern (25), Großmüttern (3), Vätern (einem!) – und trägt sich selbst. Die Frauen (und der eine Mann) arbeiten jeweils an einem fixen Tag für einige Stunden, kochen Kaffee, Tee, Brühe, geben Saft, Obst, Joghurt aus, machen Brötchen mit Wurst und Käse zurecht. Die Frauen arbeiten ehrenamtlich, und die Arbeit ist nicht leicht. Doch wird dies, wie einhellig bestätigt wird, aufgewogen durch die Freude am Kontakt untereinander und mit der Jugend.

Auch die Geschichte der 80jährigen Brigitte-C. A. paßt hierher. Seit Jahren setzt sie sich für Menschen am unteren Ende der gesellschaftlichen Skala ein, für Strafgefangene. »Die sind mir vor die Füße gefallen – und ich steige nicht drüber«, sagt sie. Vor sieben Jahren begann Brigitte-C. A., auf Anregung eines Pfarrers einen jungen Mann im Gefängnis zu besuchen. Schnell kamen andere hinzu, und sie gewann Freundinnen für diesen Dienst. 1990 gründete sie den Verein *Tür auf – leben lernen*, um die Hilfe auf eine breitere Grundlage zu stellen. Ihr Kommentar zu Menschen, die straffällig geworden sind: »Ein Mensch, der so was macht, ist nicht bei sich, und dieses Stück abgespaltene Persönlichkeit, das muß in Kleinstarbeit wieder da ran.« Mit dieser »Kleinstarbeit« befassen sich inzwischen mit ihr rund 200 Vereinsmitglieder. Sie kümmert sich nicht nur um Menschen, die in Haft sind, sondern betreuen sie auch nach der Entlassung bei Behördengängen oder der Suche nach Arbeit und Wohnung. Noch ein Zitat dieser Frau: »Das Alter ist mein schönster Lebensabschnitt«.

Unter dem Motto »Nie aufhören anzufangen« gründete der frühpensionierte Werbe- und Marketingchef eines großen Versandhauses mit einigen ehemaligen Unternehmern und pensionierten Managern aus Handel, Gewerbe und Industrie den Verein *Senioren helfen jungen Unternehmern e. V.* Heute setzen über 20 Mitglieder ihre umfangreichen beruflichen Praxiserfahrungen ein, um in unkonventioneller Weise jungen Menschen zu helfen, die sich im größeren oder auch kleineren Rahmen selbständig machen wollen. Als sogenannte Lotsen begleiten sie die jungen Ratsuchenden sowohl vor der Existenzgründung als auch während und nach der erfahrungsgemäß schwierigen Startphase und helfen auf den Feldern Marketing, Werbung, Finanzierung, Einkauf/Verkauf etc. Die Mitglieder arbeiten zum Nulltarif, die Ratsuchenden kommen nur für die anfallenden Auslagen auf. Bei den in die Tausende gehenden Beratungsfällen fanden junge Unternehmer von morgen Hilfe und ihre älteren Berater sinnvolle Beschäftigung und den Beweis, daß sie noch gebraucht werden.

Sie können sich an folgende Adresse wenden:

- Senioren helfen jungen Unternehmern e. V.
  Achter Billing 25, 22399 Hamburg, Tel.: 040-6020499

Derartige Vereine, in denen pensionierte Manager Jung-Unternehmern oder solchen, die es werden wollen, mit Rat und Tat zur Seite stehen, gibt es inzwischen in mehreren großen Städten. Die Hamburger Adresse kann da Auskunft geben.

Leider sind unter den eben beschriebenen »alten Hasen« kaum »Häsinnen«. Könnte da nicht Ihre Stunde schlagen? Wie wäre es, unter dem Arbeitstitel »Seniorinnen helfen Juniorinnen beim Existenzaufbau« etwas in Bewegung zu setzen? Wobei das zweimalige »-innen« ziemlich holprig klingt. Am selbstverständlichsten und stilistisch schönsten klänge »Alte Frauen helfen jungen Frauen beim Existenzaufbau«, doch leider ist der Begriff »alte Frau« negativ belegt, oder zumindest wird er im Sinne von »arme Alte« verstanden, und das paßt hier ja nun gerade gar nicht.

Und noch eine große Sache: Eine ganze Generation – die neue – wartet darauf, gerufen zu werden! Zwei Hamburger, der Hauptpastor vom Michel, Helge Adolphsen, und der Leiter der Hochschule für Musik, Prof. Dr. Hermann Rauhe, sagten sich: Für die Jungen und auch für die Alten gibt es viele Aktivitäten, aber was ist mit denen, die mit den einen nicht mehr und mit den anderen noch nicht so recht können – die so um die 50 sind. Da muß was geschehen, meinten sie und gründeten den Verein *New Generation – für Menschen ab 50*. Sie luden zum ersten Treffen in einen Raum der Musikhochschule; die Anmeldungen waren so zahlreich, daß flugs ein großer Saal angemietet werden mußte, und selbst davor stand dann eine lange Schlange, und es war nicht genug Platz für alle, die da herbeiströmten. »Wir sind offenbar in eine Nische gestoßen«, freuten sich die Gründer. Sechs Wochen nach diesem ersten Auftritt hatte *New Generation* 5.000 Anfragen, 1.000 Mitglieder, 60 ehrenamtliche Helfer. Was will *New Generation*? »Es gilt, Angebote zu entwickeln, die die neue Generation begeistern, mit denen sie sich identifizieren kann, und die sich an den speziellen Wünschen und Bedürfnissen der Menschen ab Fünfzig orientieren. Außerberufliche Ziele zu finden und Eigeninitiative der Menschen zu unterstützen, die bisher aufgrund von Kindererziehung und Versorgung der Familie kaum zeitliche Freiräume hatten oder berufliche Abhängigkeit gewohnt waren, ist ein Auftrag von *New Generation*. Die Arbeit beginnt schon einige Jahre vor dem Ausscheiden aus dem Berufsleben, denn die rechtzeitige Orientierung an neuen Möglichkeiten erleichtert den Übergang in die dritte Lebensphase.« (Prof. Rauhe in der ersten Ausgabe von *NEW*, der Zeitschrift für die neue Generation.) Da würden Sie auch gern mitmachen – aber in Ihrer Stadt gibt es sowas nicht? Wie wär's, wenn Sie, ja genau Sie, so etwas zum Leben erweckten! Die Hamburger wären Ihrer Initiative gegenüber offen. Prof. Rauhe: »In Hamburg startet *New Generation* als Modell. Wir wollen damit interessierte und begeisterte Menschen in anderen Städten oder Gemeinden motivieren, die Idee weiterzutragen, sich zu neuen Gruppen zusammenzuschließen und eigene Angebote zu entwickeln. Die große Zahl der Ehrenmitglieder, die aus allen Teilen Deutschlands und aus allen gesellschaftlichen Kreisen kommen, stehen dafür als Paten bereit.« Interessant für Sie als designierte Gründerin mag sein: *New Generation* wurde von Männern gegründet, doch es waren die Frauen, die herbeiströmten. In Ihrer Stadt sind es dann Frauen, die etwas für Frauen schaffen. Packen Sie's an!

Und hier für Ihre erste Kontaktaufnahme die Hamburger Adresse: NEW GENERATION, Osterbekstr. 90c, 22083 Hamburg, Tel.: 040-27816767, Fax: 040-272712.

Und für die Hamburgerinnen sei die Adresse ein Anreiz zum Mitmachen. Die Intention dieses Vereins entspricht in vollem Umfang dem Anliegen dieses Ratgebers, und so kann Ihnen *New Generation* bei der Umsetzung der gegebenen Aufträge und Angebote helfen – »mit Liebe und Lust« (Motto der Gründer)!

Eine der beschriebenen »großen Sachen« aufzuziehen, ist nicht einfach, und es läßt sich auch sicher nicht im Alleingang machen. Zunächst müssen Sie Gleichgesinnte suchen, und dies möglichst *vor* Ihrer und deren Pensionierung. Im Kollegenkreis, aber auch in Altenclubs und Seniorenheimen können Sie Gesprächsabende vereinbaren, um Ihre Idee vorzutragen. Ein weiterer Weg ist auch eine Annonce in einer passenden Zeitschrift.

Initiativen, die darauf warten, ins Leben gerufen zu werden, gibt es genug, z. B.

- Initiativen mit politischer Intention
  (z. B. Stimme der Alten zum Generationenvertrag)

- Ideelle, freizeitliche Initiativen
  (z. B. Sportverein, Reisegruppe, Literaturzirkel, Pflege sterbender Dialekte wie Schlesisch)
- Zweckorientierte Aktionen
  (z. B. Selbsthilfe alter Mieter, Verein gegen Lärmbelästigung)
- Gesundheitsselbsthilfegruppen
  (z. B. Ernährungsgruppe, Gesprächszirkel zu bestimmten Krankheiten des Alters)
- Soziale Selbsthilfegruppen
  (z. B. Nachbarschaftshilfe, Telefonketten, Besuchsdienste)

Hat sich eine Gruppe dieser Art gefunden, so sind einige formale Dinge zu beachten. Bedenken Sie, daß die Beteiligten einer solchen Initiative automatisch eine Gemeinschaft des Bürgerlichen Rechts (§§ 705-740 BGB) bilden. Wenn Selbsthilfegruppen o. ä. in der Öffentlichkeit auftreten wollen, empfiehlt sich die Gründung eines Vereins (e. V.). Soll ein eingetragener Verein auch über Spenden finanziert werden, gibt es die Möglichkeit, vom Finanzamt als gemeinnützig anerkannt zu werden, so daß der e. V. steuerlich absetzbare Spendenquittungen ausstellen darf.

Genaueres über rechtliche Aspekte, Mitgliederfragen, Finanzierung, Raumbeschaffung und Öffentlichkeitsarbeit kann auch für Laien gut verständlich dem Buch »Jobber-Atlas« von Martin Massow (Düsseldorf 1996) entnommen werden.

Weiterbildung

»Jetzt will ich's endlich wissen« heißt Inga Friedrichs Buch (Stuttgart 1994), in dem sie von ihrem Studium an der Hamburger Uni berichtet, zu dessen Beginn sie beinahe 60 Jahre alt war. Buch und Autorin strahlen Witz, Lebensfreude und Frische aus. Es gibt wohl kaum ein besseres Rezept gegen das Altfühlen als Lernen. Ich selbst war 45 Jahre alt, als ich zu studieren begann – damals für den Job. Und heute als Rentnerin stürze ich mich auf jedes neue Vorlesungsverzeichnis von Uni und Volkshochschule und belege dies und das und lerne ständig etwas Neues. Beim Treppensteigen, beim Joggen, beim Blick in den Spiegel – nun, da merke ich schon die Zeichen des Alterns, doch wenn ich lerne, fühle ich mich jung.

Vielleicht meinen Sie, Sie mußten schon genug lernen im Leben. Hatten Sie den immer Lust dazu? Denken Sie mit Grauen an so manche Schulstunde? Haben Sie alles, was Sie für Ihren Beruf brauchten, gern gelernt? Womöglich war es nicht einmal Ihr Traumberuf, sondern einer, in den Sie durch äußere Umstände gezwungen wurden. Wieviel haben Sie mühsam und nur zum Zwecke irgendeiner Prüfung in sich hinein gepaukt. Gab es da nicht immer etwas, das Sie gern gelernt hätten? Vielleicht Tischlern statt EDV oder EDV statt Tischlern? Oder haben Sie etwas ganz »Verrücktes« im Hinterkopf – Astronomie, Arabisch, Bauchtanz, Wahrscheinlichkeitsrechnung oder indonesisch kochen?

Im Alter können Sie mit Freude lernen, und zwar das, worauf Sie Lust haben. Und es gibt kein Muß, keinen Zwang, keinen Druck, keine Klassenarbeiten, keinen Prüfungsstreß. Endlich stimmt der alte Spruch: »Non scolae, sed vitae discimus« – Nicht für die Schule, sondern für das Leben lernen wir. Wir lernen für uns, für unser geistiges und seelisches Wohlbefinden. Wir lernen mit Liebe und Lust!

Sie wissen nicht so recht was und auch nicht wo. Angebote gibt es in Hülle und Fülle, wobei hier für die Städterin weit besser gesorgt ist als für die Frau auf dem Lande. Es gibt sogar eine reiche Auswahl an Weiterbildungsangeboten speziell für Senioren. Als Beispiele seien hier nur einige Programm-Anbieter aus Hamburg genannt: *Seniorenbildungswerk e. V.*, *Senioren-Akademie*, *HARALT – Bildung für Älterwerdende*, *Kontaktstudium für ältere Erwachsene der Universität*, *Volkshochschule für ältere Menschen*. Der Vorteil dieser speziellen Veranstaltungen für Ältere liegt vor allem darin, daß die Kurse meist vor- oder nachmittags stattfinden; ältere Frauen sind nicht so gern abends noch allein unterwegs.

Andererseits liegt aber auch ein großer Reiz im »gemischten« Lernen. Befragte Schüler und Dozenten meinen, daß der Gedankenaustausch und der Spaß da größer sei als in altershomogenen Gruppen.

Wenn Sie sich »gemischt« weiterbilden wollen, ist das Angebot noch viel breiter. In den meisten Städten gibt es ein sogenanntes *Weiterbildungszentrum*, das eine äußerst umfangreiche Datei hat, die für fast jeden – auch noch so ausgefallenen – Bildungswunsch Adressen für Lernmöglichkeiten ausgibt. Dieselbe Anstalt gibt eine Broschüre heraus, die kostenlos erhältlich ist. Die Hamburger Broschüre enthält ungefähr 20.000 Kurse von fast 500 Anbietern.

Nachfolgend sind die Telefonnummern von Weiterbildungszentren in größeren Städten aufgeführt. Über diese Nummern können Sie auch Zentren in kleineren Städten des Umkreises erfragen.

- Berlin 030 - 25322626 (BIZ)
- Bremen 0421 - 71652
- Dresden 0351 - 448780
- Erfurt 0361 - 6553322
- Hamburg 040 - 280846-0

- Leipzig 0341 - 7112-145
- München 089 - 48006-111
- Münster 0251 - 492-4070
- Nürnberg 0911 - 231-4777
- Potsdam 0331 - 761377
- Schwerin 0385 - 3991476
- Stuttgart 0711 - 299335

In vielen deutschen Städten (Groß- und Klein-!) gibt es spezielle Kontakt- und Beratungsstellen für Frauen, die an Weiterbildung interessiert sind.

Adressen in Ihrer Nähe können Sie erfahren über

- Frau und Beruf e. V.
  Glogauer Str. 22, 10999 Berlin, Tel.: 030-6189046,
  Fax: 6189066

Besonders interessant für ältere Lernbegierige ist die bundesweit existierende *Wissensbörse*. Die »Wissensbörsen-Idee« lautet:

- positive Wahrnehmung und Gestaltung des Alters
- Neubewertung der Kompetenz älterer Menschen
- Betonung der Solidarität der Generationen
- Brückenschlag zwischen Jung und Alt

Das klingt doch wirklich verheißungsvoll! Die Wissensbörsen wollen ältere Menschen motivieren, ihr Wissen, ihre Fähigkeiten und Erfahrungen nicht für sich allein zu behalten, sondern an interessierte Menschen weiterzugeben – kostenlos und in persönlichen Gesprächen. Und wie arbeiten diese Wissensbörsen? Sie unterhalten in vielen Orten der Bundesrepublik Kontaktstellen, wo sie telefonisch, schriftlich oder auch persönlich zu erreichen sind. Außerdem wird ein sogenannter Wissensbörsen-Brief herausgegeben, der unter Chiffre-Nummer zahlreiche Angebote enthält. Die lauten dann zum Beispiel so: »Wer kann Kalligraphie beibringen?« oder »Wer hat Börsenerfahrung und hilft, Kenntnisse zu erweitern?« oder »Reise- und Insidertips für Südafrika geboten« oder »Kann Kenntnisse im Bereich israelischer Tänze vermitteln«. – In einer Ausgabe des Hamburger Briefes standen allein 63 Angebote bzw. Gesuche dieser Art.

50 dieser Wissensbörsen gibt es auf bundesdeutschem Gebiet. Die Adresse der Wissensbörse in Ihrer Nähe können Sie über folgende Anschrift erfragen:

- Bundesarbeitsgemeinschaft Wissensbörsen,
  Herr Salentin,
  Manderscheider Platz 8, 50937 Köln,
  Tel./Fax: 0221-448544

Ideale Voraussetzung für die Weiter- und Neubildung in mannigfachen Interessengebieten bietet die Volkshochschule, die auch in ländlichen Gebieten bundesweit vertreten ist. Die meisten Volkshochschulen gewähren Rentnern Ermäßigungen der ohnehin durchaus bezahlbaren Kurse. Vorlesungsverzeichnisse gibt es gegen eine geringe Schutzgebühr meist in Buchhandlungen.

Jeder Mensch, der Abitur oder eine vergleichbare Hochschulreife hat, kann an der Universität studieren, auch mit Abschluß, wenn die Numerus-Clausus-Bedingungen erfüllt sind. An ein bestimmtes Alter ist ein Hochschulstudium nicht gebunden. Nach Rücksprache kann man auch an gewissen Vorlesungen als Gasthörerin teilnehmen. Manche Universitäten bieten zudem ein sogenanntes Kontaktstudium speziell für Ältere an, die Zeit und Interesse haben, sich mit allgemeinen wissenschaftlichen Fragen zu beschäftigen oder auch ihr Wissen in einzelnen Gebieten erweitern möchten, ohne dabei einen Studienabschluß anzustreben. Für diese Art Studium ist kein Abitur oder ähnliches erforderlich.

Viele haben Bedenken, ob denn ein älterer Mensch überhaupt noch richtig lernen kann. Wie im Kapitel »Geistige Fitneß« erklärt wird, widerlegt die jüngere Forschung, daß sich die Intelligenz im Laufe des Lebens abbaut. Die Anzahl der Hirnzellen bleibt bis ins hohe Alter unverändert erhalten, nur bei Nichtgebrauch läßt die Hirnleistung nach. Das Kurzzeitgedächtnis soll bei Älteren etwas langsamer reagieren; so hat man festgestellt, daß das Erlernen einer neuen Sprache den älteren Teilnehmern schwerfällt, während das Auffrischen einer Fremdsprache, die man seit der Schulzeit nicht mehr oder kaum gesprochen hat, kaum Schwierigkeiten bereitet. Die im Langzeitgedächtnis gespeicherten Vokabeln können zum Erstaunen der Alt-Schüler bestens abgerufen werden. Wie man das Kurzzeit-Gedächtnis trainieren kann, lesen Sie bitte im Kapitel »Geistige Fitneß«.

Versuchen Sie, jetzt schon einmal einen Schnupperkurs in dem einen oder anderen Wissensgebiet oder Kunstfach zu besuchen. Ich habe da eine bittere Erfahrung machen müssen: Immer schon wollte ich Gitarrespielen können. Also kaufte ich mir gleich zu Beginn des Rentnerdaseins eine schöne Gitarre und belegte einen Kurs. Zu Anfang ging es noch ganz gut – ich übte fleißig. Stutzig machte mich dann schon eine Bemerkung meines Sohnes, ob ich nicht lieber Blockflöte lernen wolle. Endgültig niederschmetternd war dann eine Bemerkung des Dozenten: »Sie müssen schon zu Hause üben – so stören Sie ja die ganze Gruppe«. Oh, Gott, ich hatte täglich fast zwei Stunden geübt, bis meine Fingerkuppen schmerzten – und nun dies! Wirklich tief getroffen, brach ich den Kurs ab; die teure Gitarre wartet auf dem Boden auf ein begabtes Enkelkind. – Ersparen Sie sich ein derart negatives Erlebnis: Schnuppern Sie jetzt schon einmal – und kaufen Sie die Gitarre später!

Literatur:

Vorlesungsverzeichnis der heimischen Volkshochschule und das der Universität (wenn gut erreichbar)
Broschüre eines der Weiterbildungszentren
Mitteilungsblatt der Wissensbörse Ihrer Region

Hobby

Hobby – was ist das eigentlich? Der Duden sagt: Beschäftigung, der man aus Freude an der Sache und zum Ausgleich für die Berufs- und Tagesarbeit in seiner Freizeit nachgeht. Nun, damit liegen wir ja dann in unserer Dauer-Freizeit genau richtig. Simone de Beauvoir sagt: »Am glücklichsten sind im Alter diejenigen daran, die vielseitige Interessen haben.« Wer schon immer ein Hobby oder gar mehrere hatte und nur wegen Familie und Beruf kaum Zeit dazu, der braucht hier keine Anregung, der jubelt: Endlich Zeit für den Ritt auf meinem Steckenpferd!

Dem weiten Feld des Sports und auch dem Reisen sind eigene Kapitel gewidmet, und die mehr lernorientierten Hobbys sind unter Weiterbildung zu finden. Nun wollen wir uns noch der Vielzahl an Hobbys zuwenden, die uns die Musen weisen, also die Richtung Kunst und Kunstfertigkeit.

Da wäre zum Beispiel die Musik. Wer im Ruhestand gern in einem Chor singen möchte, sollte unbedingt jetzt schon versuchen, da mitzumachen. Eine Singstimme, die wenig genutzt und geschult wird, klingt leicht brüchig – oft zu hören beim »Stille Nacht, Heilige Nacht« unterm Weihnachtsbaum. Renommierte Chöre nehmen ältere Frauen ungern auf, und so eine Abfuhr kann wehtun. Nun muß es ja nicht unbedingt ein Chor mit klassischem Repertoire und großen Auftritten vor Publikum sein; gemeinsames Singen ist in vielen Gruppen möglich, besonders in Seniorenclubs und Kirchengemeinden. Gemeinsames Singen macht fröhlich, befreit, tut Körper und Seele gut.

Ein Musikinstrument im späten Erwachsenenalter neu zu erlernen, ist sehr schwierig – man denke an mein Dilemma mit der Gitarre. Wesentlich besser dagegen läuft es, wenn man das in jungen Jahren erlernte Spielen eines Instrumentes wieder auffrischt.

Erstaunliches tut sich auf dem Sektor Theater-Spielen. Laienspielgruppen schießen wie Pilze aus der Erde und bieten Dramatisches, Kabarett, Pantomime, Ballett und Singspiel vom Feinsten. Es gibt da zwar spezielle Seniorengruppen, doch gerade das Theater braucht doch die komische Alte und die würdige Greisin genauso wie den jugendlichen Liebhaber.

Ein ganz besonderes Bonbon für Körper und Seele ist das Tanzen. Vom Volkstanz und dem konventionellen Tanzstunden-Repertoire über Jazz-Dance bis hin zu Flamenco und Bauchtanz finden Sie zahlreiche Gruppen, bei denen Sie mitmachen können.

Oder hätten Sie Lust zu schreiben? Sie hätten schon Lust, doch können den Dreh nicht finden? Kopf und Herz sind voll der herrlichsten Gedanken, doch sie entwischen auf geheimnisvolle Weise, sobald wir sie aufs Papier bannen wollen. Es gibt Schreib-Werkstätten, Erzähl- und literarische Cafés, vor allem auch Kurse an der Volkshochschule, die zum gemeinsamen Schreiben anregen. Ich besuchte so einen Kurs, um zu schnuppern, und war – wie die anderen

Teilnehmerinnen – aufs höchste überrascht, was wir da alles unter der klugen und einfühlsamen Führung unserer Meisterin aufs Papier zauberten. Eine junge Frau ließ ihr soeben verfaßtes Gedicht von der Nachbarin vortragen, hörte mit großen Augen zu, vernahm Beifall und staunte: »Das soll von mir sein, ich kann's nicht glauben!« Gemeinsames Schreiben ist anregend, produktiv und lustig – es wird viel gelacht dabei!

Ein weites Feld ist das künstlerische Gestalten. Hier sei in loser Reihenfolge einiges aus dem Vorlesungsverzeichnis einer Volkshochschule aufgeführt: Druckgrafik, Filme und Videos, Fotografie, Keramik, Metalle bearbeiten, mit Papier umgehen wie Buchbinden, mit Textilien umgehen wie Schneidern, Hutmacherei, Seidenmalerei, Bildhauerei, Drechseln, Schnitzen, Zeichnen, Malen. Ich schnupperte beim Töpfern. Da ich etwas ungelenke Finger habe, ging ich mit gemischten Gefühlen zum ersten Treffen. Nun ja, mein Erstlingswerk – ein Igel – sah eher aus wie ein zerquetschter Kaktus und meine Schnecke wie eine Wurst mit Senfhäufchen (Originalton Enkelkind!). Trotzdem hatte ich große Freude am Umgang mit diesem knetbaren, formbaren Ton – und ich wurde auch immer besser. Es ist einfach ein wunderbares Gefühl, wenn unter den eigenen formenden Händen aus einem groben Klumpen Urmaterial ein Gefäß wird. Nun, am Ende des Semesters konnte ich meiner verblüfften Familie außer den mißglückten Tieren zwei Schalen, einen Aschenbecher, ein Stövchen und eine Kugelvase präsentieren, alles hübsch bemalt, gebrannt, glasiert – und durchaus ansehnlich.

Ähnliches berichtet eine Frau vom Zeichnen und Malen: »Ich konnte zur Not eine Blume und vielleicht noch ein Strichmännchen aufs Papier bringen. Als meine kleine

Nichte mich bat: ›Mal mir mal einen Tiger‹, war ich total überfordert. Die Kleine meinte, das sehe aus wie ein Walfisch mit Streifen. So konnte das ja nicht weitergehen: ich besuchte – zunächst noch etwas zitternd und zagend – einen Grundkurs im Zeichnen und Malen. Kurz und gut – im Tigermalen bin ich immer noch nicht perfekt, aber den Umgang mit Farben habe ich gelernt. Das mache ich jetzt schon im vierten Semester – fortgeschritten! Wenn ich male, sind meine Gedanken ganz dabei, verschmelzen mit den Farben, sind bunt und schön; aller Alltagsärger ist weit weg. Beim Malen bin ich ganz ruhig und froh, manchmal auch wieder ganz aufgeregt vor Eifer und Schaffensfreude. Und neulich waren Gemälde unserer Gruppe – auch welche von mir – in einer kleinen Ausstellung zu bewundern.«

Wenn Sie das Schneidern lernen, freut sich auch der Geldbeutel. An Kleiderstoffe kann man in Discount- oder Reste-Läden und auch auf Schnäppchenjagd sehr günstig herankommen und so an der Garderobe und auch bei Geschenken ganz enorm sparen, und dazu kommt noch die große Freude am kreativen Gestalten.

In Sachen Geld sparen plus Stolz und Anerkennung lohnen sich auch Kurse wie »Reparaturen im Haus«, »Grundlagen der Sanitärtechnik für Nichtfachleute«, »Schreinern« oder »Reparaturen am Zweirad«.

Wenn Ihnen das zu zweckgebunden ist und Sie meinen, daß das schon fast in Arbeit ausarte – ach, es gibt so vieles: Schönes, Verrücktes, Ausgefallenes – Astrologie, Astronomie, Architektur, gemeinsames Literaturlesen und besprechen, Diskussionen zu brisanten Themen aus Politik, Philosophie, Psychologie oder Pädagogik oder Schachspielen oder Botanik oder Wandern oder gemeinsames Kochen oder … oder …

Und wieder kommt die große Frage: Wo kann ich denn so etwas machen? Wieder muß ganz klar gesagt werden: Die Städterin hat es leichter. Das Angebot an Möglichkeiten zur Freizeitgestaltung ist ganz allgemein und auch speziell für Senioren in großen Städten hervorragend. Dort gibt es mit Sicherheit eine spezielle Informationsstelle, die Ihnen Auskunft über die Freizeitgestaltung älterer Menschen in Ihrer Stadt gibt. In Hamburg heißt diese Institution *I.K.A.R.U.S.* (steht für: Informations- und Kontaktstelle aktiver Ruhe-Stand e. V.; und für Hamburger auch gleich die Anschrift: Brandstwiete 2-4, 20457 Hamburg, Tel.: 040-335408). Wenn Sie eine ähnliche Auskunftsstelle in Ihrer Nähe erfragen möchten, dann wenden Sie sich an:

- Bundesarbeitsgemeinschaft der Seniorenorganisationen BAGSO
  Stockenstr. 14, 53113 Bonn, Tel.: 0228-635391, Fax: 0228-635310

Ich wurde bei der Hamburger Informationsstelle *I.K.A.R.U.S.* mit großer Freundlichkeit empfangen, mit Kompetenz und Ruhe intensiv beraten; man hatte zwei Stunden Zeit für mich. Ich ging mit einer solchen Fülle von Informationsmaterial nach Hause, daß ich dachte: Da reicht *ein* Ruhestand gar nicht aus!

Das Informationsblatt des *I.K.A.R.U.S.* nennt fast alle Möglichkeiten, die es für Freizeitgestaltung gibt, weswegen es auf der folgenden Seite wiedergegeben sei.

Ein vielfältiges Angebot über Stadt *und* Land verteilt bietet Ihre heimische Volkshochschule. Das Vorlesungsverzeichnis, das man durchaus auch als Hobby-Verzeichnis bezeichnen kann, erscheint jährlich oder halbjährlich, erhältlich meist in Buchhandlungen. Das Durchblättern des Programms

I. K. A. R. U. S.

Telefon (040) 33 54 08

INFORMATIONS- UND KONTAKTSTELLE AKTIVER RUHE-STÄND E.V.

Wir beraten und informieren Sie

über

FREIZEITGESTALTUNG

HOBBY

Astronomie · Basteln · Batik · Bienenzucht Blasmusik · Briefmarken · Buchbinden Chorsingen · Emaillieren · Filmen · Fotografieren · Handarbeiten · Holzwerken Ikebana · Keramik · Kochen · Laienspiel Malen · Nähmaschinenkurs · Patchwork Seidenmalerei · Singen · Stoffmalerei Stricken · Tiffany · Tischlern · Video Weben · Werken · Zeichnen

KULTUR

Architektur und Denkmalpflege · Stadtteilerkundungen und Stadtteilarchive · Literaturkreise · Musizieren · Theater

SPORT + SPIEL

Bowling · Brett- und Kartenspiele · Bridge Canasta · Faustball · Fechten · Gesellschaftsspiele · Gymnastik · Handball · Kegeln Leichtathletik · Paddeln · Prellball · Radwandern · Rhythmische Gymnastik · Rudern Schafskopf · Schießsport · Schwimmen Segeln · Seniorengymnastik · Seniorentanz Sitzgymnastik · Skat · Ski · Tischtennis Volkstanz · Wandern · Wassergymnastik Wirbelsäulengymnastik

GESUNDHEIT

Atemschulung · Autogenes Training · Erholungsfreizeiten · Eurhythmie · Gedächtnistraining · Meditation · Tai Chi Chuan · Yoga

SPRACHEN

Arabisch · Esperanto · Chinesisch · Dänisch Englisch · Französisch · Isländisch · Italienisch · Norwegisch · Plattdeutsch · Portugiesisch · Russisch · Schwedisch · Spanisch Türkisch

SONSTIGE AKTIVITÄTEN

Ausflüge und Ausfahrten · Besuchs-Patenschaften · Bürgerhäuser und Bürgervereine Computerkurse · Diskussionen · Ehrenamtliche Mitarbeit in vielen Bereichen · Initiativen aller Art · Klöntreffen · Natur- und Umweltschutz · Naturkundliche Ausflüge · Philosophie · Reisen · Rhetorik · Selbsthilfegruppen Tagesstätten · Vereinsarbeit · Vogelschutz

Das Programm wird laufend ergänzt. Erkundigen Sie sich bitte nach den aktuellen Angeboten!

I.K.A.R.U.S. ist Mitglied im Deutschen Paritätischen Wohlfahrtsverband.

Aus: "Un-Ruhestand", hrsg. v. Adolf-Grimme-Institut

macht schon Spaß. Lassen Sie sich anregen, vor allem dazu, jetzt schon einmal bei der einen oder anderen Sache reinzuschauen. Es gibt Frauen, die sich zu Semester-Beginn einen richtigen Beleg-Plan ausarbeiten, wie ein »echter« Student. Weiter gibt es in Stadt und Land Gruppen, Vereine und Clubs, organisiert von den Gemeinden, der Kirche oder auch privat, die Hobby-Programme anbieten und bei denen man zu einem meist geringen Entgelt Mitglied werden kann. Man trifft sich da, man kennt sich, man fühlt sich wohl und gut aufgehoben. Auskunft erhält man in kleineren Städten und auf dem Lande über die Gemeinden, die Kirchen und auch über die bundesweit kostenlos an die Haushalte verteilten Stadt- und Gemeinde-Zeitungen.

Auch beim Hobby sollte man nicht auf einem Bein stehen. Wenden Sie sich sowohl solchen zu, die man allein ausüben kann, und solchen, die zu zweit oder in einer Gruppe ausgeführt werden.

Überhaupt die Gruppe: Sie bietet so viel Schönes neben der Sache an sich: Sie sind mit Menschen zusammen, die schon mal ein Interessengebiet mit Ihnen gemeinsam haben, mit denen Sie Gedanken austauschen, reden, lachen, vielleicht sogar weinen können; die Hobby-Gruppe – Geburtsort so mancher Freundschaft!

Reisen

Wo immer und von wem auch immer Vor-Ruheständlerinnen gefragt werden, worauf sie sich denn am meisten freuen, wenn die große Freizeit losgehe, antwortet die große Mehrzahl: »Aufs Reisen«. Der Studienkreis für Tourismus in Starnberg und das Institut für Tourismus in Kiel wissen es noch genauer: 86 % der befragten Frauen nannten das Reisen als höchsten Freizeit-Wunsch. Männer hält es da eher am heimischen Herd. Da sie sowieso bei den älteren Jahrgängen in der Minderzahl sind, ist in Reisebussen mit älteren Fahrgästen oft der Fahrer der einzige Mann. Egal – uns Frauen will Gott die rechte Gunst erweisen und schickt uns in die weite Welt!

Ehe Sie jetzt mit träumerischem Ach-ja-Seufzen auf hohe Gipfel, an ferne Strände, unter Palmen- und Zypressenhaine entfliehen, muß ich Sie wieder aufgrund von eigener leidvoller Erfahrung auf den harten Boden der Wirklichkeit zerren: Reicht das Geld dazu? Mit Rucksack und Zelt mögen Sie ab 60 kaum noch auf große Fahrt gehen, und umsonst ist halt auch das schönste Last-minute-Schnäppchen nicht. Und die Dauerkosten daheim wie Miete, Versicherungen u. ä. laufen ja weiter. Darum: Schaffen Sie sich einen Fundus fürs Reisen, solange Sie noch gut verdienen!

Nun kann man natürlich mehr oder weniger viel Geld in das Reisen investieren. Es ist ja schließlich ein gewaltiger Unterschied, ob Sie auf einem Luxusliner durch die Südsee kreuzen wollen oder mit dem Caravan durch die Welt ziehen.

Wobei wir gleich bei einer äußerst preisgünstigen Art des Reisens wären: dem Wohnmobil. Wie wär's, wenn Sie sich jetzt schon so ein Gefährt kauften, und die letzten »echten« Urlaube damit verbrächten – zum Ausprobieren; denn jedermanns Sache ist das nicht. Vielleicht sollte man gar mit einem geliehenen Wohnmobil anfangen. Während ein neues Wohnmobil sehr teuer ist – ein Luxusgefährt kostet schon fast so viel wie ein kleines Eigenheim – sind gebrauchte Wagen durchaus bezahlbar. Die Kosten der eigentlichen Reise sind dann erträglich. Ganz grob muß man nur mit den Benzinkosten und den wohl meist unumgänglichen Maut- und Fährgebühren rechnen. Essen müssen Sie schließlich zu Hause auch. Sogar den Campingplatz können Sie umgehen, weil man mit dem Wohnmobil, wenn es eine

Toilette hat, (fast) überall nächtigen darf. Ein Wohnanhänger ist in der Anschaffung preisgünstiger als ein Wohnmobil, jedoch muß man dann die Nächte auf dem Campingplatz verbringen, und da werden immer stolzere Preise verlangt. Den schon fast übertriebenen Luxus – insbesondere im Sanitärbereich – muß man sich ganz schön was kosten lassen. Und – mit so einem Anhänger zu fahren, ist gar nicht so einfach; vor allem das Rangieren auf den Campingplätzen oder in einer mittelalterlichen Sackgasse erfordert große fahrtechnische Geschicklichkeit. Mag es auch ein Vorurteil sein, doch scheint das Fahren mit Anhänger Frauen besonders schwerzufallen. Ob Wohnmobil oder -anhänger, beide bieten, abgesehen vom preisgünstigen Reisen, noch viele weitere Vorteile: Sie können haltmachen, wo und wann Sie wollen, Sie können weiterfahren, wann und wohin Sie wollen. Sie müssen kein Hotelzimmer vorbestellen, sind an keinen Reiseweg, keine Termine gebunden. Sie schlafen jede Nacht im eigenen Bett, die Kleider hängen unzerknautscht im Schrank, kein tägliches Kofferpacken. Sie sind nicht auf Restaurants angewiesen – die Küche reist ja mit. Beim Caravaning beginnt der Urlaub wirklich in dem Augenblick, in dem Sie vor Ihrer Haustür aufs Gaspedal gehen. Lust auf Kaffee? – Kein Problem; herrlich schmeckt die erste Tasse des Selbstgebrauten auf dem ersten Rastplatz – bei Sonne draußen, bei Regen drin. Keine Lust mehr zum Weiterfahren, müde? Runter von der Autobahn, rein in die Landschaft, rauf auf den Campingplatz – entspannen, die Seele baumeln lassen: »Der Weg ist das Ziel« hat volle Geltung!

Beim Caravaning liegen Planung und Reiseleitung in Ihrer Hand. Manche Frauen finden das anstrengend, und vor allem haben die keine Lust dazu, die im Berufsleben viel planen und organisieren müssen oder mußten. Wenn Sie vielleicht außerdem nicht gern Auto fahren und keine

Freundin des Campings sind, dann steht Ihnen die beinahe unglaublich breite Auswahl fast unzähliger Reiseveranstalter zur Verfügung. Da gibt es Städte-, Erlebnis-, Abenteuer-, Erholungs-, Fitneß-, Aktiv-, Club-, Bildungs-, Theater- und Kulturreisen mit Bus, Bahn, Schiff oder Flieger. Allein schon beim Durchblättern der Prospekte kommt große Freude und träumerisches Fernweh auf, und wir stehen vor der prickelnden Qual der Wahl. Der Geldbeutel spielt natürlich auch hier wieder eine große Rolle. Besonders günstige Angebote stehen in den Stadtteil- und Gemeindezeitungen. Auch die zum Teil frappierend günstigen Lastminute-Angebote können Sie wahrnehmen, Sie haben dann ja Zeit. Ich kenne eine Frau, bei der ständig die gepackten Koffer im Flur stehen. Morgens in aller Frühe holt sie die *BILD-Zeitung* – und abends ist sie in Israel oder auf den Balearen oder sonst wo, zu einem lächerlich kleinen Preis.

Originell und gesund sind kombinierte Bus-Fahrrad-Reisen, die inzwischen viele Veranstalter anbieten, einige sogar ausschließlich. Den Tag über wird unter kundiger Führung in einer übersichtlichen Gruppe auf weitgehend autofreien Straßen, Sträßchen und Wegen geradelt. Ein Bus befördert das Gepäck von Hotel zu Hotel. Kommt man abends am Etappenziel an, steht der Koffer schon im Zimmer. Der Bus begleitet auch jede Tagesetappe, so daß man im Notfall vom Sattel ins Auto umsteigen kann. Die Stimmung in den Gruppen soll bombig sein, besonders abends nach vollbrachter Leistung beim Heurigen!

Für die besonders Sportlichen sei neben dieser Bus-Rad-Tour auch die reine Radtour erwähnt. Ich gehe gern allein auf Radel-Tour – wohin der Wind mich treibt. Bin ich am Meeresstrande angelangt oder früher an der DDR-Grenze, dann fahre ich mit dem Zug zurück, es sei denn, der Wind dreht just an solchem Wendepunkt. Heute könnte man ja bis zum Ural strampeln – bei Westwind! Das größte Problem solcher unorganisierter Rad-Reisen – auch wenn man nicht allein fährt – ist das Finden eines Bettchens für die Nacht. Wenn es langsam dämmert und »da ward kein Platz in der Herberge«, und das Käuzchen ruft, dann fühlt man sich wie Hänsel und Gretel. Ich habe in der Hauptsaison schon einmal in der Ausnüchterungszelle eines ländlichen Polizeipostens genächtigt. Ich bekam von den Hausherren sogar ein Bierchen als Schlaftrunk – »der erste Alkohol, den wir im Glas in diesen Raum bringen«, meinten sie. Doch meist findet man – wie im Emsland, im Oldenburgischen, in Bayern und in Österreich – gerade zur rechten Zeit das idyllische Landgasthaus mit »Fremdenzimmer mit fl.k.u.w.Wasser«, einer herrlichen Dusche auf dem Flur, und am Morgen ein Frühstück, das den ganzen Tag vorhält – und das alles zu einem unglaublich niedrigen Preis!

Radtouren in Gruppen werden oft von Vereinen organisiert, mit vorbestellten Nachtquartieren. Man hat dann zwar eine sichere Unterkunft, ist aber nicht so frei und muß auch schon mal bei Gegenwind und Dauerregen dem abgesteckten Ziel entgegenstrampeln.

In den Interregio-Zügen der Deutschen Bahn gibt es Abteile für »Roß und Reiter«. Da herrscht oft die tollste Stimmung unter Menschen, die sich vorher nie gesehen hatten. Und das Fahrrad fährt wohlbehütet mit. Gibt man das Rad im Gepäckwagen auf, erlebt man beim Wiedersehen oft böse Überraschungen und muß vor Antritt der Fahrt erst einmal in die Reparaturwerkstatt.

Erinnert sei in diesem Zusammenhang an das günstige Angebot der Deutschen Bahn: Ab 60 kann man nach Erwerb der sogenannten Bahncard für 110 DM auf allen Strecken ein Jahr lang zum halben Preis fahren.

Interessant für Individualistinnen ist der *Freundeskreis Alleinreisender e. V.*, Postfach 520551, 22595 Hamburg, Tel.: 040-8807421. Die Mitglieder erhalten monatlich ein Mitteilungsblatt, die *Böfa-Reisepost*, mit attraktiven und vor allem preiswerten Angeboten für Alleinreisende. An vielen Touristen-Zentren Europas und auch in Übersee gibt es ehrenamtliche Ansprechpartner oder besser -innen; denn es handelt sich sowohl bei diesen als auch bei den Reisenden fast nur um Frauen. Ein wichtiges Anliegen des Vereins ist es, nur Reisen anzubieten, bei denen der Einzelzimmer-Zuschlag entfällt.

Frauen, die am liebsten nur mit Frauen reisen möchten, können sich an folgende Adressen wenden, über die speziell Frauen-Reisen in Kleingruppen angeboten werden:

- Frauen unterwegs, Frauen-Reisen
  Potsdamer Straße 139, 10783 Berlin, Tel.: 030-2151022
- Hoffmann-Reisen
  Agnesstr. 3, 80801 München, Tel.: 089-2716211
- Frauen-Reise-Börse
  Lütticher Straße 25, 50674 Köln, Tel.: 0221-515254

Interessant für Reise-Frauen ist auch ein von *Frauen-Reisen* in Berlin herausgegebenes Handbuch »Frauenorte überall«. Es enthält eine Übersicht über Hotels, Ferienhäuser, Appartments, Treffs, Camps, Bildungszentren, Buchläden, Kneipen und Cafés für Frauen, und zwar ausschließlich für Frauen, in deutschen und sonstigen europäischen Reiseländern. Es kostet 24 DM und kann über Telefon 030-2151022 angefordert werden.

Sehr nützlich sind auch die »Reiseführer für Frauen«, die es bislang zu einzelnen europäischen Städten sowie über die Toscana gibt.

Spaß, Information und Reiselust vermittelt ebenso das im CoCon-Verlag erschienene Buch »Frauen reisen allein«, in dem mehrere Autorinnen von ihren Reiseerlebnissen berichten.

Nicht nur Reise-Gedanken, sondern überhaupt solche zum Thema »Wie Frauen älter werden«, hat Christine Swientek in »Mit 40 depressiv, mit 70 um die Welt« (Freiburg 1995) humorvoll, interessant und informativ zu Papier gebracht.

Es gibt Frauen, die wegen gesundheitlicher Probleme keine Reise wagen, weil sie befürchten, im Notfall ohne ärztliche Hilfe zu sein. Einige Reiseunternehmen, zum Beispiel Hapag Lloyd, Postfach 105067, 28050 Bremen, Tel.: 0421-35000, bieten Reisen an, die von einem Arzt oder einer Ärztin begleitet werden.

Es ist ja nicht nur das Reisen selbst, das uns so viel Lebensfreude gibt – schon die Vorbereitungen machen Spaß: das Festlegen der Route, das Aussuchen der Ziele, das Studium von Landkarten und einschlägiger Literatur. Eine Freundin meinte, der schönste Augenblick der Reise sei, wenn sie fröstelnd vor Aufregung und Morgenkühle am ZOB in den Bus steige – ganz leer noch und bereit, das Neue, das Unbekannte aufzunehmen.

Ich habe übrigens immer das Gefühl, daß die Zeit beim Reisen langsamer vergeht als im Alltag – meine Reise-Zeit-Relativitätstheorie! Während im Gleichmaß des Alltags (»Was, schon wieder Samstag?«) die Tage und Wochen dahinrasen, macht die Fülle der Erlebnisse, der neuen Eindrücke, der Wechsel der Umgebung die Reisewochen praller und so auch – natürlich relativ – länger: »Was, erst zwei Tage unterwegs – und mir kommt es vor, als seien es zwei Wochen!«

Vor lauter Reiselust sollten wir doch aufpassen, daß das Reisen nicht zur Droge wird. Wenn wir dauernd unterwegs sind, vernachlässigen wir zwangsläufig die häuslichen Kontakte. Reisen sollten Höhepunkte im Jahresverlauf sein. Ideal ist es, wenn wir uns gegen Ende der großen Fahrt wieder auf zu Hause freuen.

Zeiteinteilung

Der Lebensrhythmus im Ruhestand ist anders als der zur Hausfrauen- und Berufszeit. Lebensrhythmus umfaßt den Tagesgrundrhythmus und die besonderen Ereignisse der Woche und auch des Jahres. Viele Frauen macht es zufriedener, wenn ihr Tagesablauf geregelt ist, wenn die Zeiten für Aufstehen, Frühsport (?), Mahlzeiten, Einkaufen, Hausarbeit und Fernsehen festgelegt sind. Für die besonderen Ereignisse der Woche, die nicht-täglichen Freuden und Pflichten, wie Friseur, Arzt, Besuche, Theater, Hobby, Ausflug und Vortrag brauchen wir einen Terminkalender. Viele Ruheständlerinnen meinen, daß der jetzt viel voller – vor allem lust-voller – sei als früher. Die großen Ereignisse des Jahres wie Jubiläen, Geburtstage, Seminare, Reisen und Urlaubsvertretung müssen rechtzeitig eingeplant werden – und mit dem Planen beginnt Aktivität und damit die Vorfreude. Natürlich sollen wir uns dann nicht zum Sklaven unseres Planes machen; Abweichen ist erlaubt, wir sind doch frei!

Geld

Finanzielle Altersvorsorge

Es gibt Frauen – ich bin eine davon –, die in finanzieller Hinsicht mit einer unglaublichen Blauäugigkeit an ihren Ruhestand herangehen. Ich wollte nicht nur so ähnlich weiterleben wie vorher, sondern, um über das Ende der geliebten Berufstätigkeit besser hinwegzukommen, gleich eine schicke lange Reise machen. Leider erst zu diesem Zeitpunkt schlug der Blitz ein: von welchem Geld denn?

Nachdem sich der Schock gelegt hatte, konnte ich plötzlich rechnen, sogar mit Prozenten: Meine Rente betrug einschließlich Ruhegeld genau 66,66 % meines vorherigen Gehalts. Bei Miete, Essen, Kleidung und Tanken konnte ich jedoch nicht sagen: Gebt es mir bitte billiger, meine Mark ist nur noch 67 Pfennig wert. Die stets weniger werdenden Vergünstigungen für Rentner wiegen das nicht ansatzweise auf.

Sie planen die finanzielle Altersversorgung rechtzeitig, gezielt und mit Bedacht.

Gesetzliche Altersvorsorge

Der erste Schritt in dieser Richtung ist, beim gesetzlichen Rententräger einen sogenannten Versicherungsverlauf zu beantragen. Die größten gesetzlichen Rententräger sind die *Landesversicherungsanstalt (LVA)* und die *Bundesversicherungsanstalt für Angestellte (BfA)*, deren Adressen Sie dem

Telefonbuch entnehmen oder bei den Bezirksämtern erfragen können. Dieser Antrag ist möglich, wenn Sie das 45. Lebensjahr vollendet haben. Den dann erhaltenen Versicherungsverlauf gilt es gründlich zu prüfen. Man geht davon aus, daß jeder dritte Verlauf falsch erstellt ist. Jedoch sind die meisten Fehlerquellen nicht beim Rententräger zu suchen, sondern beim Antragsteller. Lücken im Rentenkonto, die automatisch zu einer Minderung der Rente führen, entstehen, wenn Nachweise über eine Arbeitnehmer-Tätigkeit fehlen. Wenn diese Beschäftigungsnachweise in den eigenen Unterlagen nicht gefunden werden können, müßte man sich an den ehemaligen Arbeitgeber wenden. Sollte dieser nicht mehr existieren, kann man eidesstattliche Erklärungen von Zeugen geltend machen, doch ist dies ein heikles Unterfangen und nicht immer erfolgreich.

Ab dem 60. Lebensjahr können Frauen Altersrente beziehen. Vom 1. Januar 1997 an wird die Altersgrenze in Monatsschritten angehoben, so daß die Regelaltersgrenze für Frauen im Jahre 2001 65 Jahre betragen wird.

Seit der Rentenreform 1992 ist es möglich, die Arbeitszeit zu verkürzen und gleichzeitig eine Teilrente in Anspruch zu nehmen. Diese Teilrente kann in Höhe von einem Drittel, der Hälfte oder auch von zwei Dritteln der zustehenden Vollrente bezogen werden. Je geringer der Anteil der Teilrente an der Vollrente ist, desto mehr kann man hinzuverdienen. So ist uns ein allmähliches Hineingleiten in den Ruhestand möglich. Für Frauen, die zusätzlich zur gesetzlichen Rente Ruhegeld beziehen, kann dies für die endgültige Gesamtrente nachteilig sein (siehe auch unter »Versorgungsbezüge«). Auch zur Vollrente kann man begrenzt hinzuverdienen. Die Hinzuverdienstgrenze beträgt $\frac{1}{7}$ der monatlichen Bezugsgröße. Ab dem 65. Lebensjahr kann unbegrenzt hinzuverdient werden.

Für Frauen, die wegen der Kindererziehung oder aus sonstigen Gründen lange Jahre weder sozialabgabenpflichtig gearbeitet noch sich freiwillig weiter versichert (»geklebt«) haben, empfiehlt es sich, so spät wie möglich »in Rente« zu gehen, vor allem, wenn man seinen Job gern macht und gesundheitlich auf der Höhe ist. Ab 2001 gilt außerdem: für jedes Jahr der vorzeitigen Inanspruchnahme mindert sich die Rente um 3,6 %. Für jedes Jahr des Hinausschiebens über das 65. Lebensjahr hinaus erhöht sie sich um 6 %.

Ab dem 55. Lebensjahr erteilt der Rentenversicherungsträger, also die LVA oder die BfA, auf Anfrage neben dem Versicherungsverlauf auch Auskunft über die zu erwartende Höhe der Altersrente.

Die Witwenrente beträgt für Frauen, die beim Tode des Ehemannes unter 45 Jahre alt sind, 25 % und danach 60 % der Rente des Ehemannes. Diese höhere Rente erhalten auch Frauen unter 45 Jahren, wenn sie Kinder haben. Eigenes Einkommen kann zur Kürzung der Witwenrente führen, und zwar wenn ein bestimmter Freibetrag überschritten ist. Dieser Freibetrag beträgt ab 30.06.96 1.220,96 DM in den alten und 1.001,09 DM in den neuen Bundesländern. Von dem nach Abzug des Freibetrages noch verbleibenden Einkommen werden 40 % berechnet; der sich ergebende Betrag ist dann das errechenbare Einkommen, um das die Witwenrente gekürzt wird.

Gute allgemeine Informationen zu Rentenfragen geben folgende Broschüren:

- »Die Rente« und »Die Teilrente«
  Herausgeber beider Broschüren: Bundesministerium für Arbeit, erhältlich in Rathäusern, Bezirksämtern, Bücherhallen; kostenlos.

- »Fremdwort Rente«, »Tips für Altersrentner« und »Hinzuverdienst«
  Herausgeber der drei Broschüren: Bundesversicherungsanstalt für Angestellte; erhältlich bei allen Zweigstellen der BfA; kostenlos

Außerdem gibt ein sogenanntes Bürgertelefon jede Woche Montag bis Donnerstag von 8 Uhr bis 20 Uhr zum Nulltarif Auskunft, und zwar

in Sachen Rente	0130-6280
in Sachen Pflegeversicherung	0130-6281
in Sachen Teilzeitarbeit	0130-6282

Wenn Sie, wie ich, mehr zu den Unbedarfteren in finanziellen Dingen gehören, dann nehmen Sie doch professionelle Beratung wahr; der

- Bundesverband der Rentenberater e. V.
  Hohenstaufenring 17, 50674 Köln, Tel.: 0221-2406642, Fax: 0221-2406946,

kann ihnen örtliche seriöse Rentenberater nennen.

Versorgungsbezüge

Viele Arbeitnehmer erhalten später – ausschließlich oder zusätzlich – sogenannte Versorgungsbezüge; darunter versteht man

- Ruhegelder, die Arbeitnehmer des Öffentlichen Dienstes erhalten,
- Betriebsrenten, die aus betrieblichen Pensionskassen gezahlt werden.

Über die zu erwartende Höhe dieser Bezüge erhalten Sie auch lange vor Rentenbeginn Auskunft bei der Besoldungsstelle der betreffenden Behörde oder bei der Abteilung Ihres Betriebes, die für Lohn- und Gehaltszahlungen zuständig ist.

Die zu erwartenden Bezüge für Witwen von Ruhegeld- oder Betriebsrentenempfängern müßte der Ehemann bei seinem Arbeitgeber erfragen.

Versorgungsbezüge werden steuerlich im allgemeinen wie Arbeitsentgelt behandelt, d. h. der volle Betrag der Bezüge muß versteuert werden; doch gibt es auch hier Versorgungsfreibeträge, die erfragt werden müßten.

Ruhegeld

Bei der Berechnung des Ruhegeldes wird in manchen Bundesländern vom letzten Bruttogehalt ausgegangen, weswegen dann vom langsamen Hineingleiten in den Ruhestand (siehe gesetzliche Altersversorgung) abzuraten ist. Es ist dann günstiger, kürzer voll als länger verkürzt zu arbeiten.

Für die Berechnung des Bezuges von gesetzlicher Rente plus Ruhegeld gibt es äußerst komplizierte Verfahren. Auch hier kann die Besoldungsstelle der Behörde eine Hochrechnung für die zu erwartende Gesamtrente geben.

Betriebsrenten

Einige Betriebe gewähren – früher meist, jetzt eher zurückhaltend – eine sogenannte Betriebsrente, die aus der Pensionskasse gezahlt wird. Manche Betriebe bieten an, daß ein Teil der Beiträge zur Pensionskasse vom Arbeitgeber und der andere Teil vom Arbeitnehmer gezahlt wird. Ein derartiges Angebot sollte man unbedingt annehmen, da man hier einen Zuschuß zum normalen Gehalt erhält, den man sonst nicht in Anspruch nehmen könnte. Im günstigsten Fall übernimmt der Arbeitgeber die gesamten Aufwendungen.

Direktversicherung (Gehaltsumwandlung)

Die Direktversicherung ist eine der wenigen Möglichkeiten der Arbeitnehmer, die Steuerbelastung zu senken und eine betriebliche Altersversorgung aufzubauen. Es handelt sich hier um eine Lebens- oder Rentenversicherung, die der Arbeitgeber für seinen Arbeitnehmer, der dann Bezugsberechtigter aller Leistungen ist, abschließt. Der Arbeitnehmer darf bis zu 3.408 DM pro Jahr investieren. Für diesen Betrag sind nur 20 % Lohnsteuer plus Kirchensteuer zu entrichten. Da Ihr persönlicher Spitzensteuersatz höher als 20 % ist, sparen Sie erheblich an Einkommensteuer. Noch lukrativer wird die Sache, wenn sich der Arbeitgeber zusätzlich bereit erklärt, die pauschale Steuer und/oder Teilbeträge oder die Gesamtsumme zu übernehmen, und so die Beträge für Sie völlig steuerfrei auf das Versicherungskonto fließen. Werden diese Leistungen von regelmäßig wiederkehrenden Lohn-Sonderleistungen (Urlaubs- und/oder Weihnachtsgeld) geleistet, so entfallen zusätzlich die gesamten Sozialabgaben. Gewährt der Arbeitgeber keine zusätzliche Leistung für die Direktversicherung, können die Beiträge auch durch den Arbeitnehmer selbst erbracht werden, indem Gehalt in Versicherungsbeitrag umgewandelt wird, womit das »normal« zu versteuernde Gehalt sinkt.

Vor Ablauf des 60. Lebensjahres kann der Arbeitnehmer nicht an das angesparte Geld herankommen. Bei einem Wechsel des Arbeitsplatzes wechselt die betreffende Altersversorgung mit. Bei Arbeitslosigkeit ruht das Konto bis zur Aufnahme einer neuen Tätigkeit.

Vermögenswirksame Leistungen

Nach dem fünften Vermögensbildungsgesetz – eher unter der Bezeichnung »936-Mark-Gesetz« bekannt – sind *vermögenswirksame Leistungen* Geldleistungen, die der Arbeitgeber für den Arbeitnehmer in bestimmte im Gesetz aufgelistete Anlageformen anlegt, und zwar als

1. Sparvertrag bei Banken
2. Lebensversicherung
3. Bausparvertrag
4. deutsche Aktienfonds

Die Überweisung der Geldbeträge muß direkt vom Arbeitgeber zugunsten des Arbeitnehmers auf einen der Anlageverträge erfolgen.

Nach dem Gesetz darf jeder Arbeitnehmer maximal 78 DM monatlich ansparen. Die Nutzung des Vermögensbildungsgesetzes kann grundsätzlich empfohlen werden, da fast alle Arbeitnehmer Deutschlands einen einkommensteuerunabhängigen Zuschuß (meist 52 DM oder 78 DM monatlich, bei Beamten 13 DM monatlich) von ihrem Arbeitgeber erhalten. Hierfür ist der Abschluß einer der oben genannten Anlageformen zwingend erforderlich. Auskunft über die Höhe der Förderung erhält man aus seinem Arbeits- bzw. Tarifvertrag.

Zusätzlich erhalten Arbeitnehmer mit einem zu versteuernden Jahreseinkommen unter 27.000 DM bei Unverheirateten und 54.000 DM bei Verheirateten auf Antrag eine *Arbeitnehmer-Sparzulage* vom Staat. Diese Zulage beträgt maximal 936 DM im Jahr.

Der Guthabenzins beträgt

bei Banksparvertrag	ca. 2,5 %
bei Lebensversicherung	ca. 6,5 %
bei Bausparvertrag	ca. 4,5 %
bei Aktienfonds (also mit Risiko)	ca. –10 % bis +10 %

Aus dieser Auflistung und dem prozentualen Anteil der Arbeitnehmer-Sparzulage ist unschwer zu erkennen, daß Bausparvertrag (ohne Risiko) und Aktienfonds (mit Risiko) günstiger sind als die beiden anderen Anlage-Möglichkeiten, wenn man innerhalb der Einkommensgrenzen verdient.

In jedem Fall ist jedem Arbeitnehmer die Nutzung dieses Gesetzes anzuraten: bei günstiger Anlage kann man so, ohne daß einem der monatliche Betrag sonderlich weh tut, innerhalb von 30 Jahren zu einem Vermögen von ungefähr 100.000 DM kommen (Beispiel: eine 30jährige Frau schließt eine Lebensversicherung mit 30 Jahren Laufzeit und einem Beitrag von 78 DM ab).

Private Vorsorge

Der erste große Schritt ist getan. Sie kennen die zu erwartende gesetzliche Rente und/oder die Versorgungsbezüge.

Sehen wir uns die folgende Graphik an.

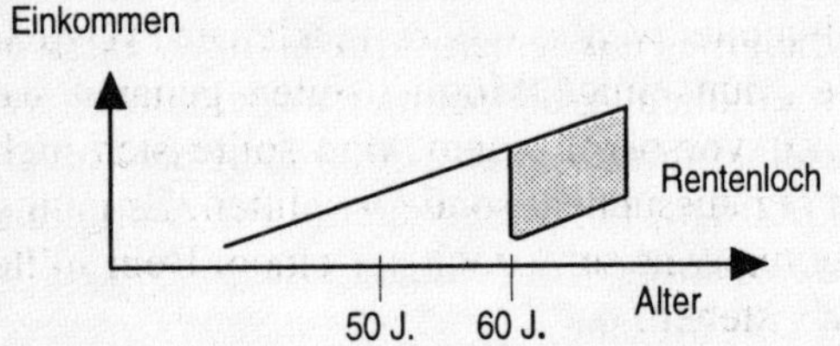

Aus der Skizze ist zu ersehen, daß bei Rentenbeginn deutlich weniger Geld zur Verfügung steht als beim letzten Nettoeinkommen. Um dies auszugleichen, gibt es grundsätzlich zwei empfehlenswerte Möglichkeiten:

1. Sie besitzen zum Zeitpunkt des Rentenbeginns eine abgezahlte Immobilie oder
2. Sie haben Kapital. Hierfür gilt folgende Formel:

Kapital =	Zeit	x	Investition; genauer:
	wenig Zeit	x	viel Investition bzw.
	viel Zeit	x	weniger Investition

Der daraus zu folgernde Rat lautet: Man fange möglichst früh an, auch mit kleinen Beträgen zu sparen, da man so einen um so höheren Zinseszins-Effekt erzielen kann.

Außerdem ist die Graphik so nur dann richtig, wenn die gesetzlichen Renten stabil bleiben. Der größte Witz der Jahrtausendwende aus eines Spötters Mund lautet wohl: »Die Renten sind sicher«. Die Debatten um die gesetzliche Altersversorgung sind Ihnen ja sattsam bekannt. Während die einen von der Rentenlüge sprechen, beruhigen uns die anderen damit, daß das dumme Angstmacherei sei; das mit den Renten gehe schon in Ordnung. Verunsichert sind wir allemal. Sollten die Renten nicht mitziehen oder gar sinken, dann wird natürlich das in der Skizze gezeigte Rentenloch noch größer.

So oder so – wenn wir unseren gewohnten Lebensstandard einigermaßen halten wollen, müssen wir dieses Rentenloch zu stopfen oder wenigstens zu verkleinern versuchen.

Hier sollen nun einige Möglichkeiten genannt werden, wie man privat vorsorgen kann. Man sollte sich nicht nur einen Vorschlag aussuchen, sondern splitten. Es muß gewiß nicht von jedem etwas sein, doch auf einem Bein sollte man auch hier nicht stehen.

Die wohl beste Altersversorgung ist ein eigenes Haus oder eine Eigentumswohnung. Die Mark hat seit 1950 zwei Drittel ihres Wertes verloren, während der Wert der Immobilie um das Achtfache gestiegen ist!

Ungefähr ein Drittel des Einkommens wird fürs Wohnen gerechnet. Wenn Sie so wohnen bleiben möchten wie bisher, bleibt die Miete gleich hoch, doch Ihre Rente ist niedriger, und so schluckt die Miete weit mehr als ein Drittel Ihres Einkommens. Mietfreies Wohnen im Alter hebt somit den Lebensstandard besonders stark an. Mit der Rückzahlung der Bauschulden (Hypotheken) sollte man spätestens zum Rentenbeginn fertig sein.

Bei der Finanzierung von Immobilien sollte man sich unbedingt von möglichst vielen verschiedenen Banken, Hypotheken-Banken, Bausparkassen und Versicherungsmaklern beraten lassen, obwohl es bei geliehenem Geld keine Qualitätsunterschiede gibt; man benötigt schließlich keine ständige Betreuung. Ein möglichst niedriger effektiver Jahreszins bei gleicher Zinsfestschreibungszeit ist das einzige Ziel der Suche. Verlieren Sie auch die Angst vor einem hohen Kredit. Man bedenke, daß schon 1.000 DM monatliche Miete in 50 Jahren 600.000 DM ergeben, plus 30 bis 50 Mieterhöhungen. Dieses Geld wiederum wäre dann ganz und gar verloren.

Bei geringen und mittleren Einkommen lohnt sich in jedem Fall eine Prüfung, ob man staatliche, äußerst zinsgünstige Wohnungsbauförderung bekommen kann. Auskunft erhält man bei den zuständigen Wohnungsbau-Kreditanstalten der Bundesländer.

Als Alternative zur selbst genutzten Wohnung könnten Sie auch eine vermietete Wohnung erwerben. Eine kleinere solche Wohnung ist auch heute noch relativ preiswert zu bekommen. So ist Wohneigentum als Geldanlage gut geeignet. Wenn man die Wohnung – auch später – nicht selbst nutzt, bieten die Mieteinnahmen doch wieder ein kleines Einkommen. Die Steuer hält sich in Grenzen, da Rentner ja einen Freibetrag haben und außerdem von den Mieteinnahmen noch Kosten wie Rücklagen für Instandsetzung abgehen.

Bausparen

Bausparen ist nicht nur etwas für Leute, die bauen wollen. Jeder, der als Nicht-Verheirateter unter 50.000 DM und als Verheirateter unter 100.000 DM im Jahr verdient, erhält vom Staat eine sogenannte Wohnungsbauprämie von 10 % auf seine Einzahlungen, und zwar im Jahr maximal 1.000 DM für Ledige und 2.000 DM für Verheiratete. Letzteres macht Bausparen auch für Rentner interessant, da das zu versteuernde Einkommen doch meist stark abfällt. Das angesparte Geld plus Zinsen plus Prämie kann außer zum Bauen auch zum Ankauf von Haus oder Wohnung, zum Umbau und sogar zur Sanierung der Mietwohnung genutzt werden. Nach sieben Jahren kann das Geld (plus verzinster Prämie plus Zinsen) sogar für alles mögliche genutzt werden – Sie können es dann für eine Weltreise verwenden oder sich ein Motorrad dafür kaufen.

Der Guthabenzins beim Bausparen ist relativ niedrig, üblicherweise 2,5 bis 4,5 %. Dennoch hat der Bausparer das Recht, wenn er zwischen 40 und 50 % (je nach Tarif) der abgeschlossenen Bausparsumme angespart hat, die anderen 50 bis 60 % als äußerst zinsgünstiges Darlehen in Anspruch zu nehmen; üblich sind 4 bis 5,5 % Darlehenszins. Im Gegensatz zu den Zinsen der Banken ist dieser Zins fest, d. h. die Bausparkasse garantiert den Zins beim Abschluß, ganz gleich wann das Darlehen später in Anspruch genommen wird. Das ist ein enormer Vorteil gegenüber den Banken, bei denen der langfristig gültige Zins heute noch in den Sternen steht und somit nicht kalkulierbar ist.

Private Rentenversicherung

Mit der privaten Rentenversicherung kann man sich eine zusätzliche monatliche Rente sichern. Abgewickelt wird die Sache über eine Versicherungsgesellschaft. Sie zahlen monatlich einen bestimmten Betrag – nach Möglichkeit dynamisch – ein. Dynamisch bedeutet, daß dieser Betrag ungefähr mit der Inflationsrate erhöht wird, damit die spätere Rente dann auch den Wert hat, den Sie sich heute vorstellen. Hier ein Beispiel: Eine heute 36 Jahre alte Frau zahlt monatlich 100 DM ein. Nach 26 Jahren, wenn sie also 62 Jahre alt ist, erhält sie eine monatliche Rente von zunächst ca. 450 DM, die sich jährlich um ca. 4 % erhöht. Man kann auch Kapitalabfindung wählen, was in unserem Beispiel eine Auszahlung von ca. 90.000 DM am Stichtag bedeuten würde. (Sowohl die Höhe der Rente als auch die der Kapitalabfindung verstehen sich nach heutiger Kaufkraft.) Ein Vierteljahr vor Rentenbeginn kann man sich entscheiden, ob man Kapitalabfindung oder eine lebenslange monatliche Rente wünscht. Diese Rente wird bei Tod des Versicherten kurz nach Rentenbeginn noch 5 bis 10 Jahre an die Hinterbliebenen weitergezahlt.

Wertpapiere und Aktienfonds

Wertpapiere sind ein schönes Polster für die »alten Tage«. Wenn Sie das Kapital nicht angreifen müssen, fließen jährlich – möglichst gut verteilt – die Zinsen bzw. Renditen aufs

Konto – eine schöne Rentenaufbesserung. Einige Arten von Wertpapieren sollen hier vorgestellt werden.

Aktienfonds sind – vereinfacht ausgedrückt – ein großer Topf mit Aktien verschiedener Unternehmen, was Ihr Risiko senkt und die Nerven nicht so strapaziert wie eine Einzelaktie. Es gibt Fonds aus nur inländischen oder nur ausländischen Aktien oder eine Mixtur aus beiden. Aktienfonds können besonders dann empfohlen werden, wenn man das Kapital nicht zu einem bestimmten Zeitpunkt braucht; denn im Gegensatz zu den festverzinslichen Papieren schwankt die Rendite, zum Teil erheblich. Doch auf einen langen Zeitraum betrachtet, haben sich Aktienfonds in den letzten Jahren von allen Fonds am besten entwickelt; daher sollte man das Geld hier für mindestens drei Jahre anlegen. Beim Kauf wende man sich an große, alteingesessene Gesellschaften, die Tradition haben und deren Renditen man über Jahre zurückverfolgen kann. Der Wertzuwachs ist nach sechs Monaten steuerfrei, die ausgezahlten Dividenden müssen mit 25 % versteuert werden. Für Renditen von über 6.100 DM für Ledige und 12.200 DM für Verheiratete muß eine sogenannte Zinsabschlagsteuer bezahlt werden. Für die Befreiung von der Kapitalertragsteuer innerhalb der Ertragsgrenzen müssen separate Anträge bei den betreffenden Anlage-Instituten gestellt werden.

Um bei der Anlage in Aktienfonds zu einer Art monatlicher Rente zu kommen, kann man sich von der Fonds-Gesellschaft einen Entnahmeplan ausarbeiten lassen.

Unter *Rentenfonds* versteht man festverzinsliche Wertpapiere – wieder eine Mischung in einem großen Topf – wie Bundesschatzbriefe, Kommunalobligationen und Sparkassenbriefe. Hier ist der abgeschlossene Zinssatz relativ fest, allerdings zur Zeit sehr niedrig. Zu Bundesschatzbriefen, die sechs bzw. sieben Jahre (dann abgezinst) laufen, sei hier ein Vergleich gegeben, wie unterschiedlich das Zinsniveau sein kann.

	Ausgabe 09.01.91		Ausgabe 30.01.96	
	Zins %	Rendite %	Zins %	Rendite %
1. Jahr	7,5	8,7	3,5	5,1
2. Jahr	8,5		4,0	
3. Jahr	8,75		4,75	
4. Jahr	9,0		5,5	
5. Jahr	9,25		6,5	
6. Jahr	9,5		7,0	

Bei Rentenfonds müssen 30 % Zinsabschlagsteuer gezahlt werden. Zu Befreiung davon lesen Sie bitte unter Aktienfonds nach.

Immobilienfonds sind, wie der Name sagt, ein Sammelsurium verschiedener Immobilien. Es gibt hier keinen festen Zinssatz. Pro erworbenem Anteil wird jährlich ein bestimmter Betrag ausgezahlt, der erheblich schwanken kann. Vorteilhaft bei diesen Fonds ist, daß ein Teil der Ausschüttung (meist ein Viertel bis ein Drittel) im Privatvermögen einkommensteuerfrei bleibt. So wird als Bemessungsgrundlage für die Zinsabschlagsteuer nur ein Teil der Ausschüttung herangezogen.

Gewarnt sei in diesem Zusammenhang vor dem Kauf einer sogenannten Teilimmobilie, zum Beispiel einem Anteil an einem großen Hotel, da ein eventueller Verkauf dieses »Hotelteilchens« äußerst schwierig ist. Wenn Sie etwas mit Immobilien im Sinn haben, dann ist es eben am besten, eine eigene »ganze« zu erwerben.

Um Ihnen das Ansparen einer Wertpapier-Anlage ein wenig schmackhaft zu machen, sei hier eine simple Darstellung gegeben: Sie haben es geschafft, 100.000 DM anzusparen; dann bekommen Sie bei einer Rendite von

- 5 % eine monatliche Zusatzrente von 417 DM,
- 6 % eine monatliche Zusatzrente von 500 DM,
- 7 %* eine monatliche Zusatzrente von 585 DM,
- 8 % eine monatliche Zusatzrente von 670 DM,
- 9 % eine monatliche Zusatzrente von 750 DM,
- 10 % eine monatliche Zusatzrente von 833 DM.

* (Ab hier müßte – bei einigen Papieren und falls Sie unverheiratet sind – Zinsabschlagsteuer gezahlt werden.)

Und noch etwas: Sie haben ein Kapital im Hintergrund, an das Sie im Notfall herankönnen, und vielen verschafft es auch Genugtuung, etwas zum Vererben zu haben.

Die unrentabelste Art des Sparens – nach Strumpf und Schwein – ist das normale *Sparbuch*, aber bei uns Deutschen so beliebt wie in keinem anderen Land. Der Zinssatz ist sehr niedrig, zur Zeit kaum über 2 %. »Armsparen« nennt man diese Art des Sparens: Bei einer Inflationsrate von 3 % hat man jedes Jahr weniger als zuvor!

Wenn Sie eine größere Summe – mindestens 10.000 DM – kurzfristig deponieren wollen, vielleicht um ein höheres Zinsniveau abzuwarten, kann das sogenannte *Festgeld* empfohlen werden. Hier ist der Zinssatz bis zu doppelt so hoch wie beim normalen Sparbuch. Nach einer bestimmten vereinbarten Zeit – meist einem Monat – kann hier jede Summe ohne Kündigung abgehoben werden. Das Geld ruht absolut sicher, und es werden keine Kosten erhoben.

Wie schon beim Problem Rente bzw. Versorgungsbezüge empfiehlt sich auch für die private Vorsorge – und hier noch weit dringender –, sich einem professionellen Berater anzuvertrauen, und zwar einem unabhängigen Finanzkaufmann. Wo findet man den, und woher weiß man, ob er wirklich unabhängig ist? Der reizende Mann von der Bausparkasse ist es sicher nicht, denn er wird Ihnen kaum zu einer anderen Alternative neben dem Bausparvertrag seines Instituts raten. Auch Ihre Hausbank informiert Sie ausschließlich über die Angebote dieser Bank. Wenden Sie sich zum Beispiel an *Report Finanzdienstleistungen*, Abteilung Öffentlichkeitsarbeit, Heumarkt 1, 50667 Köln, Tel.: 0221-2015229, Fax: 0221-2015138. Hier kann Ihnen ein unabhängiger Finanzkaufmann als Berater in Ihrer Nähe genannt werden.

Den Rat gibt es nicht umsonst, doch wird der Betrag durch günstige Anlage wieder hereinkommen, wenn nicht gar vervielfacht werden, und Sie vermeiden Fehler, die weitaus teurer sein könnten.

Entscheiden müssen letztlich Sie allein – aber tun Sie es auch! Noch schlimmer als eine Fehlentscheidung ist es, gar keine Entscheidung zu treffen. Dazu ein nettes Geschichtchen: Stellen Sie sich drei gleichaussehende Wege vor, von denen aber nur einer zum ersehnten Ziel führt, die beiden anderen sind Sackgassen. Da stehen Sie nun davor und haben also eine Chance von 33 %, den richtigen Weg zu wählen. Sie erwischen beim ersten Versuch eine der beiden Sackgassen. Fehlentscheidung? Nicht unbedingt! Beim nächsten Versuch haben Sie bereits eine Chance von 50 %. Hätten Sie sich gar nicht entschieden, ständen Sie immer noch vor den drei Wegen – mit einer Chance von 0 %, falls Sie sich weiterhin nicht entscheiden können.

Manchen Frauen fehlt der Mut, das angesparte Geld auch auszugeben. Die einen schränken sich ein, weil sie sich gar so viele Sorgen um die eigene Zukunft machen und bis hin zu den Beerdigungskosten alles hundertprozentig abgesichert haben wollen. Andere wieder meinen, sie seien verpflichtet, das fürs eigene Vergnügen übrigbleibende Geld den Kindern geben zu müssen. Wer sehr viel übrig hat, mag das ruhig tun. Wir anderen jedoch sollten unsere Hobbys und unsere Reiselust ohne schlechtes Gewissen genießen, auch wenn die Bauschulden der Kinder noch nicht abgezahlt sind. Einen unschätzbaren Gefallen tun wir unseren Kindern, wenn wir für unsere eigene Unabhängigkeit im Alter sorgen, wenn wir ihnen weder finanziell noch von den Gefühlen her zur Last fallen, wenn wir ihnen ein schlechtes Gewissen uns gegenüber ersparen.

Hinzuverdienen

Im Kapitel »Beschäftigung« wird auf zahlreiche Möglichkeiten für Tätigkeiten im Ruhestand hingewiesen, die einerseits ehrenamtlich ausgeführt werden können, mit denen man jedoch andererseits auch die Rente aufbessern kann. Manche Frau muß hinzuverdienen, weil es sonst einfach nicht reicht. Oft langt es zwar so eben fürs nackte Leben, doch für das Vergnügen bleibt nichts übrig. Wir sollten keine Hemmungen haben, auch dann für Geld tätig zu sein, wenn damit ein wenig Luxus finanziert werden soll. Wir haben es doch verdient, oder? Schließlich waren viele von uns jahrelang »ehrenamtlich« im Haushalt tätig! Rentnerinnen unter 65 Jahren sind sowieso hinsichtlich der Höhe des Hinzuverdienstes Grenzen gesetzt. Beachten Sie diesbezüglich die Hinweise im Kapitel »Gesetzliche Altersvorsorge«. Günstig für Rentnerinnen sind die Arbeitsmöglichkeiten auf der 610-Mark-Basis. Das bedeutet: Bei einem Verdienst von maximal 610 DM im Monat und einer wöchentlichen Arbeitszeit von maximal 15 Stunden müssen weder vom Arbeitnehmer noch vom Arbeitgeber Sozialabgaben entrichtet werden; natürlich ist der Arbeitnehmer dann auch nicht sozialversichert. Die Steuern werden pauschal vom Arbeitgeber bezahlt.

Sparen im Haushalt

Die ironische Sprichwort-Umkehrung »Spare in der Not, da hast du Zeit dazu« paßt so recht zum Haushalt der Ruheständlerin. Eine geschickte Hausfrau mit unbegrenzter Zeit kann ein Vermögen einsparen! Das fängt im Kleinen an: Sie können sich dann in Ruhe nach Sonderangeboten umsehen, den etwas weiter entfernten Discount-Laden aufsuchen. Fast food, Tiefkühl-Pizza und Konditor-Torte sind tabu. Sie kochen Eintopfgerichte in größeren Mengen und frieren kleine Mahlzeiten ein, Sie pflücken Beeren und kochen Marmelade, Sie backen den Kuchen selbst. Wenn Sie einen – während der Berufstätigkeit vielleicht verwilderten – Garten haben, dann machen Sie ein Stück urbar und züchten Gemüse und Beeren. Auch auf dem Balkon oder einer sonnigen Fensterbank kann man Kräuter ziehen. Arg zu Buche schlagen die Dienstleistungen im Haushalt. Wenn es Ihnen körperlich gut geht, brauchen Sie keine Putzhilfe. Einfache Handwerker-Arbeiten wie Malen oder kleine Reparaturen an Geräten können Sie doch auch selbst machen. Ganz ideal wäre es, wenn Sie Ihre Garderobe selbst nähen und stricken könnten. Wer handarbeiten und basteln kann, spart auch enorm am Geschenke-Budget. »Das ist ja alles ganz einleuchtend«, sagen Sie vielleicht, »aber ich kann weder nähen noch malen noch sonst etwas Handwerkliches«. Nun, das läßt sich doch erlernen, und mißtrauen Sie dem Sprichwort »Was Hänschen nicht lernt, lernt Hans nimmermehr«. Mag das vielleicht für den Hans stimmen, die Grete ist da flexibler, die kann es! In den Kapiteln »Weiterbildung« und »Hobby« werden zahlreiche Wege zum Erlernen handwerklicher Fähigkeiten aufgezeigt. Vielleicht können Sie noch während der Berufstätigkeit, vor allem wenn Sie das verkürzte Arbeiten wahrnehmen, derartige Kurse oder Seminare besuchen. Jedenfalls lassen sich die Kosten des täglichen Lebens unter dem Motto »Selbst ist die Frau« ganz erheblich senken, und das vorerwähnte Rentenloch wird ein schönes Stück kleiner.

Testament

Irgendwie ist uns der Gedanke, ein Testament zu machen, unangenehm; es gibt ja auch durchaus lustvolleres Tun. Und dennoch sollten Sie sich dazu entschließen, insbesondere dann,

- wenn Sie von der gesetzlichen Erbfolge abweichen möchten,
- wenn Sie in einer Beziehung ohne gesetzliche Basis leben,
- wenn Sie Immobilien besitzen,
- wenn Sie Wertgegenstände wie Schmuck, Kunstschätze, Antikes, Brief-, Münz- oder sonstige Sammlungen besitzen.

Ein Freund, der stets von seiner heilen Familie erzählt hatte, kehrte völlig fassungslos von der Beerdigung seiner Mutter (der Vater war schon tot) zurück: »Sie haben sich wie die Hyänen um jedes Bettuch gestritten«. Ersparen Sie Ihren Angehörigen den Anlaß zu derart würdelosem Handeln. Man kann doch zu Lebzeiten schon einmal mit den Kindern und anderen Angehörigen besprechen, wer gerne was erben würde. Und wenn es dann ein wenig peinlich wird: »Ach Mamilein, laß uns nicht über so was reden, du lebst doch noch lange«, dann sagen Sie: »Ja gern, aber trotzdem.«

Das Testament sollte mit der Hand geschrieben, aber gut lesbar sein. Man sollte möglichst einen Zeugen durch dessen Unterschrift bestätigen lassen, daß man beim Abfassen »im Vollbesitz seiner geistigen Kräfte« war. Das Testament wird dann am besten bei einem Rechtsanwalt, einem Notar oder auch beim Amtsgericht aufbewahrt. Wer ein größeres Vermögen vererben will, sollte sich beim Aufsetzen von einem Notar beraten lassen.

Schlußbetrachtung

Dieses Kapitel handelt ausschließlich vom Geld, doch auch in den anderen Kapiteln – insbesondere bei den Themen Beschäftigung, Hobby, Reise, Wohnen, Partnerschaft – wird immer wieder vom Geld die Rede sein. Immer wieder werden Sie mit durchaus erhobenem Zeigefinger gemahnt, jetzt, solange Sie noch berufstätig sind, so lange Sie noch etwas in dieser Hinsicht bewegen können, an die Finanzen nach der Stunde Null zu denken. – Geld, Geld, immer nur Geld – Geld allein macht doch nicht glücklich. Das ist richtig, doch ist es ein wunderbarer Nährboden für das empfindliche Pflänzchen Glück. Die »alten Tage« lassen sich nun einmal mit abgesicherten Finanzen so sehr viel genußreicher gestalten. Ein chinesisches Sprichwort sagt dazu: »Auf einem seidenen Kissen weint es sich leichter«.

Literatur-Empfehlungen:

Eller, Roland: So gestalte ich meine Altersversorgung. München 1993

Hauptmann, Wilfried: Die gesetzlichen Renten – Wegweiser. München 1994

Luserke, Klaus: Der Rentenratgeber. Köln 1992

Private Vorsorge – Versorgungslücken erkennen Herausgeber: Verbraucher-Zentrale

Reinisch, Günther: Senioren-Kompaß von A bis Z, Stichworterläuterungen zu renten-, erb-, steuer- und versicherungsrechtlichen Problemen. Planegg 1991

Sparen und Geldanlage. Herausgeber: Verbraucher-Zentrale

Ziegler, Gerhard: Arme Rentner, zur staatlichen Rentenversorgung. Berlin 1994

Gesundheit

»Gesundheit ist nicht alles, aber ohne Gesundheit ist alles nichts.« (Schopenhauer)

Alter ist keine Krankheit – so weit, so gut, nur dürfen Zeichen des Alterns und Symptome einer Krankheit nicht verwechselt werden. Wenn Ihr Wohlbefinden gestört ist, dann gehen Sie den Ursachen auf den Grund. Aussprüche wie »das ist halt so, wenn man älter wird« sind gefährlich. So manche altersunabhängige Krankheit wird auf diese Weise nicht beachtet. Ein alter Spruch sagt: »Kommt ein Schmerz, so halte still und frag ihn, was er von dir will.« Ins andere Extrem sollte man jedoch auch nicht fallen und ständig in sich hineinhorchen, ob da nicht doch irgendwo eine Krankheit am Aufkeimen ist.

Nehmen Sie Vorsorgeuntersuchungen wahr! Meistens beruhigen sie ungemein, und schlimmstenfalls machen sie auf eine beginnende, dann aber fast immer behandlungsfähige Krankheit aufmerksam. Spötter erzählen dazu zwar gern den Arztwitz: »Ein Glück, daß so viele Gesunde in meine Praxis kommen; von den Kranken kann ich nicht leben.« Auch folgende Story wird gern erzählt: »Ein Mann geht, weil man's halt so macht, zur Vorsorge. Nach langen gründlichen Untersuchungen entdeckt der Arzt doch tatsächlich eine Unstimmigkeit. Nun stelle man sich bloß vor, der Mann wäre womöglich im hohen Alter gestorben, ohne zu ahnen, daß er krank ist!«

Laßt uns an diesen netten Geschichtchen Spaß haben. Doch nie sollen Sie das unvorstellbar tragische Urteil hören: Ja, wenn Sie eher gekommen wären …

Gesund alt werden – das ist wohl unser aller Wunsch. Und wir können viel dazu tun, wenn wir befolgen, was der Volksmund sagt: Vorbeugen ist besser als heilen!

Da sträuben sich schon die Haare der berufstätigen Frau mit Haushalt, Kind und Kegel: Sport, Gymnastik, viel Bewegung – wann bitte? Ruhe und Entspannung – haha! Gesunde Ernährung – sagen Sie das mal unserem Kantinenkoch! Auch eine Frau, die weniger eingespannt ist, resigniert irgendwann bei den Vorschlägen aus dem Gesundheitsratgeber für die Frau: nur 6 Minuten für die Gelenke und 5 Minuten für das Becken und 5 Minuten für den Po und nur 3 Minuten für …! Was müßten wir alles berücksichtigen, wollten wir allem vorbeugen! Würden wir alle Ratschläge für eine gesunde Lebensführung befolgen, wir wären wahrhaftig Tag und Nacht damit beschäftigt. Es verlangt schon einen starken Willen, wenn wir heute angestrengt und zeitraubend Leistungen zur Krankheitsvorbeugung erbringen, die erst übermorgen wirksam werden.

Wenn anschließend einige Krankheiten vorgestellt werden, werden auch Ratschläge zu deren Vorbeugung gegeben. Die Empfehlungen werden so wenig zeitraubend wie möglich sein. Sie werden so sein, daß sie sich ins Tagwerk einbauen lassen, sie werden alltagstauglich sein. Ob die Übungen selbst in Ihnen Lustgefühle wecken, ist mehr als fraglich. Freude haben Sie jedoch bestimmt, wenn es vollbracht ist, wenn Sie spüren, daß es Ihnen im nachhinein und auf die Dauer guttut.

Im Rahmen dieses Ratgebers kann nicht auf alle gesundheitlichen Probleme des Älterwerdens eingegangen werden. Es wurde eine Auswahl derjenigen Krankheiten und Beschwerden getroffen, die Frauen am häufigsten das Älterwerden verleiden. Sie sollen erfahren, was auf Sie zukommen kann und wie Sie durch Eigeninitiative so einiges abwenden können, damit Sie Ihre »alten Tage« dann so richtig genießen können.

Hier sei zunächst allgemeine Literatur zum Thema Gesundheit der älter werdenden Frau aufgeführt. Zu den einzelnen Themen gibt es dann jeweils spezielle Angaben.

Birkmayer, Walter (Hrsg.): Gesund bleiben – Fachärzte beraten Senioren. München 1992

Calot, Dr. med. Sandra: Die Frau – das große Gesundheitsbuch. München 1990

Der Senioren-Ratgeber – Zeitschrift, die monatlich erscheint und kostenlos in Apotheken ausliegt

Diverse Autorinnen: Unser Körper, unser Leben – Über das Älterwerden. Ein Handbuch für Frauen. Reinbek 1994

Kirch, Dr. med. Karl M.: Aktiv und gesund ins Alter. München 1990

Schneidzik, Willy E.: Gesundheitsratgeber für Senioren. Frankfurt/M. 1990

Die Wechseljahre

Die Wechseljahre – lange Zeit ein Tabu-Thema. Bürgerliches Denken sah die Bestimmung der Frau im Kinderkriegen – war sie nicht mehr gebärfähig, war sie auch nicht mehr so viel wert. Frau zog sich zurück und ertrug auftretende Beschwerden stillschweigend. Das hat sich geändert. Es mag daran liegen, daß jetzt die Frauen in die Wechseljahre kommen, die sich selbst von Jugend an positiv angenommen haben, die sehr wohl über »sowas« reden, miteinander, mit den Partnern, mit ärztlichen Beratern. Ob wir aber jetzt wieder schon fast zuviel reden und aus einem natürlichen Vorgang ein pathologisches Drama machen? Dazu eine 60jährige Frau:

»Also, ehrlich gesagt, ich war froh, als das Gedöns mit den Tagen endlich aufhörte. Na ja, mein Mann ist doch jünger als ich, also wir haben das, ich meine das im Bett, dann erst so richtig genossen, ohne die dauernde Angst, daß ich schwanger werde. Und mir geht es halt auch so richtig gut, eher besser als vorher. Früher hatte ich oft Kopfschmerzen, die sind jetzt weg. Vergeßlich und leicht aufbrausend war ich schon immer; mein Mann sagt sogar, daß man mit mir jetzt viel besser auskommen kann.«

Während die einen außer dem Ausbleiben der Monatsblutung keine Veränderungen spüren, leiden andere unter verschiedenen Symptomen wie Hitzewallungen, sexueller Unlust, Juckreiz, Gereiztheit und Depressionen.

Was tut sich denn in unserem Körper, was löst die Veränderungen der Wechseljahre aus? Die Eierstöcke, die unsere Geschlechtshormone, Östrogen und Progesteron, primär produzieren, verlangsamen ihre Tätigkeit, bis sie die Produktion ganz einstellen. Die monatliche Blutung hört auf, die Frau kann nicht mehr schwanger werden. Dieser Zeitpunkt tritt unterschiedlich ein, so zwischen dem 45. und 55. Lebensjahr; bei Raucherinnen früher als bei den Enthaltsamen. Der medizinische Ausdruck für dieses Ereignis heißt Menopause. Irritierend für den Laien ist hier das Wort »Pause«; Meno-*ende* erschiene mir sinnvoller. Das Wort »pause« kommt aus dem Griechischen und bedeutet Beendigung, hier der Monats- (Meno-) Blutung, während wir mit diesem Wort eine kurze Unterbrechung verbinden, bevor es weitergeht.

Nun, das hat die neue Medizin ja geschafft – durch die Therapie mit Hormonen. Und da sind wir gleich beim wohl größten Problem der Frau von heute, die kurz vor oder in den Wechseljahren ist: soll ich oder soll ich nicht – Hormone nehmen?

»Heute ist es nicht der außer Rand und Band geratene Hormonhaushalt, der die Frauen in der Postmenopause verrückt macht. Es ist die außer Rand und Band geratene Mediziner-Debatte. Etwa 30 bis 40 Millionen Amerikanerinnen warten auf eine definitive Antwort auf die Östrogenfrage und bekommen statt dessen nur die zufällige Tagesweisheit zu hören.« (Ellen Goodman)

Diese Einschätzung trifft akkurat auch auf deutsche Frauen zu. Auch hierzulande wird die Debatte kontrovers geführt und durch sich widersprechende Pressemeldungen angeheizt.

Schon seit langer Zeit, verstärkt in den 60er und 70er Jahren, wurde Östrogen gegen die Beschwerden der Wechseljahre verordnet. Während sich diese Symptome tatsächlich besserten, wurden immer mehr Stimmen laut, daß sich das Risiko, an Krebs, insbesondere an Gebärmutterkrebs, zu erkranken, stark erhöhe. Daraufhin ebbte die Östrogenwelle zunächst einmal deutlich ab. Die Pharma-Forschung entwickelte dann eine Therapie, bei der neben Östrogen auch Gestagen, die synthetische Form des natürlichen Progesterons, verabreicht wurde. Bei Frauen, die so behandelt wurden, soll das Krebsrisiko deutlich zurückgegangen bzw. mit dem der Frauen, die nicht therapiert wurden, gleich sein.

Hören wir zunächst die Befürworter der Hormontherapie an:

- Die Forschung hat gezeigt, daß Östrogen günstig auf die Knochensubstanz einwirkt. Kommt es zum Östrogenmangel, kommt es zum gesteigerten Knochenverlust.

Breite Untersuchungen haben dargelegt, daß die Einnahme von Hormonen den Knochenabbau bremst und somit die gefürchtete Alterskrankheit der Frau, die Osteoporose, nicht oder wesentlich verzögert zum Ausbruch kommen läßt.

- Östrogene verhindern durch ein kompliziertes Einwirken auf den Fettstoffwechsel das Verkalken der Arterien. Für den Laien ein widersprüchliches Wechselspiel: in den Knochen verhindert Östrogen den Abbau von Kalzium, in den Arterien die Ablagerung! Das günstige Einwirken des Östrogens auf die Gefäßwände ist der Grund dafür, daß Frauen vor der Menopause weit seltener einen Herzinfarkt erleiden als Männer. (Kaum läßt jedoch die Östrogen-Produktion nach, holen die Frauen auf.) Umfangreiche Studien und Untersuchungen der letzten Zeit zeigen, daß bei Frauen, die Östrogen einnehmen, das Risiko, an einem Herzinfarkt zu erkranken, um 50 % zurückging. Dieser Erfolg stellt sich jedoch nur ein, wenn nicht gleichzeitig Gestagen verabreicht wird. Diese Beigabe ist wiederum bei Frauen, die noch eine Gebärmutter haben, geboten, da sonst die Gefahr von Wucherungen besteht.
- Die Östrogen-Therapie erhöht die Lebensqualität, da die meisten (einige Mediziner sagen sogar alle) Beschwerden der Wechseljahre verschwinden oder gar nicht erst auftreten.
- Die Einnahme von Östrogen verlängert das nun so schön gewordene Leben.

Die Gegner der Hormonbehandlung führen auf:

- Die Studien und Untersuchungen sind noch viel zu »jung«, so daß man Langzeit-Wirkungen noch gar nicht absehen kann. So ist nicht sicher, ob das erhöhte Krebsrisiko wirklich gebannt ist, und auch über eventuelle andere Spätschäden kann man noch keine sichere Auskunft geben.

- Die hormonbehandelten Frauen der Versuchsgruppen sind den Vergleichsgruppen gegenüber privilegiert, weil man sie ständig und besser betreut.
- Auch Östrogene können letztlich das Altern nicht verhindern.
- Östrogen-Einnahme kann die Frauen leichtsinnig machen, nach dem Motto: ich nehme Hormone, mir ist ein langes, schönes Leben garantiert. Das kann dazu führen, nicht mehr so viel Eigeninitiative zur Gesunderhaltung aufzuwenden.
- Mit folgenden mehr oder weniger gravierenden Unpäßlichkeiten ist zu rechnen: Gewichtszunahme, Wiedereintreten bzw. Fortdauer der Monatsblutung, Wassereinlagerungen ins Gewebe, Schmerzen und Ziehen in der Brust.
- Wenn man Östrogen *und* Gestagen gibt, nimmt zwar das Krebsrisiko ab, die Gefahr der Arteriosklerose jedoch wird nicht nur nicht gesenkt, sondern erhöht.
- Hormone in Form von Pillen, Pflastern oder Spritzen sind letztendlich Medikamente und belasten als solche die Leber, begünstigen Krampfadern, Thrombosen, Embolien, Bluthochdruck und Schilddrüsenfunktionsstörungen.
- Das Hinausschieben der Wechseljahre bewirkt nur eine Verschiebung der Anpassungssymptome in ein höheres, dafür nicht vorgesehenes Alter.
- Die Einnahme von Hormonen, die auch noch weitgehend synthetisch hergestellt sind, ist ein unnatürlicher Eingriff in das Leben der Frau.

Genau das letzte Argument bringt wieder die Befürworter der Hormon-Behandlung auf den Plan. Sie fragen: Handelt es sich bei den Symptomen der Wechseljahre um einen natürlichen Vorgang, den frau (hier paßt »man« nun wirklich nicht) hinzunehmen habe, oder um einen korrekturbedürftigen Vorgang? Die Verfechter der Natürlichkeit meinen, es sei wider die Natur, hier eine Korrektur zu wünschen, und die Gegenseite stellt die Frage: Ist es denn überhaupt natürlich, daß wir so lange leben? Noch vor wenigen Generationen wurde der Mensch im Schnitt 40 Jahre alt. Die Frauen konnten also gar keine Probleme mit den Wechseljahren haben, weil sie sie gar nicht erreichten. Wenn wir heute wesentlich älter werden, so ist das zu einem großen Teil den Errungenschaften der Medizin zu verdanken. So gesehen ist unser langes Leben auch nicht unbedingt »natürlich«. Wenn die Medizinmänner und -frauen die Lebensdauer und damit die Postmenopause verlängert haben – bei manchen Frauen ist das die Hälfte ihres Lebens – warum sollten dann nicht auch Therapien angenommen werden, die diese Phase beschwerdefrei und damit schöner und lebenswerter macht?

Nun ist es nicht so, daß die Gegner der Hormonbehandlung nichts anzubieten hätten. Sie meinen, die Wechseljahre seien schließlich keine Krankheit, sondern ein sinnvoller Wechsel in einen anderen Lebensabschnitt, ähnlich der Zeit der Pubertät. Im Wort »Klimakterium« steckt der Begriff »Klimax«, was soviel wie Höhepunkt, Wendepunkt bedeutet. Die Zeit des Wachstums und des Aufbaus auf körperlicher Ebene ist vorbei, doch nicht auf der geistigen. Manche Denkerinnen in der mehr spirituellen Richtung gehen so weit zu sagen, daß zum Beispiel die Entkalkung der Knochen Sinn mache – Ballast soll jetzt abgeworfen werden. Der Körper brauche für die jetzt anstehenden Lebensaufgaben kein so stabiles Knochengerüst mehr; er sei auf dem »Heimweg« und brauche kein überflüssiges Gepäck.

Der Rat, der Natur ihren Lauf zu lassen und auf die Gabe von Hormonen zu verzichten, wird eher von Heilpraktikern und Ärzten der Naturheilverfahren gegeben als von herkömmlichen Medizinern. Mit pflanzlichen und homöopathischen Stoffen, Akupunktur und anderen naturheilkundlichen Therapien kann dem Körper geholfen werden, die Umstellung schneller und schonender zu vollziehen, wozu die Frau selbst durch gesundheitsbewußtes, den körperlichen Veränderungen angepaßtes Leben entscheidend beitragen kann. Besonders wichtig ist eine ausgewogene Ernährung. Ein (!) Glas Rotwein am Abend hebt die Stimmung und schützt nach neuesten Forschungsergebnissen vor Herzinfarkt. Bewegung, Gymnastik und andere leichtere Sportarten sorgen weiter für Ihr Wohlergehen und können Arterienverkalkung und extremem Knochenschwund vorbeugen. Wenn Sie jetzt noch hören, daß Sie nicht rauchen sollten, dann werden Sie sagen: Besonders neu und originell ist das alles nicht. Doch es tut doppelt not, wenn Sie auch ohne Hormonbehandlung und damit ohne Nebenwirkungen durch die Wechseljahre kommen wollen.

Ehe Sie sich für eine Hormonbehandlung entscheiden, sollten Sie Ihren Hormonspiegel feststellen lassen. Östrogen wird zwar vorwiegend in den Eierstöcken gebildet, doch ist dessen Synthese auch in der Nebennierenrinde möglich. Es kann also sein, daß auch nach dem Erlöschen der Eierstockfunktion, wenn auch in geringen Mengen, noch Östrogen gebildet wird. Der Arzt kann Ihnen sicher sagen, ob es zur Abwehr von Osteoporose und eventuell auch Herzinfarkt ausreicht. Wenn Frauen sich während der Wechseljahre wohlfühlen oder wenig Beschwerden haben, ist es oft darauf zurückzuführen, daß der Körper noch Östrogen produziert.

Die Entscheidung – soll ich oder soll ich nicht – kann Ihnen letztlich niemand abnehmen. Erleichtert wird sie sicher, wenn Sie einen Haus- oder Frauenarzt haben, dem Sie Ihr Vertrauen schenken, der Ihre persönlichen Risikofaktoren kennt und einschätzen kann. Bei diesen Problemen wäre es wohl vorteilhaft, wenn der Arzt eine Frau ist. Ist es ein Mann, dann stellen Sie ihm doch die Gretchenfrage: Wie halten Sie es bei Ihrer Frau? Sprechen Sie auch mit anderen Frauen, besonders mit solchen, die schon in den Wechseljahren sind oder sie schon hinter sich haben. Lesen Sie auch in der reichlich vorhandenen Literatur, die übrigens fast ausnahmslos in zwei krasse Lager zerfällt: die einen Bücher stammen mehr von Schulmedizinern, die anderen mehr von Heilpraktikern oder naturkundlichen Medizinern. Werke, in denen beide Möglichkeiten, Hormone ja oder nein, wirklich leidenschaftslos diskutiert werden, sind selten. Sie werden das eine Buch weglegen und sagen: ich mache es, und dann lesen Sie das nächste und sagen: ich mache es bestimmt nicht.

Wenn Sie sich jedoch entschieden haben, so oder so, dann geben Sie auch Ruhe und vertrauen Sie dann der von Ihnen eingeschlagenen Richtung. Ein ständiges »hätte ich doch besser ...« macht Sie dann womöglich wirklich krank. Sie haben sich fachmännisch oder -frauisch beraten lassen und das Für und Wider gegeneinander abgewogen. Sie haben gründlich überlegt und jetzt den für Sie, für Ihren Körper, richtigen Weg gewählt.

Literatur zum Thema Wechseljahre:

Fonda, Jane: Meine Erfahrungen mit der Lebensmitte. München 1990

Lark, Susan M.: Menopause – der glückliche Wechsel in einen neuen Lebensabschnitt. München 1992

Onken, Julia: Feuerzeichenfrau – ein Bericht über die Wechseljahre. München 1988

Perry, Susan; O'Hanlan, Katherine: Menopause – der natürliche Weg – ein Handbuch. Frankfurt/M. 1993

Reitz, Rosetta: Wechseljahre – Ermutigung zu einem neuen Verständnis. Reinbek 1995
Schneider, Silvia: Die andere Fruchtbarkeit – Wechseljahre. Brigitte-Buch 94
Sheehy, Gail: Wechseljahre – na und? München 1993
Stemmer-Beer, R.: Abenteuer Lebensmitte – Frauen im Wirbel der Wechseljahre. München 1993
Walter, Dr. med Jutta: Wechseljahre – Chance oder Problem? Stuttgart 1992

Osteoporose

Osteoporose, eine Geißel der Menschheit – vornehmlich der weiblichen Hälfte? Wörtlich übersetzt heißt es »Poröswerden der Knochen«. Wer das Fremdwort nicht so glatt über die Lippen bringt, spricht von Knochenschwund und sagt damit schon, was hier passiert: Die Knochensubstanz schwindet. Nun ist dies zunächst ein ganz natürlicher Vorgang im Laufe des Menschenlebens. Bis ungefähr zum 35. Lebensjahr wird Knochenmasse aufgebaut. Ab dem 40. Lebensjahr läßt der Knochenaufbau nach, und die Knochenmasse schwindet allmählich, und zwar »verschwindet« hauptsächlich Kalzium, weswegen man auch von Entkalkung der Knochen spricht. Der gesunde Mensch verliert bis zum 75. Lebensjahr etwa ein Drittel der mit 35 Jahren vorhandenen Knochensubstanz. So gesehen kann man sagen, daß jeder Mensch, der lange genug lebt, Osteoporose bekommt. Noch vor wenigen Generationen betrug die Lebenserwartung der Menschen ungefähr 40 Jahre; für diese Zeitspanne reichte die Haltbarkeit der Knochen aus. Unsere hohe Lebenserwartung ist also einer der Gründe für die Zunahme dieser Krankheit. Wenn eine Frau früher doch einmal sehr alt wurde, dann wurde sie oft wie die Hexe bei Hänsel und Gretel mit Buckel und Krückstock dargestellt; beides, vor allem der sogenannte Witwenbuckel, sind deutliche Anzeichen für Osteoporose.

Das allmähliche Wenigerwerden der Knochensubstanz ist also ein natürlicher Vorgang. Von der Krankheit Osteoporose spricht man dann, wenn der Abbau beschleunigt erfolgt, wenn unser Wohlbefinden deutlich gestört ist, wenn zum Beispiel auch bei einem harmlosen Sturz die Knochen brechen, wenn der Rücken und die Lendengegend bis zur Unerträglichkeit schmerzen, weil die Wirbelkörper porös werden und einbrechen.

Frauen sind weit häufiger betroffen als Männer. Zwischen dem 50. und dem 70. Lebensjahr ist es eine typische Frauenkrankheit; etwa jede dritte Frau über 50 hat Osteoporose. Warum gerade wir? Sexualhormone wirken auf sehr komplizierte und auch noch nicht restlos erforschte Art günstig auf den Bau der Knochenmasse ein. Nun wird die Produktion des weiblichen Geschlechtshormons, des Östrogens, nach der Menopause innerhalb weniger Jahre abrupt eingeschränkt, bis sie sogar ganz zum Erliegen kommt. Beim Mann gibt es einen solchen Einschnitt nicht. Die Produktion von Testosteron, dem männlichen Geschlechtshormon, läßt nur ganz allmählich nach und bleibt in gewissem Umfang bis ins hohe Alter erhalten – wie ungerecht!

Der Ausbruch der Krankheit ist nicht nur auf mangelndes Östrogen zurückzuführen. Den mehr oder weniger krankhaft veränderten Knochen fehlt Kalzium; also müssen auch Störungen des Kalziumhaushalts für die Krankheit verantwortlich sein. Die Zivilisationskost versorgt uns nicht ausreichend mit Kalzium. Der Tagesbedarf beträgt für Erwachsene 800 mg, für Kinder und ältere Menschen 1 bis 1,2 g und für Frauen in der Schwangerschaft, in der Stillzeit und in den Wechseljahren 1,5 g. Diese Mengen sind notwendig, um eine positive Kalziumbilanz zu erreichen. Die durchschnittliche Kalziumzufuhr mit der üblichen Nahrung liegt in Deutschland heute aber nur bei ungefähr 680 mg am Tag, was eine chronische Unterversorgung bedeutet. Erhält der Organismus zu wenig Kalzium aus der Nahrung, greift er auf die Kalziumreserven in den Knochen zurück, Kalzium wird aus den Knochen gelöst – eine Osteoporose entsteht.

Mit Östrogen- und Kalziummangel haben wir zwei Ursachen der Krankheit, doch vermutlich wirken mehr und noch weitere Faktoren zusammen, um Osteoporose entstehen zu lassen. Deutliche Zusammenhänge bestehen zwischen Bewegung und Knochenbildung. Selbst junge Menschen, bei denen eigentlich noch der Aufbau der Knochen überwiegt, verlieren zum Beispiel innerhalb von acht Monaten 25 bis 45 % der Knochensubstanz, wenn sie etwa durch einen Unfall ans Krankenlager gebunden sind. Auch bei Astronauten, die lange in einer engen Kapsel um die Erde kreisten, wurden Knochensubstanzverluste von bis zu 50 % beobachtet.

Körperbau, Haut- und Haarfarbe scheinen auch eine Rolle zu spielen. Untersuchungen zeigten, daß die schlanke, zartgliedrige Frau eher zu Osteoporose neigt als der etwas gedrungene, korpulente Typ mit kräftigem Knochenbau. Endlich einmal ein Vorteil für die Vollschlanken! Ein Mehr an Knochen bedeutet auch ein Mehr an Knochensubstanz; dies ist auch einer der Gründe dafür, weswegen Männer hier begünstigt sind. Weiter hat sich aus den Untersuchungen ergeben, daß knabenhafte, blonde, hellhäutige Frauen eher gefährdet sind; dunkelhäutige, schwarzhaarige Frauen haben selten Osteoporose.

Auch Vitamin-D-Mangel kann schädlich für die Knochen sein. Vitamin D, das von seiner Funktion her eher zu den Hormonen als zu den Vitaminen zählt, fördert die Aufnahme von Kalzium und verbessert den Kalziumeinbau in die Knochen.

Eine oft nicht beachtete Gefahr für die Knochen kommt den Abführmitteln zu, da sie negativ in den Mineralstoffwechsel eingreifen. Besonders nachteilig wirkt auch das Medikament Kortison. Wer es nicht unbedingt braucht, sollte versuchen, mit harmloseren Mitteln auszukommen. Doch viele Menschen, vor allem Asthmatiker, haben oft keine andere Wahl; für sie ist Kortison lebensnotwendig.

Und, wie zu erwarten, schaden auch Rauchen und Alkohol den Knochen. Letzterer vermindert die Aufnahme von Vitamin D und Kalzium, wodurch die Knochen weniger Aufbaustoffe erhalten. Nikotin ist ein wahrer Knochenkiller! Es wandelt das Hormon Östrogen, das bis zu den Wechseljahren die Knochen schützt, in das verwandte Östradiol um, das keine Schutzwirkung mehr ausübt. So ist also gerade das Rauchen in jungen Jahren sehr bedenklich, und auch die Östrogen-Therapie nach den Wechseljahren kann bei starken Raucherinnen für die Katz sein.

Neben dem nun einmal unabwendbaren Schicksal, eine Frau zu sein, sowie dem Körperbau und der Hautfarbe gibt es noch einen Risikofaktor, an dem wir ganz und gar schuldlos sind: die Gene, die Vererbung. Wenn die Mutter Osteoporose hat, die Oma an den Spätfolgen eines Schenkelhalsbruches starb und womöglich noch ein verblaßtes Foto der Uroma mit typischem Witwenbuckel existiert, dann ist die Wahrscheinlichkeit, auch an Osteoporose zu erkranken, leider durchaus ins Auge zu fassen.

Was können wir tun, um nicht zu erkranken? So einiges haben Sie sicher schon zwischen den Zeilen herausgelesen.

Eine Heilung der Osteoporose gibt es nicht. Doch kann der natürliche Abbau der Knochen, der ja keine Krankheit ist, aufgehalten und verlangsamt werden. »Also wieder vorbeugen«, seufzen Sie, »die ganze Lebensmitte ausfüllen mit Vorbeugen«. Wenn mich jemand fragt, was ich gerade machen, muß ich sagen: »Ich beuge vor!« Doch wie schon zu Beginn des Kapitels Gesundheit gesagt, sollen es auch hier nur alltagstaugliche Ratschläge sein, und die nützen erfreulicherweise nicht nur den Knochen, sondern auch dem übrigen Organismus. Die Tips sollen uns helfen, vorzeitiges Altern zu verhindern. Auch beim Skelett können wir keine ewige Jugend erreichen, aber wir können lernen, auch mit dem alternden Skelett Freude am Leben zu haben.

Besonders wichtig ist kalziumreiche Ernährung, und zwar vom Kindes- oder genauer vom Babyalter an. Da wird schon von Seiten der Eltern durch Unkenntnis und irreführende Werbetexte (für eine wabbelige Zucker-Schokoladen-Masse) viel verdorben und ein gesunder Knochenaufbau von vornherein vereitelt. Wenn schon von Kindheit an zu wenig Knochenmasse da ist, wirkt der Abbau im Alter noch verheerender.

Der beste Kalziumlieferant ist die Milch. Ein Liter Vollmilch enthält 1,2 g Kalzium, die Menge, die ein älterer Mensch pro Tag braucht. Wer Milch nicht mag oder nicht verträgt, kann auf Milchprodukte wie Käse (insbesondere Emmentaler) und Joghurt ausweichen. Nur enthalten Milchprodukte, wie z. B. Quark oder Schmelzkäse, gar nicht so viel Kalzium, weil es mit der Molke ausgeschwemmt wird. Der Volksmund hat das schon erkannt: »Quark macht stark, Quark alleene macht krumme Beene!«

Die folgenden Tabellen sollen Ihnen helfen, Lebensmittel mit besonders hohem Kalziumgehalt und mit besonders hohem Vitamin-D-Anteil herauszufinden.

Tab. 1: Kalzium- und Vitamin D-Gehalt ausgewählter Lebensmittel

Lebensmittel (je 100 g verzehrbarer Anteil)	Kalzium mg	kcal/kJ
Milch		
Kuhvollmilch	120	69/290
Trinkmilch (3,5 % Fett)	120	67/281
Trinkmilch (1,5 % Fett)	118	49/206
Kuhmilch, ultrahocherhitzt	120	68/286
Magermilch	123	36/151
Milchprodukte		
Kondensmilch (7,5 % Fett)	242	137/575
Kondensmilch (10 % Fett)	315	182/764
Sahne (10 % Fett)	101	127/533
Schlagsahne (30 % Fett)	80	317/1331
Saure Sahne (10 % Fett)	100	196/823
Buttermilch	109	39/164
Molke, süß	60	26/109
Joghurt (3,5 % Fett)	120	72/302
Joghurt (1,5 % Fett)	114	53/223
Kefir	120	66/277
Käse		
Brie (50 % Fett i. Tr.)	400	361/1516
Butterkäse (50 % Fett i. Tr.)	694	359/1508
Camembert (30 % Fett i. Tr.)	600	228/958
Camembert (45 % Fett i. Tr.)	570	299/1256
Camembert (60 % Fett i. Tr.)	400	393/1651
Chester (Cheddar, 50 % Fett i. Tr.)	810	416/1747
Edamer (30 % Fett i. Tr.)	800	266/1117
Edamer (45 % Fett i. Tr.)	678	371/1558
Edelpilzkäse (50 % Fett i. Tr.)	526	371/1558
Emmentaler (45 % Fett i. Tr.)	1020	403/1693
Frischkäse (50 % Fett i. Tr.)	98	296/1243
Gouda (45 % Fett i. Tr.)	820	382/1604
Limburger (40 % Fett i. Tr.)	534	281/1180
Münster Käse (45 % Fett i. Tr.)	310	304/1277

Lebensmittel (je 100 g verzehrbarer Anteil)	Vitamin D µg
Milch und Milchprodukte	
Schmelzkäse (45 % Fett i. Tr.)	3,1
Ziegenkäse (45 % Fett i. Tr.)	1,4
Gouda (45 % Fett i. Tr.)	1,2
Emmentaler (45 % Fett i. Tr.)	1,1
Eier	
Hühnerei (Gesamtei)	1,8
Fette und Öle	
Lebertran	330,0
Pflanzenmargarine	2,5
Butter	1,3
Fleisch und Fleischprodukte	
Rinderleber	1,7
Fische	
Hering	31,0
Lachs	16,3
Bismarckhering	13,0
Aal	13,0
Sardine	7,5
Kaviar, echt	5,9
Thunfisch	5,4
Heilbutt	5,0
Rotbarsch (Goldbarsch)	2,3
Kabeljau (Dorsch)	1,3
Makrele	1,0
Pilze	
Steinpilz	3,1
Speisemorchel	3,1
Pfifferling	2,1
Champignon	1,9

Aus: Adam, Olaf: Diät und Rat bei Rheuma und Osteoporose. Walter Hädecke Verlag, Weil der Stadt 1994. Das Buch enthält auch Koch- und Backrezepte.

Ausdrücklich sei noch vor radikalen Schlankheitskuren gewarnt. Sie entziehen auf extreme Weise dem Organismus, und damit den Knochen, Kalzium. Sie wissen doch, der gertenschlanke Model-Typ ist weit eher gefährdet als die etwas stämmige Frau.

Es wurde schon erwähnt, daß mangelnde Bewegung selbst bei jungen Menschen zu Knochenschwund führen kann. Für die Verhinderung von Osteoporose gilt also in besonderem Maße, was im Kapitel »Sport und Bewegung« gesagt ist. Wir wissen, daß sportliches Training die Muskeln stärkt, und es besteht kein Zweifel, daß die Kräftigung der Muskulatur beim jungen Menschen den Knochenaufbau fördert und beim 30- bis 100jährigen den altersbedingten Abbau bremst.

Wie im Kapitel »Wechseljahre« ausführlich beschrieben, ist zunehmend ein großer Teil der Ärzteschaft und der forschenden Medizin dafür, nach der Menopause Hormone zu verabreichen. Die Verhinderung von Osteoporose ist inzwischen der Hauptgrund für eine Hormontherapie, weil das Versiegen der Östrogen-Produktion in erster Linie für den gesteigerten Verlust der Knochensubstanz verantwortlich ist. Vor allem, wenn bei einer Frau mehrere Risikofaktoren für die Möglichkeit einer Erkrankung an Knochenschwund sprechen, empfehlen immer mehr Ärzte, Hormone einzunehmen.

In jüngster Zeit ist ein neues hormonfreies Medikament – *Alendronate* – in einer internationalen Studie an 1.000 Frauen zwischen 45 und 80 Jahren erprobt worden. Das neue Medikament soll noch effektiver vor Osteoporose schützen als Östrogen und außerdem gut verträglich sein. Allerdings ist *Alendronate*, zumindest in Deutschland, noch nicht zugelassen.

Eine grausame Nebenerscheinung der Osteoporose sind Schmerzen, besonders im Wirbelsäulenbereich, die durchaus den Grad des Erträglichen übersteigen können. Derart heimgesuchte Frauen sollten sich an eine Schmerzambulanz wenden. Nur mit einer wirksamen Schmerztherapie kann der verhängnisvolle Kreislauf Bewegungsmangel-Knochenabbau-Schmerz-Depression-Bewegungsmangel unterbrochen werden.

Wir müssen wirklich alles, was in unserer – oder auch der Ärzte – Hand liegt, tun, um den Ausbruch dieser Erkrankung zu verhindern.

Literatur:

Adam, Olaf: Diät und Rat bei Rheuma und Osteoporose. Weil der Stadt 1994

Frau & Gesundheit e. V. (Hrsg.): Osteoporose = Knochenschwund.

Jacob, Dr. med. Ursula: Osteoporose natürlich behandeln. München 1993

Lauritzen, Christian: Osteoporose – wenn Knochen schwinden. Stuttgart 1990

Leibold, Gerhard: Knochenentkalkung muß kein Schicksal sein. Wiesbaden 1990

Notelowitz, Morris: Aufrecht bis ins hohe Alter. München 1992

Inkontinenz

Das Wort klingt so vornehm, erinnert an die schönen Schmöker aus vergangener Zeit: »Bewahren Sie Contenance, Baronin«. Mit Haltung hat es auch zu tun, wenn auch die Vorsilbe »in« gerade das Gegenteil, nämlich Nicht-Halten, signalisiert. Was nicht gehalten werden kann, ist der

Urin, der Harn, und das klingt nun doch recht anrüchig und gar nicht vornehm. Inkontinenz ist also: das Unvermögen, Harn (auch Stuhl) zurückzuhalten. Es ist keines der attraktiven Leiden, von denen man ganz gern den Freundinnen oder der Nachbarin erzählt. Wenn öfters oder gar ständig Harn in die Unterwäsche abgeht, ist unangenehme Geruchsbildung kaum zu vermeiden. Binden helfen gar nicht – sie riechen schlimmer als eine naßgemachte Hose, und selbst Pampers helfen nur dann, wenn sie sehr oft gewechselt werden; wobei den Windeln noch das beschämende Gefühl des Zum-Baby-Werdens hinzukommt. Inkontinenz ist uns zutiefst peinlich. Und leider zu Recht. Meine Tochter hat ein Jahr lang für die Forschung alte Menschen befragt. Insbesondere zu den Besuchen in Heimen sagt sie: »Die Gebrechlichkeit ist gut zu ertragen und rührt eher ans Herz, die Gespräche sind aufschlußreich und oft hochinteressant – doch schier unerträglich ist der allgegenwärtige Pipi-Geruch.«

Die Angst, nicht rechtzeitig zur Toilette zu kommen, sich sichtbar in die Hose zu machen, und vor allem, nach Urin zu riechen, führt viele Frauen in die Isolation. Sie mögen nicht mehr weggehen, aber auch niemanden einladen, weil sie befürchten, daß auch die Wohnung unangenehm riecht.

Es ist schon ein arges Leiden, und es betrifft Frauen weit mehr als Männer, ältere und alte mehr als junge Frauen. Wie viele sind davon betroffen? Die Angaben schwanken, weil viele Frauen sich keinem Arzt anvertrauen mögen, ja nicht einmal mit Freundinnen darüber sprechen. Man nimmt an, daß jede dritte, manche Studien meinen sogar jede zweite Frau mehr oder weniger Probleme mit der Blasenkontrolle hat. Jede fünfte 60jährige und jede zweite 80jährige soll schwer an Inkontinenz erkrankt sein.

Hilfe ist auch bei schweren Fällen und bis ins hohe Alter möglich, wenn auch nicht einfach und auch nicht immer erfolgreich. Das größte Problem für die meisten leidenden Frauen ist, die Schwellenangst vor dem Gang zur Arztpraxis zu überwinden. Sicher wäre es hier einfacher, sich einer Frau anzuvertrauen. Doch leider gibt es kaum niedergelassene Urologinnen, in Hamburg zum Beispiel gibt es eine einzige. Fragen Sie doch in Ihrem Wohnbezirk bei der Ärztekammer oder der Krankenkasse nach, die Ihnen gern Auskunft geben, ob es in Ihrer Nähe eine solche Fachärztin gibt.

Aber Sie müssen es doch gar nicht erst so weit kommen lassen. Gerade für dieses so häufig auftretende und so scheußliche Leiden gibt es ausgezeichnete Übungen, um vorzubeugen. Und glauben Sie, die gleich beschriebene Art des Vorbeugens kostet kein Geld und nur ein Minimum an Zeit.

Wenn Sie zu den Frauen gehören, die sich vor Lachen in die Hose machen, dann ist das nicht unbedingt witzig, sondern ein Zeichen dafür, daß Sie schon eine von den zweien sind, die Problem mit der Blase haben.

Die Ursachen der Blasenschwäche sind vielfältig. Neben rein pathologischen wie Entzündungen, Geschwüre o. ä. ist der weitaus häufigste Grund eine zu schwache Beckenboden-Muskulatur. Das kann einerseits durch Geburten, Unfälle oder Operationen hervorgerufen werden, doch wird andererseits diese Muskulatur mit zunehmendem Alter bei jedem Menschen schlaffer. Es gilt, diesen Prozeß aufzuhalten und die Beckenboden-Muskulatur zu stärken. Je früher Sie damit beginnen, desto effektiver ist es. Manche Frau hat das Trainicren dieser Muskeln schon im Wochenbett kennengelernt – man sollte nie damit aufhören (mit dem Training wohlgemerkt!).

Bei diesem Training soll also die Muskulatur des Beckenbodens angespannt werden; dabei sollten Sie Ihre Scheide spüren. Manche Frau weiß kaum, wo da welche Muskeln sind und spürt sie demnach auch nicht. Die Muskulatur des Beckenbodens stützt und schützt Därme, Gebärmutter und Blase und erlaubt die willkürliche Kontrolle der Harnröhre (und auch des Enddarms). Um diese Muskeln zu spüren, sollten Sie beim nächsten Mal auf der Toilette den Harn kurz fließen lassen, dann anhalten, wieder fließen lassen und wieder anhalten. Dieses Unterbrechen, dieses Zusammenkneifen wird durch die Beckenboden-Muskulatur bewirkt. Sie haben die Muskeln um Harnröhre und Scheide angespannt. Das Ausmaß des Erfolges ist ein Hinweis darauf, wie stark – oder wie schlaff! – Ihre Muskeln dort sind.

Um diese Muskeln zu trainieren, gibt es Übungen, die anschließend vorgestellt werden sollen. Im Fachjargon werden sie »Kneifübungen« genannt. Die Übungen im Sitzen oder Stehen können überall ausgeführt werden: beim Warten, am Schreibtisch, in der Bahn, vorm Fernseher. Keiner merkt, daß Sie da gerade am Kneifen sind.

Ein schöner Nebeneffekt soll nicht unerwähnt bleiben: die Stärkung des Beckenbodens trägt auch zu erhöhtem sexuellem Genuß bei.

Und hier die Übungen:

Beginnen Sie mit den Beckenbodenübungen im Liegen, denn dann wird nicht durch das Gewicht der Unterleibsorgane Druck auf den Beckenboden ausgeübt. Wenn Sie die Muskeln in dieser Lage nicht spüren, legen Sie sich ein Kissen unter den Po und lassen Sie sich von der Schwerkraft helfen. Später können Sie diese Übungen im Liegen, Sitzen oder Stehen machen.

Wie bei allen Übungen atmen Sie dabei ruhig und gleichmäßig. Sie können diese Übungen kombinieren, aber damit Sie Ihren Beckenboden nicht überanstrengen oder zu sehr belasten, sollten Sie insgesamt nicht mehr als fünfzig Kontraktionen am Tag machen.

1. Übung: Ziehen Sie die Bauchmuskeln nach innen Richtung Wirbelsäule zusammen, halten Sie sie drei Sekunden so angespannt und entspannen sie dann wieder. Machen Sie das fünfmal, und wiederholen Sie diese Übung gelegentlich im Lauf des Tages, so daß Sie auf 50 Kontraktionen kommen. Wenn sich der Muskel angestrengt anfühlt, reduzieren Sie die Kontraktionen, oder hören Sie ein oder zwei Tage auf, bis die Schmerzen abgeklungen sind, und steigern Sie die Zahl der Kontraktionen dann wieder allmählich.

2. Übung: Stellen Sie sich vor, Ihre Blase und Ihr Uterus seien ein Fahrstuhl, den Sie versuchen, in ein oberes Stockwerk zu befördern. Stellen Sie sich nun vor, wie Sie die Blase und den Uterus in der Bauchhöhle emporziehen bis zum Magen. Wenn Sie oben angekommen sind, gehen Sie wieder Stockwerk für Stockwerk nach unten, nach und nach die Muskeln entspannen. Wenn Sie unten angekommen sind, lassen Sie alle Spannung los. Kommen Sie dann wieder hoch in den ersten Stock, damit der Beckenboden leicht gespannt ist und die Organe festhalten kann.

3. Übung: »Ziehen« Sie den gesamten Unterleib hoch, als wollten Sie Wasser durch die Vagina saugen. Entspannen Sie sich, und wiederholen Sie diese Übung fünfmal. Diese fünf Kontraktionen hintereinander können Sie vier- bis sechsmal am Tag machen, bis Sie auf zwanzig bis dreißig Kontraktionen am Tag kommen.

Krampfadern

Über 70 % der Frauen und 50 % der Männer leiden weltweit unter Krampfadern.

Obwohl nächtliche Wadenkrämpfe zu den Frühsymptomen gehören, kommt das Wort nicht daher. Es leitet sich von dem altdeutschen »kramph« ab, und das bedeutet so viel wie »krumm«. Gemeint sind die erweiterten und krumm verlaufenden Venen an den Beinen. Zu der Erweiterung der Venen kommt es durch Überlastung, ererbte schwache Venenwände oder Schwangerschaft. Die Venenklappen, die sich für den Blutstrom in Richtung Herz öffnen, können wegen des weiter gewordenen Aderquerschnittes nicht mehr dicht schließen, das Blut fließt teilweise zurück. Es kommt zum Blutstau und so zu den Krümmungen und Verdickungen der Venen.

Frühsymptome der Venenkrankheit sind geschwollene Beine, Kribbeln und Schweregefühl in den Beinen, nächtliche Wadenkrämpfe, kleine blaue Äderchen am Knöchel. Zu diesem Zeitpunkt können die zur Vorbeugung genannten Maßnahmen noch Abhilfe schaffen. Wenn die Krampfadern sichtbar sind, ist die Krankheit schon ziemlich weit fortgeschritten, dann muß spätestens der Arzt eingeschaltet werden.

Es gibt zwei Methoden, um die erweiterten Adern zum Verschwinden zu bringen: Veröden und Strippen. Beim Veröden wird eine Lösung in die kranke Vene gespritzt, die die Venenwände zusammenkleben läßt, so daß die ganze Ader praktisch vertrocknet. Noch wirkungsvoller ist das Strippen, ein operativer Eingriff, bei dem die Venen herausgezogen werden. Die Operation kann unter lokaler Betäubung des Beines ausgeführt werden. Man hört oft, daß die Krampfadern nach der zunächst erfolgreichen Behandlung wiederkämen, was ja nicht gut möglich ist, da sie doch entfernt wurden. Es kann nur sein, daß sich eine andere Vene erweitert; doch meist hat man auf Jahre hinaus Ruhe, vorausgesetzt man beachtet, was zur Vorbeugung empfohlen wird.

Die schlimmsten Folgen von unbehandelten Krampfadern sind Thrombosen, die lebensbedrohlich sein können, und die sogenannten offenen Beine. Das sind nässende, meist sehr schmerzhafte, grausam langsam heilende offene Stellen an den Unterschenkeln.

Was kann man nun zur Vorbeugung tun? Stauungen in den Beinen vermeiden! Und wie? Stehen und Sitzen behindert den Abfluß des Blutes, Liegen und Laufen fördert. Beim Transport des venösen Blutes bergauf zum Herzen ist außer den Venenklappen auch die Muskulatur der Beine ganz stark beteiligt, die sogenannte Muskelpumpe – und die gilt es zu kräftigen. Laufen und gehen Sie, wann immer es möglich ist. Wenn Sie beruflich viel stehen müssen, wippen Sie hin und wieder mit den Zehen auf und ab. Müssen Sie viel sitzen, dann lassen Sie ab und zu die Füße kreisen. Betreiben Sie Sport! Besonders venenfreundlich sind Gehen, Joggen, Skilanglauf, Tanzen, Radfahren (mit dem Vorderfuß auf die Pedale drücken ist am wirkungsvollsten), Schwimmen (außer der idealen Beinbewegung entlastet Wasser die Beine vom Druck der Blutsäule). Die einzelnen Sport- und Bewegungsarten sind ausführlich im Kapitel Sport und Bewegung beschrieben.

Beim gemütlichen Sitzen möglichst die Beine hochlegen, nicht übereinanderschlagen. Wer viel stehen oder sitzen muß, sollte – vom Arzt verschriebene und vom Fachhändler angepaßte – Kompressionsstrümpfe tragen.

Was kranke Venen überhaupt nicht mögen, ist Wärme jeder Art – im Winter fühlen sich Venenkranke meist besser. Also keine heißen Vollbäder, keine Heizkissen, keine elektrischen Fußwärmer, keine Thermalbäder, keine Sauna. Wenn Sie kalte Füße haben, machen Sie Kneippsches Wassertreten oder Fuß-Wechselbäder, dabei sehr kurz (drei Sekunden) ins heiße Wasser und wesentlich länger ins kalte. Weiter hilft, wenn Sie ganz schnell mit den Füßen auf den Boden trampeln (nicht nachts im Mietshaus!) oder im Bett ganz schnell mit der Fußsohle auf der Matratze hin- und herreiben. Eine ideale Übung, die nicht nur die Füße wärmt, sondern auch den Hüftgelenken besonders guttut, sei hier kurz beschrieben. An Wand oder Tisch mit einer Hand festhalten und ein Bein mehrmals locker durchschwingen. Ablauf: Fuß hinten aufstellen, Bein locker nach vorn schwingen, dabei Knie leicht nach oben ziehen, dann schwer auf den Boden fallen lassen und den Fuß über den Boden schleifen lassen und nach hinten durchschwingen; das Ganze ungefähr 10- bis 20mal wiederholen. Fühlen Sie jetzt in Ihre Füße hinein: Sie merken deutlich, daß der »durchgeschwungene« Fuß wärmer ist als der andere. Dann alles mit dem anderen Bein wiederholen.

Tragen Sie keine einengende Kleidung, vor allem keine Kniestrümpfe und nur Socken ohne Gummizug. Auch nur Slips wählen, die eine Beinabschlußkante ohne Gummi haben; leider sind diese meist nicht besonders schick, eher Marke Liebestöter.

Jedes Pfund Übergewicht drückt mehr auf die Venen. Und wieder müssen Sie sich anhören, daß Rauchen nicht gerade dienlich ist. Wenn durch die durch das Nikotin bedingte Arterienverengung zu den Krampfadern noch ein Raucherbein hinzukommt, dann wird es wirklich tragisch.

Übergewicht, Rauchen und Bewegungsmangel schadet ja nicht nur den Venen, sondern der ganzen Frau – ein positives Körperbewußtsein nutzt der ganzen Frau.

Literatur:

Radisic, Dr. med. Jugoslav: Krampfadern, Ursachen und Behandlung. 1991
Wiek, K. und Vanscheidt, W.: Krampfadern – ein Volksleiden. 1993

Krebs

Beinahe täglich hören wir von einer Freundin, einer Verwandten, einer Bekannten oder einer prominenten Frau, daß sie an Brustkrebs erkrankt sei. Es ist wohl die Krankheit, die uns Frauen am meisten angst macht; zu Recht: allein in den alten Bundesländern sterben jährlich 15.000 Frauen an Brustkrebs. Ungefähr 80 % aller Brustkrebserkrankungen treten nach der Menopause auf. Zu dieser Schreckensbilanz gleich eine trostreiche Zahl: 60 % aller Frauen mit Brustkrebs leben genausolange wie ihre Altersgenossinnen ohne diese Krankheit.

Es gibt äußerst aggressive, schnellwachsende Tumore, die dann auch meist wenige Jahre nach der Diagnose zum Tode führen, doch auch solche, die langsam wachsen, mit denen die Frauen noch jahrzehntelang ohne große Beschwerden leben. Auch ist die Fähigkeit unseres Immunsystems, Krebs zu bekämpfen, sehr unterschiedlich.

Ganz bestimmt spielt die Früherkennung beim Kampf gegen den bösartigen Tumor eine positive Rolle. Darum ist die jährliche ärztliche Vorsorgeuntersuchung dringend anzuraten. Wir sollten auch unsere Brüste monatlich selbst untersuchen. So manche Frau schiebt das immer wieder hinaus: ich will es gar nicht wissen! Viele Frauen bekommen auch jedesmal einen Schock, weil sie nichts anderes als

Knoten fühlen. Besprechen Sie am besten die Art der Vorsorge mit dem Arzt Ihres Vertrauens, handeln Sie dann nach dessen Rat und Ihrer inneren Einsicht – und machen Sie sich darüber hinaus nicht verrückt mit dem ewigen Angst-Gedanken: Schon wieder eine – wann bin ich dran? Ständige Angst vor der Krankheit kann diese erst heraufbeschwören.

Auch Gebärmutterkörper, Gebärmutterhals und Eierstökke können von Krebs befallen werden. Gebärmutterhalskrebs können schon sehr junge Frauen bekommen, die beiden anderen Arten treten vermehrt nach der Menopause auf. Durch die jährliche Vorsorgeuntersuchung kann zwar das Auftreten von Tumoren nicht verhindert werden, doch sie gibt uns die große Chance einer Heilung.

Operationen

Oft sind sie unumgänglich, lebensrettend, ein Meisterwerk geschickter Chirurgenhände. Doch oft kann man sich des Gefühls nicht erwehren, daß es Ärzte gibt, die einfach zu gern und beinahe lustvoll zum Messer greifen.

»Ich hatte mit 45 Jahren sehr heftige, gewebereiche und lang andauernde Monatsblutungen. Der Arzt stellte Zysten fest und riet, die Gebärmutter entfernen zu lassen. Ich war geschockt, erbat Bedenkzeit, vor allem wollte ich erstmal nach Jugoslawien in Urlaub fahren. ›Wie Sie meinen‹, sagte der Arzt pikiert, ›wenn Sie bei den grauenvollen Zuständen da unten am Straßenrand verbluten wollen, bitte, ich habe Sie gewarnt.‹ Ich fuhr mit gemischten Gefühlen und *mit* meiner Gebärmutter los – und betrachtete so manchen Straßenrand am Autoput, ob er sich für mein letztes Stündlein eigne. – Nun, ich habe sie heute noch, meine Gebärmutter, und meine jetzige Frauenärztin ist bei der Routineuntersuchung immer erfreut über den tadellosen Zustand meines Unterleibs.« (eine 66jährige Frau)

Wenn Ihnen ein operativer Eingriff empfohlen wird, holen Sie sich immer auch an anderer Stelle Rat, zum Beispiel bei einem zweiten Arzt, und wenn sich die beiden Mediziner widersprechen, bei einem dritten. Es handelt sich schließlich um Ihren kostbaren Körper, und an dem lassen Sie nicht so schnell herumschnippeln!

Unsere Sinne

Die meisten von uns müssen damit rechnen, daß die Sinneswahrnehmungen – Sehen, Hören, Riechen, Schmecken und Tasten – im Laufe der Jahre nachlassen. Darum soll hier etwas zu unseren Sinnen gesagt werden, solange wir sie noch alle beisammen haben!

Die Augen

Ein allgemein bekanntes und völlig ungefährliches Symptom ist die Alterssichtigkeit, die ungefähr ab dem fünften Lebensjahrzehnt das Sehen in der Nähe, speziell das Lesen, erschwert. Anfangs überlisten wir die Natur und halten unsere Lesetexte immer weiter weg, bis der Arm zu kurz ist. Statt den Arm künstlich zu verlängern, lassen wir uns eine Lesebrille verschreiben, die im Laufe der Jahre immer wieder etwas verstärkt werden muß. Dies ist kein Grund zur Sorge; es handelt sich um einen ganz natürlichen Alterungsvorgang.

Diese unvermeidlichen Kontrollen der Sehschärfe haben sogar etwas Gutes: Der Arzt wird – von sich aus oder auf Ihre Bitte hin – den Augeninnendruck prüfen. Eine Veränderung dieses Druckes kann auf eine der am meisten gefürchteten Augenkrankheiten, den grünen Star, auch Glaukom genannt, hinweisen. Wird der grüne Star im Frühstadium entdeckt, kann er mit Hilfe von Medikamenten, die den Augendruck senken, noch gut behandelt werden. ein unbehandelter fortgeschrittener grüner Star führt meist zum Erblinden.

Beim grauen Star handelt es sich um eine Trübung der Augenlinse, die ab dem siebten Lebensjahrzehnt sehr häufig auftritt und schon fast als normale Alterserscheinung bezeichnet werden kann. Die getrübte Linse kann in einem operativen Eingriff entfernt und durch eine künstliche Linse ersetzt werden. Die Operation, die ambulant ausgeführt werden kann, stellt das dem Alter entsprechende normale Sehvermögen wieder her.

Eine ernstere Augenerkrankung ist die Makuladegeneration, eine Veränderung in der Mitte der Netzhaut, die im fortgeschrittenen Stadium das Lesen von Texten sehr erschwert, ja fast unmöglich macht. Mitten im Schriftbild erscheint ein verschwommener Fleck, der im Laufe der Zeit immer größer wird. Auch die Gesichter von Menschen können kaum noch erkannt werden. Frauen sind einmal wieder weit mehr betroffen als Männer. Ein frühes Warnzeichen ist eine wellenförmige Verzerrung von horizontalen und vertikalen Linien. Betrachten Sie ein Gitter wie zum Beispiel die Linien in einem karierten Schulheft, um festzustellen, ob es zu dieser Verzerrung kommt. Wird die Krankheit sehr früh erkannt, kann eventuell eine Laserbehandlung helfen. Breite Hilfe gibt es bisher leider nicht. Doch führt die Makuladegeneration nie zur völligen Erblindung, da nur die Sehzellen der Netzhautmitte, die allerdings gerade das scharfe Sehen ermöglichen, zerstört sind, während die am Rand meist nicht angegriffen werden, so daß immer noch Umrisse und auch Farben erkannt werden können. Sogar Fernsehen ist bei einem großen Bildschirm mit scharfen Konturen möglich. Da starke Sonneneinstrahlung der Netzhaut schaden kann, empfiehlt es sich, insbesondere bei Sonnenschein am Meer und bei Schnee, eine *gute* Sonnenbrille zu tragen. Bei getönten Brillen sollte man unbedingt auf Qualität achten; bei besonders preiswerten Gläsern werden oft gerade die schädlichen Strahlen nicht gefiltert.

Die Ohren

Ab 60 wird es immer wahrscheinlicher, daß unser Hörvermögen nachläßt. Schwerhörigkeit steht an erster Stelle der chronischen Gesundheitsprobleme älterer Menschen. Nach amerikanischen Untersuchungen sind 25 % aller Menschen über 65 und 40 % der über 75jährigen mehr oder weniger schwerhörig. Hier haben wir mal eine Altersbeschwerde, von der Männer häufiger betroffen sind als Frauen.

Schwerhörigkeit ist unsichtbar und tut nicht weh – und ist uns peinlich. Ihr Humor wird stark gefordert, wenn sich eine Gesprächsrunde ausschüttet vor Lachen und vor Vergnügen auf die Schenkel klopft, weil Sie auf eine Frage eine so irre komische Antwort gegeben haben. Viele Hörgeschädigte tun sich schwer, auf ihr Leiden hinzuweisen und den Gesprächspartner um eine deutlichere (nicht unbedingt lautere) Aussprache zu bitten. Viele ziehen sich deprimiert in die Isolation zurück, manche werden mißtrauisch, manche sogar aggressiv und böse: »Können Sie nicht vernünftig reden, das Genuschel kann ja kein Mensch verstehen.«

Lassen Sie es nicht so weit kommen. Wenn Ihr Gehör langsam nachläßt, sind Sie vielleicht die letzte, die es bemerkt; oft fällt es eher Familienangehörigen, Freunden und Kollegen auf. Achten Sie bei sich selbst und anderen auf die ersten Anzeichen, wie

- Telefon- und Türklingeln überhören,
- den Fernseher lauter stellen,
- häufiges »Wie bitte?«,
- Mitmenschen für notorische Nuschler halten.

Suchen Sie beim geringsten Verdacht einen Facharzt für Hals, Nase und Ohren auf. Es gibt viele Arten von Schwerhörigkeit, und es gibt für die allermeisten Therapien oder Hörhilfen, die es ermöglichen, weiterhin oder wieder mit der Umwelt zu kommunizieren.

Literatur:

Blankenhahn, Rudolf: Hörgeräte-Ratgeber. Frankfurt/M. 1993
Lüdtke, Katrin: Besseres Hören. Reinbek 1989
Sachsenweger, Matthias: Der Grüne und der Graue Star. Berlin 1994

Schlafstörungen

»Ich habe wieder die ganze Nacht kein Auge zugetan.« – Das gehört wohl mit zu den am häufigsten ausgesprochenen Lügen der Welt, wobei vor allem das »wieder« nicht stimmt. *Eine* schlaflose Nacht mag wohl in Extremfällen mal vorkommen, doch mehrere Nächte ohne Schlaf hält der Mensch kaum aus, es sei denn, er schläft am Tage.

Wer leidet, neigt zur Übertreibung, und es ist weiß Gott ein wahres Elend, Stunde für Stunde aufs Einschlafen zu warten, und wenn man es endlich geschafft hat, immer wieder aufzuwachen, sich ruhelos von einer Seite auf die andere zu drehen und den Schlaf herbeizusehnen. Wir haben nicht unbedingt gelogen, wir haben nur diesen ständig gestörten Schlaf als Schlaflosigkeit empfunden. Entlarven Sie sich einmal selbst als Lügnerin mit folgendem Trick: Schreiben Sie jedesmal, wenn Sie nachts wach werden, die Uhrzeit auf. Wenn Sie sich nach einem scheinbar schlaflosen Zeitraum kontrollieren, werden Sie erstaunt feststellen, daß Sie eine schöne Stunde Schlaf hinter sich gebracht haben.

Nun ist es so, daß mit dem Älterwerden die Phasen des Tiefschlafs kürzer werden, und in den Phasen des mittleren und leichten Schlafs wacht man eben eher auf. Schlafforscher haben festgestellt, daß eine 70jährige bis 20mal des Nachts aufwachen kann, was durchaus als normal anzusehen ist. Übrigens ist die allseits verbreitete Annahme falsch, daß ein alter Mensch weniger Schlaf brauche als ein junger. Der kürzer gewordene Tiefschlaf wird durch einen verlängerten Leichtschlaf ausgeglichen. Außerdem ist der Nachtschlaf beim alten Menschen oft verkürzt, weil er am Tag gern ein oder mehrere Nickerchen macht. Die Schlafdauer verändert sich im Laufe eines Lebens kaum, sie ist lediglich individuell verschieden: die eine kommt mit sechs Stunden Schlaf aus, die andere braucht acht – ob jung oder alt.

Ein Mittagsschlaf ist übrigens sehr gesund. Nach einer Untersuchung griechischer Ärzte reduziert sich bei Mittagsschläfern die Gefahr, einen Herzinfarkt zu erleiden, um 30 %. Allerdings sollten Mittagsschläfer dann den Nachtschlaf verkürzen.

Was uns Frauen ruhelos oder auch gar nicht schlafen läßt, sind oft sorgenvolle oder traurige Gedanken. Am schlimmsten sind die ungelösten Probleme, die uns die nächtliche Ruhe rauben: Warum hat sich unsere Tochter bloß in diesen Wüstling verliebt, der nutzt sie doch bloß aus! – Die Schwiegertochter müßte viel mehr auf den Husten des Kindes achten, und wie wollen die bloß mit der halben Million Bauschulden fertigwerden, wenn der Sohn dann womöglich noch die Stellung verliert! – Nun sind wir endlich so weit, daß uns nicht nur Tatsachen bekümmern, sondern all das, was noch passieren könnte – da ist dann wirklich nicht mehr an Schlaf zu denken. Nun fangen wir an, die bloßliegenden Nerven mit übern Graben springenden Schafen zu beruhigen. Beim 3837ten Schaf fällt Ihnen ein, daß Sie den Geburtstag der Erbtante vergessen haben. Und damit sind Sie gut eingestimmt, an all das zu denken, was Sie so im Leben unterlassen oder falsch gemacht haben: Diese Nacht können Sie dann bestimmt vergessen.

Auch wenn Sie es schon hundertmal gehört haben: Greifen Sie nicht zur Schlaftablette, lassen Sie sich auch bei einem Krankenhausaufenthalt nicht dazu verführen (Ausnahme: die Schlaf- bzw. Beruhigungstablette in der Nacht vor einer Operation). Es ist ein wahrer Teufelskreis; denn letzten Endes bewirkt die Tablette eine echte Schlafstörung, weil sie die Traumphase erheblich verkürzt und so den Schlafrhythmus durcheinanderbringt, was unsere Gesundheit auf Dauer gefährdet.

Sie sollen jedoch nicht im Regen stehen- oder im zerwühlten Bett liegengelassen werden. Darum jetzt ein paar Tips, wie Sie auch ohne Pille zur Ruhe kommen können.

Zunächst sei einmal gesagt, was Sie kurz vor dem Schlafengehen *nicht* tun sollten:

- keine aufregenden Texte lesen oder aufregende Sendungen im Fernsehen anschauen,
- keine mit körperlichen Anstrengungen verbundenen Tätigkeiten ausführen,

- weder hungrig ins Bett gehen noch vorher ein üppiges Mahl einnehmen,
- keine heftigen Diskussionen führen.

Machen Sie aus dem Zubettgehen Abend für Abend ein Ritual! Dazu hier ein paar Vorschläge, die beliebig kombinierbar oder erweiterungsfähig sind:

- ein Glas heiße Milch mit Honig trinken,
- Baldrian- und/oder Melissentee trinken,
- *ein* Glas Rotwein kann den Schlaf fördern, schon weil es die Stimmung hebt; mehrere oder gar viele Gläschen bewirken allerdings das Gegenteil: Sie fallen zwar »wie ein Sack« in den Schlaf, wachen aber nach einiger Zeit (nach Absinken des Alkoholspiegels) wieder auf – ohne gute Stimmung!
- ein warmes Bad nehmen,
- Entspannungsübungen machen,
- etwas Besinnliches oder etwas Heiteres, Harmloses lesen, möglichst aus einem Buch, das Sie schon kennen.

Was nun tun, wenn der Schlaf trotz allem nicht kommen will oder wenn man nach nächtlichem Aufwachen nicht wieder einschlafen kann? Meistens sind es Gedanken der vorher geschilderten Art, die uns nicht zur Ruhe kommen lassen. Dann macht uns auch noch der Gedanke kribbelig, wie wir den nächsten Tag überstehen sollen, wenn uns der nächtliche Schlaf fehlt. Es ist unglaublich schwierig, den schlimmen Gedanken zu gebieten, daß sie verschwinden sollen und friedliches Sinnen einkehren möge. Um hier Abhilfe zu schaffen, sei jeder Trick recht. Versuchen Sie, den Gedanken eine völlig andere Richtung zu geben, mit wertfreiem Inhalt, der Sie persönlich gar nichts angeht.

Bewährt haben sich da Wort- oder Satzspiele wie z. B.

- aus einem Wort, z. B. »schlafen« unter Verwendung seiner Buchstaben möglichst viele neue Wörter bilden, wie Schlaf, Schaf, Sache, lachen, Safe, Fahne, Hafen …
- Sätze bilden, in denen alle Wörter mit dem gleichen Buchstaben anfangen. Beispiel: Am achten Abend angelte Andrea achtzehn Aale. Dabei das ganze Alphabet durchgehen – wenn Sie nicht schon bei »D« eingeschlafen sind!
- Das Alphabet durchgehen nach der Art von »Stadt, Land, Fluß«.

Ein ungewöhnlicher Einschlaf-Tip ist der nach der sogenannten paradoxen Intention: Sie halten – im Dunklen – die Augen weit offen und sagen vor sich hin: Ich will auf keinen Fall einschlafen, meine Augen müssen unbedingt offenbleiben, Augenlider, ihr dürft nicht zufallen, ihr dürft nicht zufallen … und schon ist es passiert.

Auch Autogenes Training ist ein gutes Einschlafmittel, sollte jedoch vorher möglichst unter Anleitung geübt werden. Als ich das einmal mit einer Gruppe während einer Kur machte, waren am Ende zwei Männer in tiefen Schlaf gefallen – vormittags! Manche Frau betreibt die Entspannungsübungen brav nach schriftlicher Anleitung: der rechte Arm wird schwer, der rechte Fuß usw., um nach 20 Minuten korrekter Anwendung hellwach im Bett zu liegen.

Eine weitere erprobte Methode ist das sogenannte Schlafatmen. Normalerweise atmen wir rund 18mal in der Minute ein und aus, aber während des Schlafens – und auch schon beim Einschlafen – nur zehnmal. Es kann also einschläfernd sein, absichtlich den langsamen Atemrhythmus des Schlafes zu imitieren. Dieses langsame Atmen gelingt am besten, wenn wir uns vorstellen, nicht durch die Nasenlöcher zu atmen, sondern durch ein eingebildetes Loch in der Kehle. Nun muß man nur noch versuchen, keine grausige Vorstellung damit zu verbinden!

Versuchen Sie, die Schlafstörung positiv zu sehen. Ich kann zwar nicht schlafen, aber ich kann etwas anderes tun: Aufstehen, etwas »Genüßliches« trinken, eine leichte Arbeit verrichten – vielleicht mal den Nähkasten aufräumen. Und wenn sich Müdigkeit anbahnt, dann das gewohnte Ritual des Schlafengehens ablaufen lassen.

Manche Frauen haben einen Kassettenrecorder als Einschlafhilfe neben dem Bett stehen. Im Notfall legen die einen Meeresbrandung, die anderen Waldesrauschen mit Vogelzwitschern und wieder andere ein plätscherndes Wiesenbächlein ein – und gleiten so in den Schlaf. Derartige Kassetten sind auch gut geeignet, störende Geräusche wie die knarrende Diele des nachtwandernden Nachbarn zu übertönen. In einschlägigen Geschäften können Sie auch Kassetten mit spezieller Einschlaf-Musik kaufen, beruhigende Melodien, die Sie in den Schlaf wiegen.

Und nun: Gute Nacht!

Literatur:

Hecht, Karl: Selbsthilfe bei Schlafstörungen. Berlin 1993

Heyme, Stefan: Schlafstörungen erfolgreich behandeln. Niedernhausen 1993

Volk, Stefan: Schlafstörungen. Berlin 1995

Geistige Fitneß

Die allgemeine Meinung, daß sich die Intelligenz im Laufe des Lebens abbaue, ist durch die jüngere Forschung widerlegt. Einige intelligente Fähigkeiten können sogar im Laufe der Jahre, und auch noch im Alter, zunehmen, wie Sprachgewandtheit, Wissensumfang und die Fähigkeit, schwierige Situationen zu beherrschen. Sie bleiben erhalten als ein Schatz der gemachten Erfahrungen. Diese Fähigkeiten werden dem Langzeitgedächtnis zugeschrieben. Sie werden auch kristallisierte Intelligenz genannt, ein Erfahrungsschatz, der bildlich gesehen zum unauflösbaren Kristall geworden ist. Aus diesem Schatz schöpft auch die alte Dame, die zu unserer Verblüffung sämtliche Strophen von Schillers »Glocke« ohne zu stocken deklamiert oder minuziös den Ablauf ihrer Schulabschlußfeier schildert und die unregelmäßigen Verben in Englisch und Französisch fehlerfrei herunterschnurrt. Dieselbe alte Dame vergißt jedoch mindestens dreimal am Tag, wo sie ihre Brille hingelegt hat und kann sich nicht den Namen ihrer Putzfrau merken.

Die geistige Wendigkeit, sich etwas Neues zu merken, wird der sogenannten flüssigen Intelligenz – auch als Kurzzeitgedächtnis bekannt – zugeordnet. Diese Intelligenz scheint mit dem Älterwerden beeinträchtigt zu werden. Warum läßt das Kurzzeitgedächtnis bei vielen Menschen im Alter nach? Die lange Zeit vertretene Meinung, daß ab dem frühen Erwachsenenalter täglich Tausende von Hirnzellen absterben, hat die heutige Wissenschaft widerlegt. Zwar schrumpft die Gehirnmasse, weil der Wassergehalt in den Zellen abnimmt, doch die Anzahl der Zellen schrumpft nicht. Wenn keine krankhafte Veränderung des Gehirns eintritt, bleibt die Anzahl von ca. 15 Milliarden Nervenzellen bis ins hohe Alter unverändert.

Woher kommt dann die Vergeßlichkeit? Eine These lautet, daß der älter werdende Mensch seine Gehirnzellen zu wenig gebraucht, zu wenig fordert. Unsere Gehirnzellen sind durch Kontaktstellen, die Synapsen, miteinander verbunden. Bei Erregung der Nervenzellen werden an dieser

Stelle Botenstoffe freigesetzt, die andere Nervenzellen erregen und dort wieder Botenstoffe freisetzen, die wiederum Nervenzellen erregen. Ein reger Funkverkehr! Die Kontaktstellen entstehen und bleiben erhalten, wenn sie gebraucht werden. Werden sie nicht genutzt, verschwinden sie wieder – Funkstille kehrt im Gehirn ein.

Wenn wir also unsere »flüssigen« Gehirnfunktionen erhalten wollen, müssen wir sie nutzen, unsere grauen Zellen in Erregung versetzen. Aber wie? Dem Neuen aufgeschlossen, neugierig sein, auch einmal um die Ecke denken. Ein älter werdender Mensch scheut das Risiko, er hat seine »gute« Meinung, seine »guten« Erfahrungen und sich so eine bequeme, sichere Lebensspur geschaffen, in der er sich in Ruhe bewegen kann. Neue Informationen stören nur, der Funkverkehr zwischen den Nervenzellen erlahmt. Wir können das verhindern, indem wir aktiv am Leben teilnehmen, mitspielen, nicht nur zuschauen, immer mal wieder die ausgetretene Gedankenspur verlassen.

Eine Möglichkeit hierzu bietet das laterale Denken. »Lateral« heißt wörtlich »seitlich«, und gemeint ist, einfach mal seitlich aus der gewohnten Bahn ausbrechen, etwas mal nicht so machen wie man es immer gemacht hat – und schon klicken in unserem Gehirn die Synapsen und die Gedankenpost geht ab!

Zum Verständnis des lateralen Denkens sei hier ein hübsches Beispiel aus E. de Bonos Denkschule gegeben: Die Großmutter strickt, und die kleine Enkelin stört sie dabei, indem sie mit dem Wollknäuel spielt. Der Vater schlägt vor, das Kind in den Laufstall zu setzen. Die Mutter hingegen meint, es sei vernünftiger, die Großmutter dort hineinzusetzen.

Vor einigen Jahren wurde ein Verfahren entwickelt, das sich Gehirnjogging nennt. Es soll die Gedächtnisleistung durch Training erhalten oder sogar wiederherstellen. Heute werden in zahlreichen Büchern (siehe Literaturverzeichnis) und Kursen solche Gedächtnis-Trainings-Programme angeboten. Besonders in den Kursen, die sich »Heiteres Gedächtnis-Training« nennen, geht es äußerst vergnügt zu, und man spürt richtig, wie die Synapsen klicken. Auch Kreuzwort-, Silben- oder sonstige Rätsel sowie Knobelaufgaben eignen sich gut zum Trainieren unseres Gedächtnisses.

Oft sagen wir, wenn uns ein Begriff nicht einfällt, »es liegt mir auf der Zunge«. Wir haben so einen ähnlichen Klang, oft auch den Anfangsbuchstaben und die Anzahl der Silben im Kopf, aber das Wort selbst will sich nicht einstellen. Ich wollte etwas über unseren ehemaligen Hamburger Bürgermeister erzählen. »Stolpe, Stolpe« ging mir dauernd im Kopf herum, aber auf »Klose« kam ich nicht. Auch hierzu gibt es eine wissenschaftliche These, die – vereinfacht ausgedrückt – sagt, daß ähnlich lautende Begriffe in unserem Gehirn im gleichen Behälter gespeichert werden. »Stolpe« lag da nun als jüngere Information über »Klose« im gleichen Topf und verdeckte den gesuchten Namen. Hinzu kommt, daß im allgemeinen ein junger Mensch von der Anzahl her nicht so viele ähnlich lautende Informationen im Topf hat wie ein alter, so daß für den jüngeren das Abrufen einfacher ist. Ein älterer Mensch muß da womöglich erst einen ganzen Berg wegräumen, ehe er an den gesuchten Begriff kommt. Wohlgemerkt, diese These gilt nur für unsere flüssige Intelligenz. Begriffe, die in bzw. vor Jahrzehnten zum Kristall wurden, sind stets sofort abrufbar.

Nun seien noch ein paar erprobte Tricks gegeben, wie man den kleinen, jedoch nervenaufreibenden – und oft auch peinlichen – Vergeßlichkeiten des Alltagslebens begegnen kann.

Wo ist meine Brille? Frauen, die ständig eine Brille tragen, kennen das Problem nicht, doch die meisten von uns tragen sie nur zum Lesen oder Schreiben. Wir verlegen sie immer dann, wenn Telefon oder Hausglocke klingeln, wenn wir schnell etwas essen wollen oder zur Toilette gehen. So finden sich denn, wenn überhaupt, unsere Augengläser an den erstaunlichsten Orten wieder: auf dem Hausbriefkasten, im Weinregal im Keller, in der Tiefkühltruhe. Eine Möglichkeit ist, sich vom ersten Tag als zeitweise Brillenträgerin an ein Gebot aufzuzwingen: Wenn ich die Brille ablege, kommt sie auf das rote Tischchen im Flur (übrigens immer mit den Gläsern nach oben – Kratzer!) und sonst nirgendwo hin! Die Gewohnheit fährt sich ein, und Sie werden auch im Streß – das Haus brennt! – die Brille auf das rote Tischchen legen. Auch wenn Sie schon zu den »Wo-ist-denn-meine-Brille-Frauen« gehören, könnten Sie sich für zwei bis drei Wochen unter Androhung von Selbstbestrafung dazu zwingen: Die Brille befindet sich entweder auf meiner Nase oder auf dem roten Tischchen! Hilfreich ist auch, eine Zweitbrille in der Handtasche und eine Drittbrille am Telefon zu deponieren. Da genügt dann eine ausgediente Brille oder auch eine aus dem Kaufhaus. Letztere sollten Sie aber nicht zum ständigen Gebrauch nehmen.

Der Brillen-Trick ist mit kleinen Abwandlungen auch auf Schlüssel- und Portemonnaie-Sucherinnen anwendbar. Bedenken Sie, wieviel herrliche Zeit Sie gewinnen, die Sie, statt mit verzweifeltem Suchen mit schönen Dingen verbringen könnten.

Ein weiterer Trick: Machen Sie sich eines Tages- und/oder Wochenliste, auf der Sie sogleich eintragen, wenn Ihnen etwas einfällt, das zu erledigen ist. Aber verlegen Sie dann möglichst nicht dauernd die Liste! Natürlich hilft uns auch der Terminkalender. Nie hatte ich so viele Daten da stehen wie jetzt als Ruheständlerin.

Das Gleichmaß der Berufstätigkeit brauchte nicht eingetragen zu werden, wurde höchstens mal von einem Arzt- oder Friseurtermin unterbrochen. Jetzt sind die Spalten gefüllt mit meinen zahlreichen Freizeit-Terminen.

Und noch ein Tip zum Gedächtnis-Training: Holen Sie sich abends, und vielleicht auch noch einmal morgens, die Namen der Leute ins Gedächtnis, die Sie länger nicht gesehen haben, aber treffen könnten. Wenn ein Name nicht da ist, oder nur »auf der Zunge liegt«, dann schreiben Sie sich auf einen bereitliegenden Zettel: »Ehemalige Kollegin, wohnt in Niendorf, rote Haare«. Versuchen Sie dann über Telefonverzeichnis oder Gespräche auf den Namen zu kommen und schreiben Sie ihn dann neben die Notizen. Es besteht gute Aussicht, daß der Name jetzt zum Gedankenkristall wird. Auch die Übungen und Wort-Spielereien, die im Kapitel Schlafstörungen erwähnt sind, eignen sich gut als Gedächtnis-Training.

Eine Frau, die über 50 ist und

- in die Küche rennt und dann nicht weiß, was sie da wollte,
- zum dritten Mal das Schlüsselbund verlegt hat,
- den Namen der Frau vergessen hat, die sie gerade anrufen wollte,

die hat plötzlich mit zitternden Knien *einen* Namen genau im Kopf: Alzheimer! Wenn sie dann in ihrem medizinischen Ratgeber die Symptome des Frühstadiums der Alzheimer-Krankheit nachliest, dann kann sie nur noch fassungslos flüstern: »Ich habe es – ich hab die Alzheimer!« Da steht nämlich: Die Betroffenen verlegen Gegenstände, vergessen Namen, erzählen dieselbe Begebenheit derselben

Person zum zweiten Mal. Fast jeder ältere Mensch findet sich da irgendwie wieder – und alle über 50 haben ja nun nicht die Alzheimer-Krankheit! Wenn Sie trotzdem sehr beunruhigt sind, sollten Sie einen Neurologen aufsuchen. Es gibt Untersuchungsmethoden für das Gehirn, die eine Diagnose ermöglichen. Nur eines muß Ihnen klar sein: eine Heilung dieser Krankheit gibt es (noch) nicht. Sie ist in fortgeschrittenem Stadium furchtbar, doch fast mehr für die Pflegenden als für die Betroffenen. Gnädigerweise vergessen die Kranken später auch ihre Vergeßlichkeit. Auch ein Rat des Vorbeugens kann nicht gegeben werden, nur der: Machen Sie sich nicht das Leben zur Hölle, weil sie befürchten, Sie *könnten* diese Krankheit haben. Wenn wir unsere Gedanken mit all dem füllen wollten, was passieren *könnte*, dann hätte nichts Schönes mehr in unserem Sinnen Platz.

Literatur:

DeFelice, Stephen L.: Wann muß man Gedächtnisschwäche ernst nehmen? München 1988

Fischer, Bernd: Gehirn-Jogging: So bringen Sie Ihr Gedächtnis in Schwung. München 1992

Furtmayr-Schuh, Annelies: Die Alzheimer-Krankheit: das große Vergessen. Stuttgart 1991

Heidack, Clemens/Werneck, Tom: Gedächtnis-Training – 53 Übungen, um sich verläßlich an Namen, Zahlen, Zusammenhänge zu erinnern. München 1983

Krämer, Günter: Alzheimer Krankheit – Ursachen, Krankheitszeichen, Behandlung. Stuttgart 1989

Langer, Ellen J.: Aktives Denken – wie wir geistig auf der Höhe bleiben. Reinbek 1991

Oswald, Wolf D./Rödel, Gisela: Gedächtnistraining. Ein Programm für Seniorengruppen. Göttingen 1995

Altersdepression

Die einen sagen 15 %, die anderen 28 % aller älteren Menschen leiden unter Depressionen. Was versteht man unter Depression, welches sind die Anzeichen? »Ich bin nicht depressiv. Ich habe nur keine Lust mehr zu leben. Ich bin ja zu nichts nütze.« Da haben wir gleich drei Symptome: Es gar nicht wahrhaben wollen, keine Lebenslust (sondern das Gegenteil: Lebens-Traurigkeit), geringes oder gar kein Selbstwertgefühl. Weitere Anzeichen sind: ungepflegtes Äußeres (»ist doch egal, wie ich aussehe«), zu großes oder zu geringes Schlafbedürfnis, starke Gewichtszu- oder -abnahme, kein Interesse an Aktivitäten, Schuldgefühle.

Was können wir heute tun, um morgen nicht depressiv zu werden? Eine Möglichkeit: Unser Alter planen! Wer vorsorgt, daß er auch im Alter Freude hat, Hobbys ausüben kann, etwas zu tun hat, gebraucht wird, hat große Chancen, später nicht zu den Altersdepressiven zu gehören.

Der Rat der Alters-Vorplanung genügt allerdings nur bei den Frauen, die heute frei von Depressionen sind. Wer in jungen und mittleren Jahren unter Depressionen leidet, wird diese Symptome in der Regel im Ruhestand verstärkt erleben müssen. Berufsleben und Kindererziehung lassen oft gar keinen Platz für eine Depression. Sie wird vielleicht nur so ab und zu mal am Rande erlebt und nicht so ernst genommen. Fallen die gewohnten Strukturen mit Eintritt in den Ruhestand weg, kann die Depression schlagartig und massiv auftreten, jedoch auch verzögert nach einem oder mehreren Jahren.

Sollten Sie heute schon depressive Züge bei sich erkennen, dann nehmen Sie das ernst. Depression ist, ähnlich wie Herzinfarkt, Bluthochdruck, Magersucht und

Migräne eine Zivilisationskrankheit – aber letztlich eine Krankheit, die heilbar ist! Sie werden nur schwerlich allein da herauskommen. Zunächst können Sie es mit dem Lesen von einschlägiger Literatur versuchen, die am Ende dieses Kapitels aufgeführt ist. Yoga, Meditation oder auch Selbsthilfe-Gruppen können dabei unterstützen.

Am wirkungsvollsten ist es wohl, wenn Sie sich – vielleicht über Ihren Hausarzt oder über Freunde – an einen Psychotherapeuten wenden, der nach eingehender Untersuchung und Beratung einen Behandlungsplan festlegen kann. Die Kosten werden im allgemeinen von den Krankenkassen übernommen. Sie müssen sich darauf gefaßt machen, daß sich die Therapie lange Zeit hinziehen kann, doch die große Chance der Heilung ist es wert.

Damit Sie nicht das eine mit dem anderen verwechseln: tiefe Trauer über einen Verlust, wegen schwerer Krankheit oder wegen Kummer seiner Lieben niedergeschlagen zu sein oder auch mal – eine kurze Zeitlang – ohne rechten Grund »nicht gut drauf« zu sein, ist ganz normales seelisches Erleben und hat mit dem Krankheitsbild »Depression« nichts zu tun.

Die Hoffnung, daß Sie einmal zu den 72 bis 85 % der glücklichen Alten zählen werden, die nicht unter Depressionen leiden, zeigt sich schon daran, daß Sie dieses Buch lesen!

Literatur:

Billig, Nathan: Depressionen im Alter. Frankfurt/M. 1994
Greist, John H./Jefferson, James W.: Depression. München 1995
Merkle, Rolf: Nie mehr deprimiert. Ratingen 1995
Wolfersdorf, Manfred: Depression. Berlin 1994

Sexualität

Sex im Alter – nix Genaues weiß man nicht! Wenn Sex auch im allgemeinen kein Tabu-Thema mehr ist – die Älteren und Alten schweigen lieber. Und die Jungen meinen, Sexualität sei doch wohl ihr Ressort, »ein Märchen, das von unseren erwachsenen Kindern verbreitet wird, die eine unbefleckte Vorstellung von ihrer eigenen Zeugung haben«, meint Maggie Kühn, Begründerin der *Grauen Panther*. Kaum irgendwo denn beim Thema »Sexualität im Alter« sind statistische Ergebnisse derart unterschiedlich. Eine amerikanische Untersuchung von 60- bis 91jährigen enthüllte, daß 91 % von ihnen sexuell aktiv waren. Eine der wenigen diesbezüglichen Untersuchungen aus Deutschland ergab, daß die »koitale Aktivität« (ungemein romantischer Begriff!) von Männern mit durchschnittlich 68 Jahren, von Frauen mit 60 bis 65 Jahren beendet sei. Da fragt man sich, sind die Deutschen nun lahmer oder ehrlicher als die Amerikaner! Eine europäische Studie besagt, daß über 60 Jahre alte Frauen zu 40 % sexuell aktiv seien.

Nun sind statistische Befragungen immer mit einiger Vorsicht zu genießen, und bei diesem Thema wohl in besonderem Maße. Gerade bei Befragung zum Liebesleben besteht doch ein erheblicher Unterschied, ob eine poppige Altkünstlerin aus Berlin oder eine alte Bäuerin aus Oberbayern befragt wird, wie sie es denn mit der Sexualität halte.

Allgemein gültig scheint zu sein: Wer in jüngeren Jahren Spaß daran hatte, der hört im Alter nicht damit auf. Biologisch-medizinisch gesehen gibt es keinen altersbedingten Grund, der uns hindern könnte, ein Leben lang Freude an der Sexualität zu haben. Vielleicht geht es später ein wenig langsamer, aber das muß ja nicht genußverringernd sein.

Viele Frauen genießen dann gerade das Unhektische des Liebeslebens. Man braucht weder Angst vor einer Schwangerschaft zu haben noch davor, daß die bereits vorhandenen Kinder im ungeeignetsten bzw. kurz vor dem schönsten Augenblick hereinstürmen: »Hey, was macht ihr denn da!«

Hier zwei Antworten zur Frage »Wie hat sich Ihr Sexualverhalten nach den Wechseljahren verändert?«

»Nachdem die Familie größer und anstrengender geworden war, lief das eher programmäßig ab. Ich will nicht gerade sagen, daß es eine Pflichtübung war, aber nahe daran. Und dann immer die Angst, wieder schwanger zu werden, weil ich nämlich die Pille nicht vertragen habe. – Was jetzt bei uns los ist, mag ich kaum sagen. Wir machen da richtig einen Festakt daraus, mit gedämpftem Licht, schöner Musik, und wir haben sogar Spiegel an den Schlafzimmerwänden angebracht, die nehmen wir immer ab, wenn die Kinder und Enkelkinder zu Besuch kommen – ist uns peinlich. Es ist auf eine ganz andere Art genauso schön wie in der Zeit unserer ersten großen Liebe, vielleicht ein bißchen gemütlicher und ein bißchen raffinierter.« (eine 68jährige Frau)

Eine andere Antwort zur selben Frage:

»Als wir älter wurden, haben wir immer seltener miteinander geschlafen und – ehrlich gesagt – so richtig doll Spaß hat es mir eigentlich nie gemacht. Ja, ich hatte mit zunehmendem Alter eher ein ablehnendes Gefühl, wenn mein Mann wollte. Das ging so weit, daß ich mit meinen Zärtlichkeiten, wie Küssen, Streicheln, Kuscheln immer zurückhaltender wurde, um ihn ja nicht herauszufordern. Es wurde richtig kühl zwischen uns. Endlich ergab es sich eines Abends, daß wir ganz offen über unsere Bett-Probleme sprechen konnten. Zu meiner großen Überraschung stellte sich heraus, daß mein Mann auf den bloßen Akt auch nicht mehr so scharf war. Seitdem ist bei uns wieder Zärtlichkeit angesagt. Wir streicheln und kuscheln wieder und sind heilfroh, daß wir den Sex-Zwang los sind.«

Nun ist für viele Frauen nicht die womöglich nachlassende Libido das Problem, sondern der fehlende Partner. Alleinstehende ältere Frauen sind da in einer recht schwierigen Situation: Wie sollen sie mit ihren sexuellen Bedürfnissen umgehen? Die Anzahl der männlichen Heiratskandidaten wird von der Anzahl her nach oben immer dünner. 86 % aller Singles über 60 sind alleinstehende Frauen.

Manche Frauen denken im fortgeschrittenen Alter – nicht nur aus Gründen des Männerschwundes – zum ersten Mal daran, mit einer Frau enger zusammenzuleben, zumindest eine Wohngemeinschaft zu bilden, vielleicht auch sexuellen Kontakt zu haben.

Ob Mann oder Frau, je älter man wird, desto schwieriger wird es, mit einem neu ins Leben getretenen Menschen intim zu werden, nicht nur vom Körperlichen her, sondern vor allem auf dem Gebiet der Interessen, der Gesinnung, der Gefühle. Doch einen Versuch ist es immer wert. Aber wo lernt man sich kennen? Kurschatten und Urlaubsbekanntschaften sind wunderschön und sollten ausgiebig genossen werden, doch meist wird nichts Dauerhaftes daraus. Ein Wiedersehen danach sollte man sich lieber ersparen. Statt des braungebrannten lustigen Rock'n'Roll-Tänzers sitzt Ihnen ein nicht nur von der Gesichtsfarbe her blasser Mann gegenüber, der Ihnen außer einer langweiligen Geschichte über Ärger im Büro nicht viel zu sagen hat. Nicht vorstellbar, daß man mit dem Kerl abendelang gelacht und gescherzt hat. Urlaubsbekanntschaften sollte man besser als herrliche Erinnerung behalten.

Eine gute Gelegenheit zum ungezwungenen Kennenlernen bieten Clubs, Vereine, Seminare und Kurse. Besonders in größeren Städten wird da gerade für die nicht mehr so ganz Jungen Erstaunliches geboten. Lesen Sie dazu die ausführlichen Angebote in dem Kapitel »Die große Freizeit«.

Eine Umfrage in einer Frauen-Zeitschrift ergab, daß sich viele ältere Paare über Kontaktanzeigen kennenlernen. Genaueres hierzu können Sie im Kapitel »Partnerschaft« nachlesen.

Was die Lust an der körperlichen Liebe bei Paaren, die sich spät finden, angeht, so leiden sie schon einmal nicht unter der oft beklagten routinemäßigen Langeweile jahrzehntelanger Verbindungen. Sind die Partner auch nicht mehr die Jüngsten – die Liebe zwischen den beiden ist frisch und jung.

Eine Möglichkeit, sich sinnlichen Genuß zu verschaffen, ist, sich selbst zu befriedigen. Vielen von uns wurde von Kindheit an gedroht, daß man »da« nicht hinfaßt, so etwas sei unanständig, mache krank, sei Sünde. Es ist uns heute unbegreiflich, warum dieser weder krankmachende noch den Charakter verderbende Spaß an der Lust derart verteufelt wurde. Nicht einmal das christliche Himmelreich kann verwehrt werden, denn Onan (daher der Name Onanie) tat es auch (Gen 38,9). So manchem Menschen hat die Kriminalisierung der Selbstbefriedigung die ganze Jugend überschattet. Viele Frauen, vor allem ältere und alte, glauben heute noch, etwas Unerlaubtes, ja Böses zu tun, statt es mit Freuden zu genießen.

Hier einige Zitate von Frauen, die in dem Buch »Verschwiegene Lust« von Renate Daimler (München 1995) freimütig über ihr Sexualleben aussagen:

»... ich habe mich dann eben selbst befriedigt. Ich hätte natürlich lieber einen Mann. Aber um meinen Körper zu spüren, ist es besser als nichts.« (Anna, 71 Jahre)

»Ich kann mich gut selbst befriedigen. Ich habe schöne sexuelle Phantasien.« (Lena, 75 Jahre)

»Ich habe mein ganzes Leben lang die Vorstellung gehabt, wenn der Sex aufhört, hört das Leben auf. Aber der Sex hört ja nicht auf. Er ist immer da, in Form von Träumen, von Vorstellungen, von Onanie. Es ist keinesfalls so, daß man müde wird und einen die Lust verläßt, Gott sei Dank! [...] Wenn ich onaniere, dann denke ich an gar keinen Mann, sondern an mich. die Verbindung in der Lust zum anderen Menschen, die kommt in der Lyrik und in der Poesie vor. Aber im Augenblick der Lust ist der Gedanke an den anderen eine Lüge, da denkt man nur an seine eigene Befriedigung. Am Punkt des Punktes hat man schon längst vergessen, wer da liegt und wer da tätig ist.« (Dorothea Zeemann, 82 Jahre)

In den Erzählungen der alten Damen fällt auf, daß sie beim Schildern ihres Liebeslebens aus Jugend und mittleren Jahren häufiger das Wort »Sexualität« gebrauchen, im Alter öfter das Wort »Erotik«.

»Jetzt genieße ich die Erotik. Sie ist überall. Mein ganzes Leben ist erotisch, rundum. Man hängt am Strom und ist erregt. Aber es ist eine ganz andere Wellenlänge – nichts Sexuelles. Ich habe Spaß am Lächeln und Spaß daran, wenn ich durch die Straßen gehe und merke, daß die Menschen auf mein freundliches Gesicht reagieren. Schönheit wirkt erotisch auf mich. Ob ich eine schöne Landschaft sehe, ob es Menschen sind, ob es Kunst ist – wenn mir Schönheit bewußt wird, löst das in mir ein Gefühl aus, das mich trägt, das mich glücklich macht. Dann zerfließe ich, und das ist ein sehr erotischer Moment.« (Vivienne, 74 Jahre)

Frauen lieben Liebesgeschichten, -romane, -filme. Und die werden von alten Frauen kein bißchen weniger geliebt als von jungen, vielleicht sogar ein bißchen mehr. Wenn man sich auch als alte Frau noch so gut und so sinnlich in die Liebesgeschichte einer jungen Frau hineindenken kann, warum sollte man es dann nicht auch leben?

Das Thema Sexualität ist heutzutage nicht mehr tabu, doch nun kehrt es sich auch gleich ins andere Extrem um, in eine Zurschaustellung, eine Überbewertung: Haste keinen Sex, biste nix!

Viele ältere Frauen leben enthaltsam, um das klösterlich-altmodische Wort zu gebrauchen. Und viele von ihnen leben durchaus zufrieden und glücklich, in Harmonie mit sich. Wer will ihnen absprechen, daß auch sie sinnlich genießen – durch ein Buch, eine Melodie, durch Tanzen, Singen, Wandern, durch die Zuneigung von Freunden.

Literatur:

Cyran, Wolfgang/Halhuber, Max J.: Erotik und Sexualität im Alter. Stuttgart 1992

Daimler, Renate (Hrsg.): Verschwiegene Lust – Frauen über 60 erzählen von Liebe und Sexualität. Köln 1991

Davis, Elisabeth: Muster der Sinnlichkeit. Die Zyklen der weiblichen Sexualität. Frankfurt/M. 1994

Garbrecht, Annette: Wer vor mir liegt, ist ungewiß – Frauen und Sexualität ab 40. Bielefeld 1994

Stemmer-Beer, Roswitha: Zu alt für die Liebe – Liebe, Partnerschaft und Sexualität im Alter. München 1994

Sydow, Kirsten von: Die Lust auf Liebe bei älteren Menschen. München 1992

Ernährung

»Essen und Trinken hält Leib und Seele zusammen.« Diesem schönen alten Spruch ist noch hinzuzufügen, daß Quantität und Qualität stimmen müssen. Zuwenig trinken, zuviel oder das Falsche essen, reißt eher Leib und Seele auseinander.

Gift im Essen

Zum alten Spruch gesellt sich ein neuer: »Was kann man denn heute überhaupt noch essen?« Gift in Obst und Gemüse, Wahn und Pest im Fleisch! Wir sollten uns aber auch nicht ganz verrückt machen lassen; wollten wir jegliches mögliche Nahrungsrisiko ausschalten, wir müßten wahrhaftig das Essen aufgeben. Von den Mohrrüben heißt es, man solle sie möglichst schnell essen, solange die Wissenschaft sie noch für gesund hält!

Wenn Sie die Gewißheit haben wollen, daß der gekaufte Kohlkopf nicht gerade von einem Acker längs der Autobahn stammt, und wenn Ihr Schlachter widersprüchliche Aussagen über die Herkunft seiner Fleischwaren macht, dann kaufen Sie doch Ihre Nahrungsmittel bei einem anerkannten Bio-Bauern-Zusammenschluß. Diese Öko-Gruppen liefern meistens einmal pro Woche frei Haus alles, was Akkerbau und Viehzucht aus deutschen Landen hergeben. Und Sie können sicher sein – und sich auch einmal an Ort und Stelle davon überzeugen – daß Gifte so weit wie irgend möglich ausgeschaltet werden. Aber ganz billig ist die Sache nicht; ein Ei aus Freilandhaltung kann nun einmal nicht für 19 Pfennig auf den Markt gebracht werden. Doch sind es auch keine Wucherpreise; der exquisite Gemüseladen, der winters Erdbeeren und Exotisches aus allen fernen Ländern anbietet, ist wesentlich teurer.

Haben wir die Gifte, so weit es in unserer Macht steht, ausgeschaltet, gibt es noch genug Möglichkeiten, sich falsch zu ernähren und dem Leib zu schaden.

Gewichtsprobleme

Es gibt keinen Zweifel darüber, daß eine lebenslange gesunde Ernährung der beste Schutz vor chronischen Krankheiten ist, die uns die alten Tage verleiden und unsere Lebenserwartung verkürzen könnten. Einer der größten Feinde der Gesundheit überhaupt ist die zu gute Kost, die Überernährung. Wieviel darf die Frau essen, wieviel darf sie wiegen? Da streiten sich die Leute, besonders beim Gewicht.

Als die ungewollte Schlankheit der Kriegs- und Nachkriegsjahre den ersten Wohlstandswülsten um den Bauch wich, verblaßte das Schlagwort »Unterernährung« und machte einem ganz anderen Platz: »Übergewicht«. Und man fragte dann auch gleich, was denn nun das Normalgewicht sei. Es hieß, man dürfe so viele Kilogramm wiegen, wie man in Zentimetern über einen Meter groß sei; also darf eine 165 cm große Frau dann 65 kg wiegen. Bald rauschte es durch den Medizin- und Frauenblätterwald: Das sei noch zuviel, ideal sei, davon noch 10 % abzuziehen; also in unserem Beispiel:

65 kg minus 6,5 kg = 58,5 kg. Diese 58,5 kg sind dann das Idealgewicht einer 165 cm großen Frau. Nun ist das natürlich ein Mittelwert, denn Kriterien wie Alter oder Knochenbau lassen diese Zahl variieren. Tabelle 2 (im Anschluß an dieses Kapitel) soll Ihnen helfen, Ihr persönliches Idealgewicht zu finden – wenn Sie es denn überhaupt wissen wollen.

Heute hört man wieder andere Töne aus der Ernährungmedizin: Am idealsten sei das Gewicht, bei dem man sich wohlfühle, und so entstand wieder eine neue Sorte von Gewicht, das Wohlfühlgewicht. Das leuchtet ein, überläßt uns aber die Verantwortung, uns nicht selbst zu belügen und uns ein Wohlfühlen nur vorzugaukeln. Wer mit hochrotem Kopf seinen dicken Bauch eine Treppe hochgehievt hat und nach Atem ringend schnauft. »Mir geht's blendend«, wirkt nicht ganz glaubhaft. Doch wer sich mit ein paar Pfunden Übergewicht rundherum wohlfühlt, der sollte sich das Leben nicht mit Essensentzug und Diätkuren vermiesen.

Wieviel die Frau essen darf, um ihr ideales Gewicht – was immer das für sie persönlich sein mag (vergleichen Sie auch Tabelle 5) – zu halten, ist kaum auf eine Norm zu bringen.

Tabelle 3 kann Ihnen helfen, die passende Kalorienzahl zu finden. Und wenn Sie dann noch gern wissen würden, welche Nahrungsmittel wieviele Kalorien enthalten, dann müssen Sie die vierte Spalte der Tabelle 6 studieren.

Vielleicht ist für Sie auch Tabelle 4 interessant, die Ihnen sagt, welche Tätigkeit wieviele Kalorien verbraucht.

Kuren, die zur Gewichtsabnahme führen (sollen!), gibt es zahlreiche; in der einen Zeitschrift wird die eine hochgelobt, in der anderen steht, daß genau diese gesundheitsschädigend sei. Viele Ernährungswissenschaftler und Ärzte halten die Kurzformel »f.d.H.« (friß die Hälfte) nach wie vor für die beste Diätvorschrift zur Gewichtsreduzierung. Eine gute Möglichkeit abzunehmen und dann auch das erreichte Gewicht zu halten, ist es, die Eßgewohnheiten zu ändern. Das oberste Gebot: Ganz langsam essen und gut kauen. Wer die Mahlzeit hinunterschlingt, kommt kaum zu einem Sättigungsgefühl, aber die Kalorien sind im Bauch. Beim gemächlichen Essen wird man nicht nur von kleineren Mengen satt, sondern verlängert auch den Genuß an der Mahlzeit. Das zweite Gebot heißt: Möglichst kalorienarm essen, was erfreulicherweise auf die gesünderen Nahrungsmittel eher zutrifft. Vielleicht streichen Sie sich in den Auflistungen der Tabelle 6 einige kalorienärmere Produkte an, die Sie besonders gern essen.

Das dritte Gebot heißt: Du sollst nicht naschen! Nicht dauernd zum Kühlschrank rennen, um *nur* ein Scheibchen Wurst oder ein Eckchen Käse zu essen. Außerhalb der Mahlzeiten (das können durchaus mehrere kleine sein) wird absolut nichts gegessen, und die Keks- und Bonbondose verbanne man während der Nasch-Entwöhnungsphase am besten ganz aus der Wohnung.

Die einerseits bewußte und andererseits gemütliche Art des Essens gelingt sicher im Ruhestand eher, aber Sie könnten doch jetzt schon anfangen zu üben, damit Sie dann jede Mahlzeit so richtig genießen können.

Ernährung im Alter

Von der Quantität zur Qualität: *Was* sollen wir essen, vor allem, was sollen wir essen, wenn wir älter werden?

Eine einfache Grundregel lautet:

- wenig Fctt,
- wenig Zucker,
- ausreichend Eiweiß, Vitamine, Mineralstoffe.

Um etwas genauer zu werden, sei kurz gesagt, woraus unsere Nahrungsmittel bestehen: Sie sind ein Gemisch aus Nährstoffen, Vitaminen, Mineralstoffen und Ballaststoffen. Bei den Nährstoffen unterscheidet man Kohlehydrate, Eiweiß und Fette.

Etwas detaillierter soll folgende Auflistung Auskunft geben:

Nährstoff	hauptsächlich enthalten in	besonders empfehlenswert
Kohlehydrate	Brot und anderen Backwaren, Kartoffeln, Hülsenfrüchten, Zucker, Reis, Nudeln	Vollkornbackwaren, Naturreis, Körner wie Hirse, Kartoffeln, Hülsenfrüchte
Eiweiß	Milch und Milchprodukten, Fleisch, Fisch, Hülsenfrüchten, Eiern, Sojabohnen	Milch, Joghurt, Quark, mageres Fleisch, Fisch, Soja-Produkte, Linsen
Fette	Ölen, Butter, Schmalz, fettem Fleisch	Öle und Fette mit einem hohen Gehalt an mehrfach ungesättigten Fettsäuren wie Sonnenblumen-, Distel-, Maisöl, Diätmargarine, Butter (umstritten)

Vitamine nähren nicht, sind keine Baustoffe und keine Energieerzeuger – und doch sind sie lebensnotwendig (Vita: das Leben!). Sie dienen als Katalysatoren dem Stoffwechsel, der ohne Vitamine gar nicht oder nur stark verlangsamt stattfinden könnte. Da sie der Körper mit Ausnahme von Vitamin D nicht selbst bilden kann, müssen sie über die Nahrung zugeführt werden.[1]

---

1 Welche und wie viele Vitamine und Mineralien in den einzelnen Nahrungsmitteln enthalten sind, können Sie aus der Tabelle 6 am Ende dieses Kapitels erfahren.

Mineralien (Kalium, Kalzium, Chlorid, Magnesium, Schwefel) und Spurenelemente (Eisen, Zink, Jod, Fluor) sind in unserem Körper zwar enthalten, müssen aber immer wieder ergänzt werden. In späteren Jahren entsteht häufig ein Mangel an Kalzium, Jod und Eisen.

Ballaststoffe sind unverdauliche Stoffe. Sie sind nützlich durch ihre Anwesenheit im Darm. Sie umhüllen die Nährstoffe, die so gleichmäßiger von der Darmwand aufgenommen werden können, und sie binden Wasser. Das Volumen des Darminhalts wird so vergrößert, die Darmbewegungen beschleunigt, und es wird ein regelmäßiger und nicht zu fester Stuhl erreicht. – Die Abführpille kann im Arzneischrank bleiben!

Um Ihnen über die einfache Grundregel hinaus ein wenig Orientierung zu geben, wieviel Sie wovon essen sollten, sei Ihnen das Studium von Tabelle 5 empfohlen.

Dieses »sollten« ist selbstverständlich kein Gebot, sondern nur ein Anhaltspunkt. Viele Frauen haben ein sicheres Gespür dafür, was ihnen und ihrer Familie guttut. Wichtig ist, daß man sich nicht einseitig ernährt, was dann einerseits zu einem Zuviel und andererseits zu einem Mangel führen kann.

Aus Gesundheitsgründen kann es erforderlich werden, daß Sie Diät halten müssen, bestimmte Nahrungsmittel nicht essen dürfen, das eine oder andere Mineral oder Vitamin mehr oder weniger brauchen. Auch in diesem Fall kann die Tabelle 6 für Sie von Nutzen sein.

Eine spezielle Diät gegen Alterungsvorgänge gibt es nicht – schließlich ist Altern ja keine Krankheit. Bei einer abwechslungsreichen Kost unter Verwendung der gesünderen Nahrungsmittel sind Sie immer optimal ernährt. Für ältere Menschen soll es besser sein, fünf kleinere Mahlzeiten einzunehmen statt drei größere.

Und das Trinken nicht vergessen! Leider läuft bezüglich der Flüssigkeitszufuhr im Alter so einiges zuwider: Das Bedürfnis zu trinken läßt nach, die Notwendigkeit zu trinken jedoch wird größer, weil der Körper beim älteren Menschen zur Austrocknung neigt. Einschließlich des Flüssigkeitsgehalts der Nahrungsmittel – Obst und Gemüse bestehen im frischen Zustand zum Beispiel aus ca. 90 % Wasser – braucht der jüngere Mensch ungefähr 2 l, der ältere 3 l Flüssigkeit pro Tag. Von diesen 3 l werden 1,5 l durch die Nahrung zugeführt, 1,5 l müssen wir trinken. Am gesündesten sind Mineralwasser und ungesüßte Tees. Wer Mineralwasser pur nicht mag, kann sich doch etwas Nettes beimischen und zum Beispiel eine Apfelsaft-Schorle herstellen. Übrigens sind in manchen Gegenden die käuflichen Mineralwässer kaum edler als das Trinkwasser aus der Leitung. Vom zuständigen Wasserwerk kann man eine Analyse des heimischen Trinkwassers erhalten. Wenn diese gut ist und das Wasser nicht durch Bleirohre fließt, schaffen Sie sich noch einen Siphon an, und Sie sparen viel Geld und viel Flaschen-Schlepperei.

Da das Durstgefühl mit den zunehmenden Lebensjahren so stark nachläßt, ist es am besten, sich morgens die nötige Trinkmenge hinzustellen, die dann abends getrunken sein muß.

Die Mahlzeit

Nun wurden die Nahrungsmittel gründlich auf Energiegehalt und Nährwert hin untersucht und kategorisiert – und wo bleibt die Freude am Essen? In gemütlicher Runde mit Besteckklappern und frohem Plaudern eine liebevoll zubereitete Mahlzeit zu verzehren, ist doch ein Genuß, nicht nur ein kulinarischer, sondern auch ein seelischer. Beim Essen trifft sich die Familie zum Austausch der Tageserlebnisse. Am Eßtisch haben wir die Chance, im Kreise unserer Lieben zu sitzen, können uns ansehen, ansprechen, anlachen. Am Fernseher sitzen wir im Halbkreis, ohne uns zu unterhalten, fixiert auf die Mattscheibe. Auch Kollegengruppen treffen sich zwangloser am Kantinentisch, und selbst Politiker schlucken ihre harten Brocken leichter in der Runde eines Arbeitsessens. Für die Senioren haben wir hier einen Pluspunkt des Altenheims: das gemeinsame Essen. Mein Sohn, der beruflich damit zu tun hat, regte darüber hinaus an, die alten Menschen auch bei der Zubereitung der Mahlzeit, beim Tischdecken und (warum nicht) auch beim Abwaschen und Aufräumen mitmachen zu lassen. Das Beisammensein würde sich durch die Küchenarbeit verlängern, die Mahlzeit selbst gewinnt an Bedeutung, das Personal könnte entlastet werden und vor allem, die alten Menschen hätten die Genugtuung, gebraucht zu werden.

Die Mahlzeiten sind ein großes Problem für diejenigen, die allein in der eigenen Wohnung leben. Eine alte Frau, die einsam vor ihrem Teller sitzt und ihre Suppe löffelt – eine Vorstellung, die traurig stimmt. Viele Frauen haben auch keine Lust, für sich allein eine Mahlzeit zuzubereiten, und essen dann halt mehr oder weniger lustlos irgend etwas, wenn der Hunger kommt. Doch nicht jede alte Frau paßt in dieses Bild:

»Also, ich sehe auch die guten Seiten der Solo-Mahlzeit. So ein Genuß war ja nun der Familien-Mittagstisch auch nicht immer: Der Mann hatte Ärger im Betrieb, die Kinder in der Schule, Vater läßt den Ärger, der dem Chef gilt, an der Jüngsten aus: ›Sprich nicht mit vollem Mund‹, und die kontert: ›Du hast ja eben selber …‹ – ›Ich verbitte mir …‹ – Prost Mahlzeit! – Eingedenk solcher Rückblicke in die Vergangenheit genieße ich heute meine Mahlzeiten allein, am meisten das Frühstück. Brötchen- und Zeitungholen verbinde ich mit einem kleinen Spaziergang, der meiner Morgenmuffelei entgegenwirkt. Wenn dann der Kaffeeduft durch die Wohnung zieht, wird es noch heller im Gemüt, und mit Freude und Genuß findet dann das Frühstück zeitunglesend statt. Mittags bereite ich mir eine richtige Mahlzeit und dekke den Tisch, dazu höre ich Musik, am liebsten *Klassik-Radio*. Abends esse ich nur wenig, meistens dann vor dem Fernseher. Und nach der Tagesschau gibt's ein Glas Wein. – Aber ich gebe zu, abgesehen vom Frühstück schmeckt es mir mit lieben Gästen besonders gut, und das Gläschen Wein trinke ich nicht so gern allein.« (Hilde, 75 Jahre)

Ein guter Vorschlag sei hier noch wiedergegeben: Mehrere Freundinnen kochen abwechselnd füreinander und laden sich an fixen Tagen reihum zum Essen ein. Gastgeberin zu sein ist sicher immer schön aufregend und Gast zu sein einfach nur schön.

Schließen Sie also beim Gedanken ans spätere Wohnen unbedingt die Überlegung mit ein: Wie werde ich es mit den Mahlzeiten halten?

Literatur:

Holtmeier, Hans J. und Wolfgang: Ernährung des alternden Menschen. Stuttgart 1991

»Die Ernährung älterer Menschen«, Broschüre, erhältlich über Deutsche Gesellschaft für Ernährung e. V., Feldbergstraße 28, 60323 Frankfurt/M.

Weitere Broschüren zum Thema »Gesunde Ernährung für Senioren« sind erhältlich über Bundesministerium für Familie und Senioren, Abteilung Öffentlichkeitsarbeit, Postfach 201551, 53108 Bonn

Tab. 2: Durchschnitts- und Idealgewicht Erwachsener

Größe (in Schuhen)	Durchschnittsgewicht[1] in Kilogramm (in Hauskleidern)								Durchschnittsgewicht[2] in Kilogramm (in Hauskleidern)		
	Alter in Jahren								25 Jahre und älter		
	15-16	17-19	20-24	25-29	30-39	40-49	50-59	60-69	leichter Knochenbau	mittelschwerer Knochenbau	schwerer Knochenbau
148 cm	44,4	45,3	46,6	48,9	52,2	55,6	56,9	57,8	42,0-44,8	43,8-48,9	47,4-54,3
149 cm	44,9	45,8	47,2	49,4	52,8	55,9	57,3	58,2	42,3-45,4	44,1-49,4	47,8-54,9
150 cm	45,4	46,3	47,7	50,0	53,1	56,3	57,7	58,6	42,7-45,9	44,5-50,0	48,2-55,4
151 cm	46,0	46,9	48,2	50,5	53,7	56,9	58,2	58,9	43,0-46,4	45,1-50,5	48,7-55,9
152 cm	46,5	47,4	48,8	51,0	54,2	57,4	58,8	59,3	43,4-47,0	45,6-51,0	49,2-56,5
153 cm	47,1	48,1	49,4	51,6	54,8	57,9	59,3	59,8	43,9-47,5	46,1-51,6	49,8-57,0
154 cm	47,9	48,8	50,1	52,1	55,3	58,5	59,8	60,3	44,4-48,0	46,7-52,1	50,3-57,6
155 cm	48,6	49,5	50,8	52,6	55,8	59,0	60,4	60,8	44,9-48,6	47,2-52,6	50,8-58,1
156 cm	49,3	50,2	51,3	53,2	56,3	59,5	60,9	61,3	45,4-49,1	47,7-53,2	51,3-58,6
157 cm	50,0	50,9	51,9	53,7	56,9	60,0	61,4	61,9	46,0-49,6	48,2-53,7	51,9-59,1
158 cm	50,6	51,5	52,4	54,3	57,4	60,6	62,1	62,5	46,5-50,2	48,8-54,3	52,4-59,7
159 cm	51,1	52,1	53,0	54,8	58,0	61,1	62,8	63,2	47,1-50,7	49,3-54,8	53,0-60,2
160 cm	51,7	52,6	53,5	55,3	58,7	61,7	63,5	63,9	47,6-51,2	49,9-55,3	53,5-60,8

1) Nach Society of Actuaries (Hersg.) Build and Blood Pressure Study, Bd. 1 Chicago, S. 16, auf metrische Maße umgerechnet.
2) Nach Metropolitan Life Insurance Company, Statistical Bulletin Bd. 40, auf metrische Maße umgerechnet. – Idealgewicht: Gewicht mit der höchsten Lebenserwartung.

Tab. 2: Durchschnitts- und Idealgewicht Erwachsener (Fortsetzung)

Größe (in Schuhen)	Durchschnittsgewicht[1] in Kilogramm (in Hauskleidern) – Alter in Jahren								Durchschnittsgewicht[2] in Kilogramm (in Hauskleidern) – 25 Jahre und älter		
	15-16	17-19	20-24	25-29	30-39	40-49	50-59	60-69	leichter Knochenbau	mittelschwerer Knochenbau	schwerer Knochenbau
161 cm	52,2	53,5	54,0	55,9	59,0	62,4	64,2	64,7	48,2-51,8	50,4-56,0	54,0-61,5
162 cm	52,8	54,0	54,6	56,5	59,6	63,1	64,9	65,4	48,7-52,3	51,0-56,8	54,6-62,2
163 cm	53,4	54,8	55,2	57,0	60,1	63,8	65,7	66,1	49,2-52,9	51,5-57,5	55,2-62,9
164 cm	54,1	55,5	55,9	57,7	60,7	64,3	66,4	66,8	49,8-53,4	52,0-58,2	55,9-63,7
165 cm	54,8	56,2	56,6	58,5	61,2	64,8	67,1	67,5	50,3-53,9	52,6-58,9	56,7-64,4
166 cm	55,5	56,7	57,3	59,2	61,9	65,5	67,8	68,2	50,8-54,6	53,3-59,8	57,3-65,1
167 cm	56,2	57,3	58,1	59,9	62,6	66,2	68,5	68,9	51,4-55,3	54,0-60,7	58,1-65,8
168 cm	56,9	57,8	58,7	60,5	63,2	66,9	69,2	69,7	52,0-56,0	54,7-61,5	58,8-66,5
169 cm	57,4	58,3	59,2	61,1	63,8	67,6	69,9	70,4	52,7-56,8	55,4-62,2	59,5-67,2
170 cm	58,0	58,9	59,8	61,6	64,3	68,4	70,6	71,1	53,4-57,5	56,1-62,9	60,2-67,9
171 cm	58,6	59,6	60,5	62,3	65,0	69,1	71,3	71,8	54,1-58,2	56,8-63,6	60,9-68,6
172 cm	59,4	60,3	61,2	63,0	65,7	69,8	72,1	72,5	54,8-58,9	57,5-64,3	61,6-69,3
173 cm	60,1	61,0	61,9	63,7	66,4	70,5	72,8	73,2	55,5-59,6	58,3-65,1	62,3-70,1

1) Nach Society of Actuaries (Hersg.) Build and Blood Pressure Study, Bd. 1 Chicago, S. 16, auf metrische Maße umgerechnet.
2) Nach Metropolitan Life Insurance Company, Statistical Bulletin Bd. 40, auf metrische Maße umgerechnet. – Idealgewicht: Gewicht mit der höchsten Lebenserwartung.

Tab. 2: Durchschnitts- und Idealgewicht Erwachsener (Fortsetzung)

Größe (in Schuhen)	Durchschnittsgewicht[1] in Kilogramm (in Hauskleidern)								Durchschnittsgewicht[2] in Kilogramm (in Hauskleidern)		
	Alter in Jahren								25 Jahre und älter		
	15-16	17-19	20-24	25-29	30-39	40-49	50-59	60-69	leichter Knochenbau	mittelschwerer Knochenbau	schwerer Knochenbau
174 cm	60,8	61,7	62,6	64,4	67,1	71,2	73,5	73,9	56,3-60,3	59,0-65,8	63,1-70,8
175 cm	61,5	62,4	63,3	65,1	67,9	71,9	74,2	74,7	57,0-61,0	59,7-66,5	63,8-71,5
176 cm	62,6	63,1	64,0	65,8	68,6	72,8	75,1	75,4	57,7-61,9	60,4-67,2	64,5-72,3
177 cm	62,9	63,8	64,7	66,6	69,3	73,7	75,9	76,1	58,4-62,8	61,1-67,8	65,2-73,2
178 cm	63,6	64,6	65,5	67,3	70,0	74,6	76,8	76,8	59,1-63,6	67,8-68,6	65,9-74,1
179 cm	–	65,5	66,4	68,2	70,9	75,5	77,7	–	59,8-64,4	62,5-69,3	66,675,0
180 cm	–	66,4	67,3	69,1	71,8	76,4	78,6	–	60,5-65,1	63,3-70,1	67,3-75,9
181 cm	–	67,3	68,2	70,0	72,7	77,2	79,6	–	63,1-65,8	64,0-70,8	68,1-56,8
182 cm	–	68,2	69,1	70,9	73,6	78,1	80,7	–	62,0-66,5	64,7-71,5	68,8-77,7
183 cm	–	69,1	70,0	71,8	74,5	79,0	81,8	–	62,7-67,2	65,4-72,2	69,5-78,6
184 cm	–	70,1	70,9	72,2	75,4	79,9	82,9	–	63,4-67,9	66,1-72,9	70,2-79,5
185 cm	–	70,9	71,8	73,6	76,3	80,8	83,9	–	64,1-68,6	66,8-73,6	70,9-80,4

1) Nach Society of Actuaries (Hersg.) Build and Blood Pressure Study, Bd. 1 Chicago, S. 16, auf metrische Maße umgerechnet.
2) Nach Metropolitan Life Insurance Company, Statistical Bulletin Bd. 40, auf metrische Maße umgerechnet. – Idealgewicht: Gewicht mit der höchsten Lebenserwartung.

Tab. 3: Empfohlene tägliche Kalorienzufuhr für Personen verschiedenen Alters und Gewichts bei mittlerer Umgebungstemperatur von 20°C und durchschnittlicher körperlicher Tätigkeit. Die Werte wurden auf 50 kcal gerundet. Die kalorischen Richtwerte sollten zwischen 35 und 55 Jahren um 5 % je Dekade und zwischen 55 und 75 Jahren um 8 %, über 75 Jahre um 10 % reduziert werden. Weiterhin sollten Körpergewicht und Körperbau Beachtung finden.

Wünschenswertes Gewicht in Kg	Kalorische Richtwerte in kcal (kJ)		
	25 Jahre	45 Jahre	ab 65 Jahre
	Männer		
50	2300 (9660)	2050 (8610)	1750 (7350)
55	2450 (10290)	2200 (9240)	1850 (7770)
60	2600 (10920)	2350 (9870)	1950 (8190)
65	2750 (11550)	2500 (10500)	2100 (8820)
70	2900 (12180)	2600 (10920)	2200 (9240)
75	3050 (12810)	2750 (11550)	2300 (9660)
80	3200 (13440)	2900 (12180)	2450 (10290)
85	3350 (14070)	3050 (12810)	2550 (10710)
	Frauen		
40	1600 (6720)	1450 (6090)	1200 (5040)
45	1750 (7350)	1600 (6720)	1300 (5640)
50	1900 (7980)	1700 (7140)	1450 (6090)
55	2000 (8400)	1800 (7560)	1550 (6510)
58	2100 (8820)	1900 (7980)	1600 (6720)
60	2150 (9030)	1950 (8190)	1650 (6930)
65	2150 (9030)	2050 (8610)	1750 (7350)
70	2400 (10080)	2200 (9240)	1850 (7770)

Aus: Food and Nutrition Board, National Academy of Sciences – National Research Council, Washington, D. C., USA

Tab. 4: Kalorienverbrauch bei verschiedenen Betätigungen pro Stunde.

Betätigung	kcal/Std.	(kJ/Std.)
Schlafen	50 - 70	(209 - 293)
Handarbeit	60 - 80	(251 - 335)
Bügeln	80 - 130	(335 - 544)
Kochen	70 - 210	(293 - 879)
Fegen/Moppen	150 - 200	(628 - 837)
Abwaschen (Geschirr)	60 - 120	(251 - 502)
Fenster putzen	120 - 200	(502 - 837)
Betten machen	240 - 300	(1004 - 1255)
Spazierengehen	100 - 200	(418 - 837)
Auto fahren	70 - 200	(293 - 502)
Schnee schaufeln	250 - 350	(1046 - 1464)
Golf	200 - 300	(837 - 1255)
Tischtennis	250 - 350	(1046 - 1464)
Tanzen	200 - 450	(837 - 1883)
Federball	300 - 550	(1255 - 2301)
Rad fahren, langsam	180 - 200	(753 - 920)
Rad fahren, schnell	440 - 300	(1841 - 2092)
Skilanglauf	450 - 900	(1883 - 3766)
Eislaufen	500 - 700	(2092 - 2929)
Schwimmen	300 - 700	(1255 - 2929)
Rudern	250 - 650	(1046 - 2720)
Fußball	300 - 700	(1255 - 2929)
Reiten	250 - 600	(1046 - 2510)
Langlauf	500 - 600	(2092 - 2510)
Treppen steigen	480 - 520	(2008 - 2176)

Aus: Schlierf, G./Oster, P.: Diagnostik und Therapie der Fettstoffwechselstörungen, Georg Thieme Verlag, Stuttgart 1982

Tab. 5: Versorgungsempfehlung für verschiedene Bedarfsgruppen

Nahrungsmittel	Jugendliche 15-18 Jahre		Leichtarbeiter ca. 70 kg KG		Ältere Menschen ca. 2100 kcal (~ 8800 kJ)	
	g/Wo	g/Tg	g/Wo	g/Tg	g/Wo	g/Tg
1. Fleisch und Fisch	560	80	560	80	560	80
2. Milchsorten	3500	500	2100	300	1750	250
3. Käse bis 45 % F.i.T.	210	30	140	20	140	20
4. Magerquark	210	30	350	50	350	50
5. Ei ganz	175	25	105	15	105	15
6. Kochfette	35	5	35	5	35	5
7. Pflanzenöle	70	10	70	10	49	7
8. Butter oder Margarine	210	30	175	25	140	20
9. Brot (vorzugsweise Vollkorn)	1750	250	1575	225	1400	200
10. Getreideprodukte	350	50	350	50	280	40
11. Kartoffeln	1750	250	1750	250	1400	200
12. Hülsenfrüchte	70	10	35	5	35	5
13. Sojaproduckte	70	10	35	5	35	5
14. Frischobst	2800	400	2800	400	2100	300
15. Frischgemüse	2100	300	2100	300	1750	250
16. Trockenobst	105	15	–	–	35	5
17. Nüsse	35	5	–	–	35	5
18. Schokolade	70	40	–	–	35	5
19. Zucker oder Honig	280	40	350	50	245	35
20. Konfitüre	105	15	105	15	105	15
zugeführte Kalorien	2800		2400		2100	
Kilojoule	11730		10060		8800	

Aus: Holtmeier, Hans J. und Holtmeier, Wolfgang: Ernährung des alternden Menschen. Wissenschaftliche Verlagsgesellschaft mbH, Stuttgart 1991

Tab. 6: Nährwert-Tabellen *(Angaben pro 100 g)*

	Eiweiß	Fett	Kh			Mineralien				Vitamine				
	g	g	g	kcal /	kJ	Na mval	K mval	Mg mval	Ca mval	A mg	B_1 mg	B_2 mg	C mg	D µg
Milch und Milchprodukte														
Vollmilch 3,5 % F.	3,34	3,57	4,76	67	279	2,08	3,68	0,74	5,34	0,03	0,04	0,18	1,70	0,060
Magermilch	3,50	0,07	4,80	35	147	2,30	3,83	1,15	6,13	–	0,04	0,17	1,10	–
Magermilch 1,5 % F.	3,35	1,60	4,78	49	204	2,04	3,96	0,99	5,89	0,01	0,04	0,18	1,70	0,028
Buttermilch	3,50	0,51	4,00	36	151	2,48	3,76	1,32	5,44	0,01	0,03	0,16	0,60	–
Joghurt 3,5 % F.	3,88	3,75	4,90	71	299	2,09	4,10	0,99	5,99	0,03	0,04	0,18	1,00	0,062
Magermilchjoghurt	4,35	0,10	4,85	39	165	2,48	4,78	1,15	7,14	–	0,04	0,18	1,70	–
Magermilchpulver	35,00	0,97	51,90	371	1550	24,23	40,40	9,05	64,37	0,01	0,34	2,18	2,00	0,025
Vollmilchpulver	25,20	26,20	38,10	506	2116	16,13	29,67	9,05	45,91	0,23	0,27	1,40	11,00	0,460
Sahne 30 % F.	2,36	31,70	3,44	317	1328	1,48	2,86	0,82	3,99	0,25	0,03	0,15	1,00	1,100
Sauerrahm 20 % F.	2,80	18,00	3,40	192	805	2,31	3,68	0,91	4,99	–	0,04	0,15	0,90	–
Sahne 10 % F.	3,10	10,50	4,05	127	531	1,74	3,38	0,92	5,04	0,07	0,03	0,16	1,00	0,820
Kondensmilch 7,5 % F.	6,49	7,57	9,56	137	572	4,26	8,24	2,22	12,08	0,05	0,07	0,37	2,10	0,100
Kondensmilch 10,0 % F.	8,76	10,10	12,05	182	761	5,57	10,74	2,88	15,72	0,06	0,09	0,48	2,70	0,130
Ei														
Ei (Gesamtinhalt)	12,90	11,20	0,70	167	700	6,26	3,76	0,99	2,79	0,22	0,10	0,31	–	1,780
Eiweiß	11,10	0,20	0,70	55	229	7,40	3,94	0,99	0,55	–	0,02	0,32	0,30	–
Eigelb	16,10	31,90	0,30	377	1576	2,22	3,53	1,32	6,99	0,55	0,29	0,40	–	5,000
Eipulver	46,00	41,80	2,40	614	2568	22,66	12,53	3,79	9,48	0,80	0,44	1,38	–	5,000

Tab. 6: Nährwert-Tabellen (Fortsetzung)

	Eiweiß	Fett	Kh			Mineralien				Vitamine				
	g	g	g	kcal	kJ	Na mval	K mval	Mg mval	Ca mval	A mg	B_1 mg	B_2 mg	C mg	D µg
Käse														
Emmentaler 45 % F.i.T.	28,70	29,70	–	401	1678	19,58	2,74	2,88	50,90	0,32	0,05	0,34	0,50	1,100
Gouda 45 % F.i.T	25,50	29,20	–	382	1600	37,80	1,94	2,30	40,92	0,26	0,03	0,20	1,00	1,250
Tilsiter 45 % F.i.T	26,30	27,70	–	372	1556	33,63	1,53	2,55	42,81	0,12	0,06	0,36	1,00	0,800
Camembert 45 % F.i.T	21,00	22,30	–	299	1250	42,20	2,81	1,40	28,44	0,33	0,05	0,60	–	0,280
Edamer 40 % F.i.T	26,10	23,40	–	331	1386	39,15	2,68	2,55	39,75	0,23	0,05	0,37	–	0,290
Limburger 40 % F.i.T	22,40	19,70	–	281	1175	56,55	3,27	1,73	26,65	0,38	0,05	0,35	–	–
Camembert 30 % F.i.T	23,50	13,50	–	228	955	39,15	3,07	1,56	29,94	0,20	0,05	0,67	–	0,170
Edamer 30 % F.i.T.	26,40	16,20	–	266	1113	34,80	2,30	4,86	39,92	0,15	0,06	0,35	–	0,500
Limburger 20 % F.i.T	26,40	8,57	–	195	818	55,68	2,97	3,21	25,45	0,04	0,04	0,35	–	0,300
Harzer u.ä.	30,00	0,70	–	138	579	66,12	2,71	1,07	6,24	0,06	0,03	0,36	–	–
Schmelzkäse 60 % F.i.T	13,20	30,40	–	339	1420	43,94	2,76	3,95	17,71	0,40	0,04	0,35	–	0,900
Schmelzkäse 45 % F.i.T	14,40	23,60	–	282	1178	54,81	1,66	1,98	27,30	0,30	0,03	0,38	–	–
Schmelzkäse 20 % F.i.T	17,50	7,50	–	165	691	52,20	3,84	3,70	44,91	0,10	0,03	0,38	–	0,200
Magerquark	13,50	2,25	3,97	78	325	1,74	2,43	0,99	4,59	–	0,04	0,30	0,70	–
Speisequark 40 % F.i.T	12,50	5,10	3,44	116	485	1,52	2,22	0,91	4,24	0,04	0,04	0,27	0,60	0,085
Speisequark 20 % F.i.T	11,10	11,40	3,30	167	701	1,48	2,10	0,82	4,74	0,09	0,03	0,24	0,50	0,190
Doppelrahmfrischkäse	11,30	31,50	–	341	1427	16,31	2,43	0,59	3,94	0,30	0,05	0,23	–	1,000

Tab. 6: Nährwert-Tabellen (Fortsetzung)

	Eiweiß	Fett	Kh			Mineralien				Vitamine				
	g	g	g	kcal /	kJ	Na mval	K mval	Mg mval	Ca mval	A mg	B_1 mg	B_2 mg	C mg	D µg
Fette														
Butter	0,67	83,20	0,72	755	3244	0,22	0,41	0,25	0,65	0,59	0,01	0,02	0,20	1,300
Rindertalg	0,80	96,50	–	920	3850	0,46	0,15	–	–	0,22	–	–	–	–
Schweineschmalz	0,10	99,70	–	948	3965	0,04	0,03	–	–	–	–	–	–	–
Meiskeimöl	–	100,00	–	930	3819	0,04	0,03	–	0,75	–	–	–	–	–
Olivenöl	–	99,60	0,20	926	3876	0,04	–	–	–	0,12	–	–	–	–
Pflanzenmargarine	0,20	80,00	0,40	746	3123	4,39	–	–	–	0,50	–	–	–	2,500
Kokosfett	0,80	99,00	0,01	924	3867	–	–	–	–	–	–	–	–	–
Speck	9,10	65,00	–	658	2751	17,00	5,75	–	0,45	–	0,43	0,14	–	–
Mayonnaise 80 %	1,49	82,50	–	774	3238	20,92	0,46	1,89	0,95	–	0,04	0,04	–	–
Fleisch und Fleischwaren														
Hammelkeule	18,00	18,00	–	250	1047	3,39	9,72	1,89	0,50	–	0,16	0,22	–	–
Hammelkotelett	14,90	32,00	–	370	1546	3,92	8,82	1,89	0,45	–	0,13	0,18	–	–
Kalbfleisch mittelfett	20,40	3,30	–	121	507	4,18	8,69	1,23	0,65	–	0,15	0,26	–	–
Kalbfleisch Kotelett	21,10	3,05	–	122	510	4,05	9,44	1,32	0,65	–	0,14	0,26	–	–
Kalbfleisch Schnitzel	21,30	0,81	–	101	424	4,09	9,15	1,32	0,65	–	0,14	0,27	–	–
Bries vom Kalb	17,20	3,40	–	108	452	3,78	9,87	1,81	0,02	–	0,03	0,25	56,00	–

Tab. 6: Nährwertanalysen verschiedener Lebensmittel (Fortsetzung)

	Eiweiß	Fett	Kh			Mineralien				Vitamine				
	g	g	g	kcal	kJ	Na mval	K mval	Mg mval	Ca mval	A mg	B_1 mg	B_2 mg	C mg	D µg
Fleisch und Fleischwaren (Fortsetzung)														
Hirn vom Kalb	10,10	7,60	–	117	488	6,87	7,16	1,23	0,60	–	0,16	0,26	23,00	–
Herz vom Kalb	15,90	5,06	–	118	494	4,52	6,78	2,06	0,80	0,01	0,55	1,00	5,40	–
Leber vom Kalb	19,20	4,14	–	124	518	3,78	8,08	1,56	0,43	3,92	0,28	2,61	35,00	0,330
Zunge vom Kalb	17,10	6,20	–	134	561	3,65	5,11	0,82	0,45	–	0,15	0,29	–	–
Rindfleisch Keule	21,00	7,10	–	160	669	3,48	9,13	1,65	0,65	0,01	0,09	0,17	–	–
Rindfleisch Roastbeef	20,60	10,20	–	188	785	3,22	8,57	1,89	0,60	0,02	0,09	0,16	–	–
Rindfleisch Filet	19,20	4,41	–	126	529	2,22	8,69	1,98	0,13	–	0,10	0,13	–	–
Hirn vom Rind	10,40	9,63	–	137	574	7,26	7,19	0,99	0,50	–	0,13	0,24	17,00	–
Herz vom Rind	16,80	6,00	–	131	548	4,70	7,31	2,06	0,46	–	0,51	0,91	5,50	–
Leber vom Rind	19,70	3,10	1,65	123	514	5,05	7,47	1,41	0,35	8,34	0,30	2,88	30,00	1,700
Zunge vom Rind	16,00	15,90	–	221	927	4,35	6,52	0,82	0,47	–	0,14	0,29	–	–
Schweinefleisch Keule	16,60	24,20	–	303	1268	3,13	7,47	1,73	0,45	–	0,80	0,19	–	–
Schweinefleisch Kotelett	19,00	13,00	–	207	867	2,83	8,05	1,98	0,55	–	0,82	0,20	–	–
Schweinefleisch Filet	19,30	11,90	–	198	828	3,22	8,90	2,22	0,12	–	0,90	0,23	–	–
Schweinefleisch Schnitzel	20,90	2,95	–	120	502	2,44	10,69	2,22	0,16	–	0,90	0,23	–	–
Schweinefleisch Bauch	14,00	36,50	–	408	1709	2,57	4,01	0,74	0,04	–	0,86	0,12	–	–
Schweinefleisch Eisbein	17,10	22,10	–	285	1193	2,78	6,90	1,65	0,75	–	0,28	0,20	–	–

Tab. 6: Nährwert-Tabellen (Fortsetzung)

	Eiweiß	Fett	Kh			Mineralien				Vitamine				
	g	g	g	kcal	/ kJ	Na mval	K mval	Mg mval	Ca mval	A mg	B_1 mg	B_2 mg	C mg	D µg
Fleisch und Fleischwaren (Fortsetzung)														
Leber vom Schwein	20,10	5,71	0,49	145	605	3,35	8,95	1,73	0,50	5,80	0,31	3,17	23,00	1,130
Herz vom Schwein	16,90	3,60	–	109	454	3,48	6,57	1,65	1,00	0,01	0,46	1,06	5,50	–
Niere vom Schwein	16,50	5,20	–	122	510	7,53	6,19	1,32	0,35	0,11	0,34	1,80	16,00	–
Hase	21,60	3,01	–	124	517	2,18	10,23	2,06	0,45	–	0,09	0,06	–	–
Rehkeule	21,40	1,25	–	106	444	2,61	7,90	2,39	0,25	–	0,37	0,25	–	–
Rehrücken	22,40	3,55	–	132	553	3,85	8,74	2,39	1,25	–	0,37	0,25	–	–
Kaninchen	20,80	7,62	–	164	686	2,04	9,77	2,39	0,70	–	0,11	0,07	–	–
Ente	18,10	17,20	–	243	1017	3,70	7,47	1,23	0,55	–	0,30	0,20	7,50	–
Gans	15,60	31,00	–	364	1521	3,74	10,74	1,65	0,60	0,07	0,12	0,26	–	–
Huhn	20,60	5,60	–	144	602	3,59	9,18	3,05	0,60	0,01	0,08	0,16	2,50	–
Huhn Brust	22,80	0,90	–	109	456	2,87	6,75	3,05	0,70	–	0,07	0,09	–	–
Huhn Keule	20,60	3,10	–	120	502	4,13	6,39	3,05	0,75	–	0,10	0,24	–	–
Hühnerleber	22,10	4,70	–	142	594	2,96	5,57	1,07	0,90	11,60	0,32	2,49	28,00	1,300
Truthahn jung	22,40	6,79	–	163	682	2,87	8,05	2,22	1,25	–	0,08	0,14	–	–
Schinken gekocht	21,40	12,80	–	216	903	41,76	6,90	1,98	0,75	–	0,61	0,21	–	–
Schinken roh	18,00	33,30	–	396	1655	60,90	6,34	1,65	0,50	–	0,55	0,21	–	–
Corned beef	21,70	6,00	–	152	638	36,24	3,35	1,23	1,65	–	0,03	0,10	–	–
Gelatine	84,20	0,10	–	339	1420	1,39	0,56	2,72	0,55	–	–	–	–	–

Tab. 6: Nährwert-Tabellen (Fortsetzung)

	Eiweiß	Fett	Kh			Mineralien				Vitamine				
	g	g	g	kcal	kJ	Na mval	K mval	Mg mval	Ca mval	A mg	B_1 mg	B_2 mg	C mg	D µg
Wurstwaren														
Wiener Würstchen	14,90	24,40	–	297	1244	40,93	5,22	–	0,65	–	0,10	0,12	–	–
Mettwurst	12,60	45,00	–	483	2021	47,42	5,45	0,91	0,65	–	0,20	0,15	–	–
Bierschinken	15,50	19,20	–	251	1049	32,76	6,67	1,48	0,75	–	0,30	0,20	–	–
Salami deutsch	17,80	49,70	–	550	2303	54,81	7,72	0,82	1,75	–	0,18	0,20	–	–
Mortadella	12,40	32,80	–	366	1532	29,06	5,29	1,56	2,10	–	0,10	0,15	–	–
Fleischkäse, Leberkäse	11,50	30,40	–	339	1420	26,06	7,65	1,23	0,20	–	0,05	0,15	–	–
Gelbwurst	11,80	32,70	–	363	1517	27,84	7,29	0,73	2,00	–	–	0,12	–	–
Leberwurst	12,40	41,20	–	446	1866	35,24	3,66	0,99	2,05	1,46	0,21	0,92	–	–
Leberpastete	14,20	28,60	–	334	1398	32,10	4,42	1,23	0,50	0,95	0,03	0,60	2,00	–
Bratwurst	12,70	32,40	–	364	1522	22,62	3,58	1,23	0,25	–	0,28	0,22	–	–
Weißwurst	11,10	27,00	–	305	1278	26,97	3,12	1,23	1,25	–	0,04	0,13	–	–
Fisch und Fischprodukte														
Kabeljau	17,70	0,40	–	82	342	3,13	9,10	2,06	1,20	0,01	0,06	0,05	2,00	1,300
Seelachs	18,30	0,78	–	88	368	3,54	9,56	1,89	0,70	0,01	0,09	0,35	–	–
Rotbarsch	18,20	3,61	–	114	479	3,48	7,88	2,39	1,10	0,01	0,11	0,08	0,80	2,300
Schellfisch	17,90	0,12	–	80	334	5,05	7,70	1,98	0,90	0,02	0,05	0,17	–	–
Seehecht	17,20	0,85	–	84	350	4,39	7,52	1,65	2,05	–	0,10	0,20	–	–

Tab. 6: Nährwert-Tabellen (Fortsetzung)

	Eiweiß	Fett	Kh			Mineralien				Vitamine				
	g	g	g	kcal	/ kJ	Na mval	K mval	Mg mval	Ca mval	A mg	B_1 mg	B_2 mg	C mg	D µg
Fisch und Fischprodukte (Fortsetzung)														
Seezunge	17,50	1,37	–	90	377	4,35	7,90	4,03	1,45	–	0,06	0,10	–	–
Scholle	17,10	0,80	–	83	347	4,52	7,95	1,81	3,04	–	0,21	0,22	1,50	–
Heilbutt	20,10	2,29	–	110	461	2,91	11,40	2,30	0,70	0,03	0,08	0,07	–	5,000
Makrele	18,70	11,90	–	195	817	4,13	10,13	2,47	0,60	0,10	0,13	0,36	–	1,000
Thunfisch	21,50	15,50	–	242	1012	1,87	7,16	2,30	2,00	0,45	0,16	0,16	–	5,380
Hering	18,20	14,90	–	222	927	5,09	9,21	2,55	1,70	0,04	0,04	0,22	0,50	31,000
Sardinen	19,40	5,18	–	135	563	4,35	11,00	1,98	4,24	0,02	0,02	0,25	–	7,500
Lachs, Salm	19,90	13,60	–	217	907	2,22	9,49	2,39	0,65	0,07	0,17	0,17	–	16,300
Aal	15,00	24,50	–	299	1250	2,83	5,55	1,73	0,85	0,98	0,18	0,32	1,80	13,000
Forelle	19,50	2,73	–	112	467	1,74	11,89	2,22	0,90	0,05	0,08	0,08	–	–
Barsch	18,40	0,80	–	89	371	2,04	8,44	1,65	1,00	0,01	0,08	0,12	–	–
Hecht	18,40	0,85	–	89	373	2,74	6,39	2,06	1,00	0,02	0,09	0,06	–	–
Karpfen	18,00	4,80	–	125	522	2,00	7,82	2,47	2,59	0,04	0,07	0,05	1,00	–
Schleie	17,70	0,74	–	85	355	3,48	6,26	1,48	1,55	–	0,08	0,18	1,00	–
Zander	19,20	0,73	–	91	382	3,52	6,06	1,48	1,35	–	0,16	0,25	1,00	–
Kaviar	26,10	15,50	–	262	1097	84,39	4,19	1,81	2,54	0,56	–	–	–	5,870
Hummer	15,90	1,90	–	88	368	11,75	5,63	1,81	3,04	–	0,13	0,09	–	–
Garnele	18,60	1,44	–	96	400	6,35	6,80	5,51	4,59	–	0,05	0,03	1,90	–

Tab. 6: Nährwert-Tabellen (Fortsetzung)

	Eiweiß	Fett	Kh			Mineralien				Vitamine				
	g	g	g	kcal	/ kJ	Na mval	K mval	Mg mval	Ca mval	A mg	B_1 mg	B_2 mg	C mg	D µg
Fisch und Fischprodukte (Fortsetzung)														
Auster	9,00	1,20	4,80	70	294	22,19	4,70	3,70	4,09	0,09	0,16	0,20	–	8,000
Krebs	15,00	0,47	–	70	295	10,57	6,49	3,95	2,15	–	0,15	0,10	–	–
Muscheln	9,84	1,34	–	56	234	12,88	7,08	2,96	1,35	0,05	0,16	0,22	–	–
Aal geräuchert	17,90	28,60	–	350	1466	21,75	6,21	1,48	0,95	0,94	0,19	0,37	–	90,000
Bückling	21,20	15,50	–	241	1006	6,79	8,18	2,63	1,75	0,03	0,04	0,25	–	30,000
Salzhering	19,80	15,40	–	233	977	257,96	6,14	3,21	5,59	0,05	0,04	0,29	–	25,000
Sprotten geräuchert	19,40	18,40	–	260	1089	33,93	15,09	–	84,83	0,15	0,03	0,40	–	32,000
Hering mariniert	16,50	16,00	–	225	940	44,78	2,51	0,99	1,90	0,04	0,05	0,21	–	13,000
Ölsardinen	24,10	13,90	–	238	996	17,18	10,15	4,28	16,47	0,06	0,04	0,30	–	7,500
Thunfisch in Öl	23,80	20,90	–	303	1269	15,70	8,77	2,30	0,35	0,37	0,05	0,06	–	5,800
Lachs in Dosen	21,10	8,93	–	178	743	23,49	7,67	2,47	9,23	0,06	0,03	0,17	–	11,500
Mehl und Mehlprodukte														
Mais (ganzes Korn)	9,20	3,80	65,20	338	1414	0,26	8,44	9,88	0,75	–	0,36	0,20	–	–
Roggen (ganzes Korn)	8,65	1,70	53,50	269	1126	1,74	13,64	9,88	3,19	–	0,35	0,17	–	–
Weizen (ganzes Korn)	11,50	2,00	59,40	309	1291	0,34	12,84	12,10	2,18	–	0,48	0,14	–	–
Haferflocken	13,50	7,00	61,20	471	1554	0,22	8,57	11,44	2,69	–	0,59	0,15	–	–
Reis poliert	7,00	0,62	78,40	351	1469	0,26	2,63	5,27	0,30	–	0,06	0,03	–	–

Tab. 6: Nährwert-Tabellen (Fortsetzung)

	Eiweiß	Fett	Kh			Mineralien				Vitamine				
	g	g	g	kcal	/ kJ	Na mval	K mval	Mg mval	Ca mval	A mg	B_1 mg	B_2 mg	C mg	D µg
Mehl und Mehlprodukte (Fortsetzung)														
Reis unpoliert	7,40	2,20	74,60	353	1475	0,44	3,84	12,92	1,15	–	0,41	0,09	–	–
Hafergrütze	13,90	5,84	67,00	386	1620	0,28	7,88	5,84	3,34	–	0,60	0,22	–	–
Gerstengraupen	10,40	1,36	62,20	309	1292	0,22	4,86	1,65	0,70	–	0,09	0,08	–	–
Weizengrieß	10,30	0,79	65,60	217	1325	0,04	2,86	2,63	0,85	–	0,12	0,04	–	–
Maisgrieß	8,80	1,10	78,00	365	1527	0,04	2,05	1,65	0,20	–	0,15	0,05	–	–
Roggenmehl (T 1150)	8,96	1,30	61,80	300	1255	0,04	7,59	5,51	1,00	–	0,22	0,09	–	–
Weizenmehl (T 550)	10,60	1,13	71,30	344	1439	0,13	3,22	2,06	0,80	–	0,11	0,08	–	–
Weizenmehl (T 405)	10,60	0,98	72,80	349	1458	0,09	2,76	–	0,75	–	0,06	0,03	–	–
Buchweizenmehl	11,70	2,71	66,90	346	1448	0,04	17,39	3,95	1,65	–	0,58	0,15	–	–
Kartoffelstärke	0,57	0,10	83,10	335	1404	0,35	0,38	0,34	1,75	–	–	–	–	–
Maisstärke	0,40	0,08	85,90	346	1448	0,13	0,18	0,16	–	–	–	–	–	–
Cornflakes	7,70	0,60	77,80	352	1472	39,59	3,56	1,15	0,65	–	0,06	0,05	–	–
Weizenkeime	26,60	9,20	28,00	319	1333	0,22	21,41	20,58	3,44	–	2,01	0,72	–	–
Weizenkleie	16,00	4,65	14,10	172	722	0,09	35,54	48,56	2,15	–	0,65	0,51	–	–
Teigwaren	13,30	2,78	66,80	354	1479	0,74	4,19	5,51	1,35	0,06	0,17	0,07	–	–

Tab. 6: Nährwert-Tabellen (Fortsetzung)

	Eiweiß	Fett	Kh			Mineralien				Vitamine				
	g	g	g	kcal	kJ	Na mval	K mval	Mg mval	Ca mval	A mg	B_1 mg	B_2 mg	C mg	D µg
Brot														
Zwieback (eifrei)	9,90	4,30	75,60	387	1621	11,44	4,09	1,32	2,10	–	0,10	0,08	–	–
Knäckebrot	10,10	1,40	63,20	312	1304	20,13	11,15	5,59	2,74	–	0,20	0,18	–	–
Brötchen	8,95	1,87	51,20	263	1100	24,05	2,81	2,46	1,34	–	0,10	0,03	–	–
Weißbrot	8,20	1,20	49,70	247	1035	23,49	3,38	1,97	2,89	–	0,09	0,06	–	–
Weizenvollkornbrot	7,55	0,86	40,70	205	858	16,53	6,90	7,57	3,14	–	0,25	0,15	–	–
Weizenmischbrot	6,72	1,11	41,60	207	867	24,06	4,53	10,03	0,85	–	0,14	0,07	–	–
Roggenbrot	6,70	1,00	39,40	197	826	24,01	4,32	2,88	1,44	–	0,18	0,11	–	–
Roggenvollkornbrot	7,30	1,20	36,30	190	793	22,92	7,44	3,95	2,15	–	0,18	0,15	–	–
Grahambrot	8,40	1,00	37,40	197	825	18,71	5,35	3,45	2,10	–	0,21	0,11	–	–
Roggenmischbrot	6,90	1,10	41,00	206	860	23,36	4,73	3,87	1,15	–	0,17	0,08	–	–
Gemüse														
Möhren	0,98	0,20	5,16	26	110	2,61	7,42	1,48	2,05	–	0,07	0,05	7,10	–
Kartoffeln	2,04	0,11	15,40	70	294	0,14	11,33	2,06	0,47	–	0,11	0,05	17,00	–
Kohlrabi	1,94	0,10	4,10	25	103	1,39	9,72	3,54	3,39	–	0,05	0,05	63,30	–
Porree, Lauch	2,24	0,34	3,37	25	105	0,22	5,75	1,48	4,34	–	0,10	0,06	30,00	–

Tab. 6: Nährwert-Tabellen (Fortsetzung)

	Eiweiß	Fett	Kh			Mineralien				Vitamine				
	g	g	g	kcal	/ kJ	Na mval	K mval	Mg mval	Ca mval	A mg	B_1 mg	B_2 mg	C mg	D µg
Gemüse (Fortsetzung)														
Radieschen	1,05	0,14	2,20	14	59	0,74	6,52	0,66	1,70	–	0,03	0,03	29,00	–
Rote Rüben	1,53	0,10	8,50	41	170	2,52	8,59	2,06	1,45	–	0,02	0,04	8,00	–
Schwarzwurzeln	1,39	0,43	1,10	14	57	0,22	8,18	1,89	2,64	–	0,11	0,04	4,00	–
Knollensellerie	1,55	0,33	3,10	21	89	3,35	8,21	0,76	3,39	–	0,04	0,07	8,25	–
Spargel	1,90	0,14	1,30	14	57	0,17	5,29	1,65	1,05	–	0,11	0,12	21,00	–
Zwiebeln	1,25	0,25	6,15	32	132	0,30	4,47	0,91	1,55	–	0,03	0,03	8,50	–
Artischocke	2,40	0,12	9,50	48	201	2,04	9,03	2,14	2,64	–	0,14	0,01	7,60	–
Blumenkohl	2,46	0,28	3,70	23	95	0,70	8,39	1,40	1,00	–	0,11	0,10	73,00	–
Broccoli	3,30	0,20	2,02	22	93	0,57	11,86	1,98	5,24	–	0,10	0,21	114,00	–
Stangensellerie	1,20	0,20	1,11	11	45	5,74	8,80	0,99	3,99	–	0,05	0,08	7,00	–
Endivie	1,75	0,20	0,93	12	51	2,31	8,85	0,82	2,69	–	0,05	0,12	9,40	–
Aubergine	1,24	0,18	3,46	20	84	0,15	6,80	0,89	0,65	–	0,04	0,05	5,00	–
Feldsalat	1,84	0,36	0,67	13	54	0,17	10,76	1,07	1,75	–	0,07	0,08	35,00	–
Grünkohl	4,30	0,90	1,20	29	123	1,33	12,53	2,55	10,58	–	0,10	0,25	105,00	–
Kopfsalat	1,25	0,22	0,92	10	44	0,44	5,73	0,91	1,85	–	0,06	0,08	13,00	–
Chicorée	1,30	0,18	1,10	11	46	0,19	4,91	1,06	1,28	–	0,05	0,03	10,20	–
Mangold	2,13	0,28	2,90	23	96	3,92	9,61	9,30	5,14	–	0,10	0,16	39,00	–
Rhabarber	0,60	0,14	1,89	11	46	0,09	6,90	1,07	2,59	–	0,03	0,03	10,00	–

Tab. 6: Nährwert-Tabellen (Fortsetzung)

	Eiweiß	Fett	Kh			Mineralien				Vitamine				
	g	g	g	kcal	/ kJ	Na mval	K mval	Mg mval	Ca mval	A mg	B_1 mg	B_2 mg	C mg	D µg
Gemüse (Fortsetzung)														
Rosenkohl	4,45	0,34	3,84	35	147	0,30	10,51	1,81	1,55	–	0,10	0,14	114,00	–
Rotkohl	1,50	0,18	3,20	20	84	0,17	6,80	1,48	1,75	–	0,07	0,05	50,00	–
Spinat	2,52	0,30	0,55	14	60	2,83	16,19	4,77	6,29	–	0,11	0,23	52,00	–
Weißkohl	1,37	0,20	3,80	22	93	0,57	5,80	1,89	2,30	–	0,05	0,04	45,80	–
Wirsing	2,95	0,38	4,10	31	130	0,39	7,21	0,99	2,35	–	0,05	0,06	45,00	–
Gurke	0,60	0,20	2,20	13	54	0,37	3,61	0,66	0,75	–	0,02	0,03	8,00	–
Kürbis	1,10	0,13	3,30	19	78	0,04	9,80	0,66	1,10	–	0,05	0,07	12,00	–
Paprikaschoten	1,17	0,33	3,11	20	83	0,08	5,42	0,99	0,56	–	0,06	0,05	139,00	–
Tomaten	0,95	0,21	2,89	17	71	0,27	7,59	1,65	0,70	–	0,06	0,04	24,20	–
Bohnen grün	2,39	0,24	6,84	37	155	0,10	6,34	2,06	2,84	–	0,08	0,12	20,00	–
Erbsen grün	6,55	0,48	12,54	84	350	0,09	7,77	2,72	1,20	–	0,30	0,16	25,00	–
Petersilie	3,00	0,36	9,80	60	252	1,44	25,57	3,38	12,23	–	0,14	0,30	166,00	–
Schnittlauch	2,48	0,60	8,40	54	227	0,13	11,10	3,62	6,44	–	0,14	0,15	47,00	–
Fenchel	2,43	0,30	9,10	49	205	3,74	12,63	4,03	5,44	–	0,23	0,11	93,00	–
Erbsen gelb	22,90	1,44	56,70	342	1431	1,13	23,78	9,55	2,54	–	0,76	0,27	1,60	–
Linsen trocken	23,50	1,40	50,80	321	1342	0,17	20,71	6,34	3,69	–	0,43	0,26	2,50	–
Bohnen weiß	21,30	1,60	47,80	301	1259	0,09	33,50	10,86	5,29	–	0,46	0,16	2,50	–
Sojamehl vollfett	37,30	20,60	3,10	370	1548	0,17	47,82	20,33	9,73		0,77	0,28	–	–

Tab. 6: Nährwert-Tabellen (Fortsetzung)

	Eiweiß	Fett	Kh			Mineralien				Vitamine				
	g	g	g	kcal	/ kJ	Na mval	K mval	Mg mval	Ca mval	A mg	B_1 mg	B_2 mg	C mg	D µg
Pilze														
Champignons	2,74	0,24	0,31	14	58	0,35	10,79	1,07	0,40	–	0,10	0,44	4,90	1,940
Pfifferlinge	1,52	0,49	3,00	23	96	0,13	12,96	1,15	0,40	–	0,02	0,23	6,00	2,100
Steinpilze	2,77	0,40	4,80	34	142	0,26	12,43	0,99	1,15	–	0,03	0,37	2,50	3,100
Obst														
Apfel	0,34	0,40	11,90	53	230	0,13	3,68	0,53	0,35	–	0,04	0,03	12,00	–
Birne	0,47	0,29	10,00	45	186	0,09	3,22	0,64	0,50	–	0,03	0,04	4,60	–
Quitte	0,42	0,50	8,30	40	165	0,09	5,14	0,67	0,51	–	0,03	0,03	13,00	–
Aprikose	0,90	0,13	9,90	44	186	0,09	7,11	0,76	0,80	–	0,04	0,05	9,40	–
Kirschen süß	0,90	0,36	12,70	58	241	0,12	5,86	0,91	0,85	–	0,04	0,04	15,00	–
Kirschen sauer	0,90	0,50	10,50	50	210	0,09	2,91	0,66	0,40	–	0,05	0,06	12,00	–
Mirabellen	0,73	0,20	14,90	64	269	0,02	5,88	1,23	0,60	–	0,06	0,04	7,20	–
Pfirsiche	0,76	0,11	8,69	39	162	0,06	5,24	0,76	0,39	–	0,03	0,05	9,50	–
Pflaumen	0,60	0,17	11,90	52	216	0,07	5,65	0,82	0,70	–	0,07	0,04	5,40	–
Brombeeren	1,20	1,00	8,50	48	201	0,13	4,83	2,47	2,20	–	0,03	0,04	17,00	–
Erdbeeren	0,82	0,40	6,31	32	135	0,11	3,76	1,23	1,30	–	0,03	0,05	64,00	–
Heidelbeeren	0,60	0,60	19,60	86	361	0,04	1,66	0,20	0,50	–	0,02	0,02	22,00	–
Himbeeren	1,30	0,30	5,78	31	130	0,05	4,35	2,47	2,00	–	0,02	0,05	25,00	–

Tab. 6: Nährwert-Tabellen (Fortsetzung)

	Eiweiß	Fett	Kh			Mineralien				Vitamine				
	g	g	g	kcal /	kJ	Na mval	K mval	Mg mval	Ca mval	A mg	B_1 mg	B_2 mg	C mg	D µg
Obst (Fortsetzung)														
Johannisbeeren rot	1,13	0,20	7,90	38	159	0,06	6,09	1,07	1,45	–	0,04	0,03	36,00	–
Johannisbeeren schwarz	1,28	0,22	10,30	48	202	0,07	7,93	1,40	2,30	–	0,05	0,04	177,00	–
Stachelbeeren	0,80	0,15	10,40	46	193	0,07	5,19	1,23	1,45	–	0,02	0,02	35,00	–
Weintrauben	0,68	0,28	16,20	70	293	0,08	4,91	0,77	0,90	–	0,05	0,03	4,20	–
Orange	1,00	0,20	9,50	44	183	0,06	4,53	1,15	2,10	–	0,08	0,04	50,00	–
Ananas	0,46	0,15	13,20	56	234	0,09	4,42	1,40	0,80	–	0,08	0,03	19,00	–
Banane	1,15	0,18	18,80	81	341	0,04	10,05	2,96	0,43	–	0,04	0,06	12,00	–
Grapefruit	0,60	0,15	9,30	41	171	0,07	4,60	0,82	0,90	–	0,05	0,02	44,00	–
Mandarine	0,70	0,30	10,10	46	192	0,05	5,37	0,91	1,65	–	0,06	0,03	30,00	–
Melone Cantaloup	0,90	0,10	12,40	54	226	0,87	8,44	0,82	0,30	–	0,06	0,02	32,00	–
Wassermelone	0,06	0,20	7,70	35	147	0,02	4,04	0,24	0,52	–	0,05	0,05	6,00	–
Nüsse														
Erdnüsse geröstet	26,40	49,40	8,90	613	2563	0,25	19,87	14,98	3,24	–	0,25	0,14	–	–
Haselnüsse	14,10	61,20	10,60	678	2837	0,09	16,26	12,84	11,28	–	0,39	0,21	3,00	–
Maronen	2,92	1,90	41,20	195	818	0,07	18,08	3,70	1,65	–	0,20	0,21	27,00	–
Kokosnuß	3,92	36,50	4,80	376	1574	1,52	9,69	3,21	1,00	–	0,06	0,01	2,00	–
Mandel süß	18,30	54,10	9,30	622	2601	0,26	21,35	13,99	12,57	–	0,22	0,62	–	–
Paranüsse	14,00	66,80	2,30	693	2898	0,09	16,47	13,17	6,59	–	1,00	0,04	–	–
Walnüsse	14,40	62,50	12,14	694	2905	0,10	13,91	10,62	4,34	–	0,34	0,12	2,60	–

Tab. 6: Nährwert-Tabellen (Fortsetzung)

	Eiweiß	Fett	Kh			Mineralien				Vitamine				
	g	g	g	kcal /	kJ	Na mval	K mval	Mg mval	Ca mval	A mg	B_1 mg	B_2 mg	C mg	D µg
Trockenobst														
Aprikosen getrocknet	5,00	0,50	58,00	256	1073	0,48	35,03	4,12	4,09	–	0,01	0,11	11,00	–
Dattel getrocknet	1,85	0,53	65,20	273	1142	1,52	16,62	4,12	3,14	–	0,04	0,07	3,00	–
Feigen getrocknet	3,54	1,30	54,00	242	1013	1,74	21,73	5,76	9,63	–	0,12	0,09	2,50	–
Pflaumen getrocknet	2,30	0,60	55,35	236	988	0,35	21,07	2,22	2,05	–	0,15	0,12	4,00	–
Weinbeeren getrocknet	2,46	0,55	66,20	280	1170	0,91	20,00	1,23	1,55	–	0,12	0,06	1,00	–
Obstkonserven														
Pfirsiche in Dosen	0,42	0,06	16,50	68	285	0,11	3,32	0,44	0,19	–	0,01	0,02	4,00	–
Ananas in Dosen	0,40	0,20	20,20	84	352	0,04	1,92	0,66	0,65	–	0,07	0,02	7,00	–
Kirschen in Dosen	0,67	0,18	19,00	80	336	0,08	3,45	1,73	0,60	–	0,03	0,02	5,00	–
Pflaumen in Dosen	0,48	0,11	17,00	71	297	0,50	3,02	0,41	0,51	–	0,03	0,03	1,50	–
Oliven mariniert	1,38	11,00	–	103	422	91,35	1,10	1,81	4,79	–	0,03	0,08	–	–
Säfte														
Apfelsaft	0,07	–	11,90	48	200	0,10	2,97	0,35	0,34	–	0,02	0,03	1,40	–
Traubensaft	0,21	–	16,90	68	286	0,11	3,78	0,72	0,65	–	0,03	0,02	1,70	–
Orangensaft frisch	0,65	–	10,90	48	200	0,04	4,01	0,99	0,55	–	0,10	0,03	54,00	–
Grapefruitsaft frisch	0,55	–	8,60	38	157	0,05	3,63	0,74	0,48	–	0,04	0,02	43,00	–
Zitronensaft frisch	0,40	–	7,70	34	140	0,04	3,53	0,82	0,55	–	0,04	0,01	53,00	–
Karottensaft	0,63	–	4,87	22	91	2,26	5,60	–	1,35	–	–	–	3,78	–
Tomatensaft	0,76	–	3,11	15	65	0,22	6,03	0,78	0,75	–	0,06	0,03	14,80	–

Tab. 6: Nährwert-Tabellen (Fortsetzung)

	Eiweiß	Fett	Kh			Mineralien				Vitamine				
	g	g	g	kcal	/ kJ	Na mval	K mval	Mg mval	Ca mval	A mg	B_1 mg	B_2 mg	C mg	D µg
Verschiedenes														
Blütenhonig	0,38	–	75,10	302	1263	0,32	1,20	0,45	0,22	–	–	0,05	2,40	–
Zucker	–	–	99,80	399	1670	–	0,06	–	0,03	–	–	–	–	–
Konfitüren i.D.	0,41	–	62,00	250	1044	0,70	2,66	0,82	0,40	–	0,01	0,02	2,00	–
Kakaopulver	19,80	24,50	10,84	357	1495	0,74	49,09	34,07	5,69	–	0,13	0,40	–	–
Vollmilchschokolade	9,20	31,50	54,10	550	2300	2,52	12,04	7,08	10,68	0,05	0,11	0,37	–	–
Tomatenmark	2,30	0,50	9,00	50	209	25,67	29,66	1,65	2,99	–	0,09	0,06	9,00	–
Tomatenketchup	2,00	0,40	24,10	107	447	56,55	20,46	–	0,60	–	0,07	0,06	11,00	–
Alkoholische Getränke														
		Äthyl-alkohol g												
Bier hell	0,50	3,60	2,90	45	188									
Rum	–	35,10	–	246	1030									
Whisky	–	35,00	–	250	1046									
Rotwein u.ä.	–	14,80	11,70	160	670									
Wein i.D.	0,22	9,50	2,50	78	326									

Nach Souci/Fachmann/Kraut: Die Zusammensetzung der Lebensmittel. 3. Auflage, Wissenschaftliche Verlagsgesellschaft mbH, Stuttgart 1986. In: Holtmeier, Hans J. und Wolfgang: Ernährung des alternden Menschen. WVG Stuttgart 1991

Tab. 7: Umrechnungstabelle: Kalorien/Joule, Kilokalorien/Kilojoule

1 cal = 4,186 J, 1 kcal = 4,186 kJ, 1 kJ = 0,24 kcal		
1 kcal = 4,186 kJ	34 kcall = 142,351 kJ	67 kcal = 280,516 kJ
2 kcal = 8,374 kJ	35 kcal = 146,538 kJ	68 kcal = 284,702 kJ
3 kcal = 12,560 kJ	36 kcal = 150,725 kJ	69 kcal = 288,889 kJ
4 kcal = 16,747 kJ	37 kcal = 154,912 kJ	70 kcal = 293,076 kJ
5 kcal = 20,934 kJ	38 kcal = 159,098 kJ	71 kcal = 297,263 kJ
6 kcal = 25,121 kJ	39 kcal = 163,285 kJ	72 kcal = 301,450 kJ
7 kcal = 29,308 kJ	40 kcal = 167,672 kJ	73 kcal = 305,636 kJ
8 kcal = 33,494 kJ	41 kcal = 171,659 kJ	74 kcal = 309,823 kJ
9 kcal = 37,681 kJ	42 kcal = 175,846 kJ	75 kcal = 314,010 kJ
10 kcal = 41,868 kJ	43 kcal = 180,032 kJ	76 kcal = 318,197 kJ
11 kcal = 46,055 kJ	44 kcal = 184,219 kJ	77 kcal = 322,384 kJ
12 kcal = 50,242 kJ	45 kcal = 188,406 kJ	78 kcal = 326,570 kJ
13 kcal = 54,428 kJ	46 kcal = 192,593 kJ	79 kcal = 330,757 kJ
14 kcal = 58,615 kJ	47 kcal = 196,780 kJ	80 kcal = 334,944 kJ
15 kcal = 62,802 kJ	48 kcal = 200,966 kJ	81 kcal = 339,131 kJ
16 kcal = 66,989 kJ	49 kcal = 205,153 kJ	82 kcal = 343,318 kJ
17 kcal = 71,176 kJ	50 kcal = 209,340 kJ	83 kcal = 347,504 kJ
18 kcal = 75,362 kJ	51 kcal = 213,527 kJ	84 kcal = 351,691 kJ
19 kcal = 79,549 kJ	52 kcal = 217,714 kJ	85 kcal = 355,878 kJ
20 kcal = 83,736 kJ	53 kcal = 221,900 kJ	86 kcal = 360,065 kJ
21 kcal = 87,923 kJ	54 kcal = 226,087 kJ	87 kcal = 364,252 kJ
22 kcal = 92,110 kJ	55 kcal = 230,274 kJ	88 kcal = 348,438 kJ
23 kcal = 96,296 kJ	56 kcal = 234,461 kJ	89 kcal = 372,625 kJ
24 kcal = 100,483 kJ	57 kcal = 238,648 kJ	90 kcal = 376,812 kJ
25 kcal = 104,670 kJ	58 kcal = 242,834 kJ	91 kcal = 380,999 kJ
26 kcal = 108,857 kJ	59 kcal = 247,021 kJ	92 kcal = 385,186 kJ
27 kcal = 113,044 kJ	60 kcal = 251,208 kJ	93 kcal = 389,372 kJ
28 kcal = 117,230 kJ	61 kcal = 255,395 kJ	94 kcal = 393,559 kJ
29 kcal = 121,417 kJ	62 kcal = 259,582 kJ	95 kcal = 397,746 kJ
30 kcal = 125,604 kJ	63 kcal = 263,768 kJ	96 kcal = 401,933 kJ
31 kcal = 129,791 kJ	64 kcal = 267,955 kJ	97 kcal = 406,120 kJ
32 kcal = 133,978 kJ	65 kcal = 272,142 kJ	98 kcal = 410,306 kJ
33 kcal = 138,164 kJ	66 kcal = 276,329 kJ	99 kcal = 414,493 kJ

Aus: Holtmeier, Hans J. und Wolfgang: Ernährung des alternden Menschen, a.a.O.

Sport und Bewegung

»Sie müßten sich halt mehr bewegen, gute Frau, dann wären Sie die Beschwerden los«, »Sie sollten Sport treiben, dann …«, »Ja, wenn Sie regelmäßig schwimmen gingen …«

Ja, wir bewegen uns zu wenig und müßten es doch viel mehr! Warum nur bewegen wir uns so wenig? Weil sich halt alles so bequem für uns bewegt: Auto und Bahn ersparen uns das Laufen, die Maschinen das körperliche Arbeiten. – Und warum müßten wir uns viel mehr bewegen? Das ist ein weites Feld und läßt sich nicht mit einem Satz beantworten.

Der Mensch wurde vor Urzeiten als Bauer, Sammler, Wanderer, Jäger und Handwerker konzipiert, für solches Tun ward er gebaut, und solches Tun brauchte sein Körper – und das braucht er eben heute noch. Denn der Körper des Menschen hat sich im großen und ganzen nicht viel verändert, hingegen ganz gewaltig unser Tun, oder besser: unser körperliches Nichttun, und weil sich da nichts tut,

- erschlaffen unsere Muskeln,
- schwindet die Knochensubstanz,
- rosten die Gelenke ein,
- sinkt Herz- und Kreislaufleistung, dafür steigt der Blutdruck,
- wird die Atmung flacher,
- wird weniger Fett abgebaut.

Bei einem Symposium der Medizinjournalisten in Berlin über Vitalität in der zweiten Lebenshälfte sagte die Sportmedizinerin Dr. Dagmar Meißner-Pöthig: »Von dem Bewegungsvolumen, das die Menschen vor 100 Jahren hatten, ist heute gerade noch ein Prozent übriggeblieben. Zwischen dem Aufstehen morgens und dem Einschlafen am Abend werden tagsüber meistens nur ein paar Schritte zu Fuß absolviert.« Vielleicht hat der Homo sapiens in Äonen von Jahren statt Beinen und Armen nur noch kleine Stummel mit einem dicken Finger für den Knopfdruck!

Auf dem gleichen Symposium sagte Professor Jörg Schulz von der Geriatrischen Klinik Berlin-Buch: »Zwei Drittel der Erwachsenen über 35 leiden in Deutschland unter falscher Lebensführung, sind funktions- und befindungsgestört sowie vitalitätsgemindert.« Die vielfältigen Beschwerden, die so entstehen, werden auf medizinischneudeutsch als »Lifestyle-Krankheiten« bezeichnet.

Unser Körper rächt sich für die Mißachtung seiner Angebote und beschert uns dafür zahlreiche Beschwerden.

Die alten Griechen standen mit ihrer hoch entwickelten Kultur schon einmal vor ähnlichen Problemen. Und was taten sie gegen ihren beginnenden körperlichen Verfall? Sie bauten Sportarenen und -stadien – und erfanden die Olympischen Spiele!

Sport

Also: Sport treiben als Heilmittel gegen die Beschwerden und Krankheiten unseres Lebensstils.

Wie auch sonst sollen wir unserem Körper gerecht werden. Sport zu treiben ist der ideale und beste Ersatz für unseren Mangel an körperlicher Tätigkeit.

Ja, ja, sagen Sie, wenn ich dann in Rente bin und Zeit habe, dann geht es sportlich los – doch dann ist vielleicht schon so einiges eingerostet oder auch kaputtgegangen. Darum, wenn es irgend machbar ist, steigen Sie jetzt schon ein.

Zunächst sollen die Sportarten vorgestellt werden, die sich erstens für Neueinsteigerinnen bzw. Anfängerinnen und zweitens für Frauen ab der Lebensmitte besonders gut eignen, die Krankheiten vorbeugen und das Leistungsvermögen in gewissem Umfang bis ins hohe Alter erhalten.

Ausdauersport

Zum Training des Kreislaufsystems und der Atmungsorgane sind die sogenannten Ausdauersportarten wie Gehen, Laufen, Radfahren, Schwimmen, Skilanglauf am wertvollsten.

Die leichteste Ausdauersportart ist das Gehen. Dabei sollte allerdings eine gewisse Geschwindigkeit (5 bis 6 km/h) vorgelegt und über eine halbe Stunde eingehalten werden.

Etwas anstrengender ist das Joggen. Wenn Sie nie Ausdauersport betrieben haben, sollten Sie besser mit dem Gehen beginnen und die Geschwindigkeit allmählich bis zum Joggen steigern. Auch sollten Sie nur mit guten Laufschuhen und auf elastischem Untergrund (am besten ist Waldboden) joggen, damit die Gelenke geschont werden.

Radfahren ist als Alterssport in besonderem Maße geeignet, weil es die Gelenke entlastet. Achten Sie beim Radeln darauf, daß die Schultern locker bleiben. Vor allem unsichere Radlerinnen ziehen gern die Schultern hoch, wodurch die Nackenmuskulatur verspannt. Dieses Verkrampfen kann den ganzen Trainingseffekt zunichte machen. Wenn Sie noch nicht so sattelfest sind, fahren Sie besser auf ruhigen Radwanderwegen, die in Deutschland immer mehr und besser ausgebaut werden. Aus der Stadt hinaus nehmen Sie öffentliche Verkehrsmittel; in den meisten Großstädten ist die Mitnahme des Fahrrads kostenlos. Wer viel in der Stadt fährt, sollte einen Fahrradhelm tragen. Besonders kleidsam sind sie ja nicht, aber sie können Leben retten. Wenn Sie einer Behinderung wegen oder auch aus anderen Gründen Probleme mit dem Zweirad haben, dann wählen Sie doch ein Dreirad. Darauf fährt man viel lockerer und sicherer, weil die Schwierigkeit des Balancehaltens wegfällt.

Skilanglauf ist zwar ein herrlicher Ausdauersport, doch ist die Unfallgefahr bei Ungeübten groß. Ärzte aus Skigebieten berichten, daß die Langläufer inzwischen mehr Gips verbrauchen als die alpinen Skifahrer. Fangen Sie mit den einfachen Loipen an, die meist im Tal verlaufen und bei denen es keine oder kaum Höhenunterschiede gibt; sie sind meist blau gekennzeichnet. Ein oder zwei Übungsstunden mit einem Skilehrer sind zu empfehlen, damit Sie gleich den korrekten Fahrstil kennenlernen; ein fehlerhafter Stil führt zu Überanstrengung und kann, gepaart mit der Luftveränderung, zu Kreislaufproblemen führen. Ehe Sie die »roten« und »schwarzen« Loipen befahren, sollten Sie wieder ein paar Übungsstunden nehmen, damit Sie die Technik und die Tricks für Abfahrt, Steigung und steile Kurven beherrschen. Sind Sie sicher und damit streßfrei, dann ist das Skilanglaufen ein Genuß: Sie erleben die Bergwelt in himmlischer Ruhe – wenn Sie mögen – ganz allein, sogar Gemsen und Murmeltiere können Sie aus der Nähe beobachten. Und wenn der Magen knurrt, lädt ein idyllischer Berggasthof zur Jause ein.

Schwimmen ist neben Radfahren ein weiterer Ausdauersport, der sich besonders für die reiferen Jahrgänge eignet. Da das Wasser den Körper trägt, sind Knochen, Bänder und Gelenke unbelastet, und trotzdem wird man durch die kräftigen Arm- und Beinbewegungen gut durchtrainiert. Aber – die Bewegungen müssen wirklich kraftvoll sein. Die ältere Dame mit rosa Badeturban, die mit den Händen im Wasser rührt und ein bißchen mit den Beinen rudert, schadet gewiß nicht ihrer Gesundheit, aber mit Ausdauersport hat das nichts zu tun. Achten Sie auf Ihren Stil: Wenn Sie die Arme öffnen, muß der Oberkörper (nicht nur der Kopf) aus dem Wasser kommen, tief einatmen, und dann beim weitausholenden Beinschlag Kopf unter Wasser und Beine gestreckt beim Beinschluß. Man sollte an einem Schwimmtermin schon so 500 m schaffen. Gut für die Wirbelsäule ist es, abwechselnd eine Strecke Brust- und eine Strecke Rückenschwimmen zu absolvieren. Ist das Becken gut besucht, kann es allerdings, wenn zwei auf gleicher Bahn rückwärts schwimmen, zum gefährlichen Crash kommen. – Für Frauen mit Venenleiden sollte das Wasser nicht zu warm (keine Thermalbäder), für Frauen mit Rücken- und Gelenkproblemen nicht zu kalt sein. Die in Hallenbädern übliche Wassertemperatur um 25°C ist in jedem Fall angemessen. – Wenn Sie nicht schwimmen können, dann lernen Sie es doch! Sportclubs und auch Hallen- und Freibäder bieten Schwimmunterricht für Erwachsene mit hervorragenden modernen Lehrmethoden an.

Auch Ballspiele wie Hand-, Volley- und Basketball (nicht so sehr Fußball, wegen der Kniegelenke) und Tennis können als altersgerechte Ausdauersportart empfohlen werden. Nur darf der Wettkampf nicht im Vordergrund stehen, sonst setzt psychischer Druck ein, und das kann den Kreislauf durcheinanderbringen.

Sie konnten sich bisher für keine Ausdauersportart begeistern? Vielleicht berufen Sie sich auch auf Churchill, der, gefragt, wie er es erkläre, daß er so alt geworden sei, sagte: »No sports.« Viele Sportmuffel verweisen denn auch auf

Churchill: der rauchte, war übergewichtig, bewegte sich sehr wenig und wurde doch 91 Jahre alt. Nun gibt es dazu allerdings einiges zu sagen. Das »kein Sport« bezieht sich nur auf Churchills letzte Lebensjahre, in seiner Jugend war er aktiver Sportler. Auch ist er vom Medizinischen her im Besitz des nach ihm benannten Churchill-Faktors, einer von den Vorfahren ererbten Anlage zur Langlebigkeit. Und noch etwas: Churchill tanzte gern. (Er soll sogar während eines Balles in der Garderobe zur Welt gekommen sein!)

Wäre das Tanzen nicht etwas für Sie? Tanzen ist ein ausgezeichnetes Ausdauertraining. Tanzschulen bieten Kurse für alle Altersgruppen an, auch für Singles, für Paare oder nur für Frauen. In den meisten Seniorenclubs gibt es Tanz-Nachmittage, auf denen es sehr vergnügt zugeht.

Gymnastik

Um die Beweglichkeit, die Gelenkigkeit und das Zusammenspiel der Bewegungen zu fördern, ist Gymnastik geeignet.

Im Kapitel »Gesundheit« wird auf Übungen, die gegen bestimmte Beschwerden geeignet sind, hingewiesen, und sie werden dort auch in Wort und Bild erklärt.

Von Seniorenclubs und Sportvereinen wird spezielle Seniorengymnastik angeboten. Wenn Sie es jedoch mit Ihrer Arbeitswelt in Einklang bringen können, sei dringend empfohlen, schon eher Gymnastikkurse mitzumachen, damit gar nicht erst Versteifungen und Verkrampfungen eintreten, die meist nur mit Hilfe gezielter Krankengymnastik oder gar operativ so einigermaßen behoben werden können, wenn überhaupt. Wenn Sie in der Blüte Ihrer Jahre mit Gymnastik beginnen, können Sie bis ins hohe Alter in Ihrer

Gruppe bleiben. Als ich mit etwas über 50 in der Gymnastikgruppe des Sportvereins anfing, war ich wohl die älteste, bis auf eine kleine, schlanke, drahtige Person; die erschien mir doch etwas älter. Sie erzählte im Umkleideraum, daß sie gerade »genullt« habe. Nun, dachte ich, 60 könnte hinkommen – Irrtum, die Frau war 80! Gut, die reinen Powersachen machte sie nicht mehr so flott mit, aber sie war gut dabei – seit reichlich 50 Jahren. Warum sie nicht in der Senioren-Gruppe mitmache? »Das ist mir zu lahm!«

Seit Jahrtausenden dienen Bewegungsübungen wie Yoga, Qi Gong oder Tai Chi im Fernen Osten als medizinische Behandlung. Immer mehr werden sie auch bei uns angeboten und mit großem Erfolg angenommen. Diese fernöstlichen Bewegungen sind in jedem Alter erlernbar und auszuführen.

Spaß muß sein

Wenn Sie nur mit Grauen an den Mittwochabend denken, weil Sie da zur Gymnastik müssen, hat das wenig Sinn. Vielleicht bringt es etwas für Muskeln und Gelenke, aber wenn die Lebensfreude sinkt, schleicht sich die Krankheit über die Seele ein.

Falls Sie bis jetzt mit Sport wenig im Sinn hatten, gehen Sie doch lange vor der Pensionierung schon einmal auf Schnuppertour; denn »Wat de Bur nich kennt, dat fret he nich.« Also kennenlernen. Sie können grundsätzlich in den Sportvereinen zur Probe an Veranstaltungen teilnehmen oder erst einmal zuschauen. Wer ordentlich schnuppert, findet bestimmt etwas Passendes. Viele Vereine bieten neben Seniorensport zunehmend auch Sport für die mittlere, »neue« Generation, also speziell für Sie, an.

Auch für den Ausdauersport gilt: ausprobieren. Auch hier macht es vielleicht in der Gruppe mehr Spaß, außer Sie sind eine ausgesprochene Individualistin und genießen die Einsamkeit des Langstreckenläufers.

Wie wäre es zum Beispiel mit einer Radtour mit der Freundin; wenn Sie ein wenig trainiert sind, auch vielleicht am Wochenende mit einer Übernachtung in einem netten kleinen Hotel in der Heide? Oder mit dem Freund? Doch Vorsicht! Selbst der liebevollste Softy kann auf einer Radtour plötzlich Ehrgeiz entwickeln: »Ja, ja, die Landschaft ist bezaubernd, aber nun mach' mal ein bißchen zu, so schaffen wir nicht mal 70 ›Kaem‹ am Tag.« Oder er wird rechthaberisch: »Du hast wirklich keine Spur von Ortssinn und Kartographie – natürlich müssen wir rechtsrum.« – Um dann auf der örtlichen Müllhalde zu landen, während die Stimmung ihrem Tiefpunkt zustrebt.

Wie wäre es damit:

»Mit Anfang 50 fing mein Herz plötzlich an zu bocken. Der Arzt riet zu Ausdauertraining. Ausgerechnet Ausdauer, ein Reizwort für mich: der Haushalt, ein Kind noch im Haus und vor allem, ich bin voll berufstätig. Da riet mir ein Kollege: ›Fahr doch mit dem Fahrrad zum Dienst. Du brauchst kaum länger als mit dem Auto, und ich zeige dir einen traumhaften Weg ohne Stau, ohne Benzingestank, mit insgesamt drei Ampeln auf 11 km – und immer an der Tarpenbek längs.‹ Ich tat es – und es war der zweitbeste Entschluß meines Lebens. Wenn ich mich in der Früh' aufs Rad schwinge, fällt alle Schlaftrunkenheit, aller Morgenärger von mir ab. Ob ich an einem herrlichen Frühlingsmorgen am plätschernden Bächlein entlang durch grüne Auen der Sonne entgegen fahre oder an einem feucht-niesligen grauen Wintermorgen – meine Laune ist stets ausgezeichnet. Gegen Nässe und Kälte habe ich mir in einem Laden, der Himalaya-Expeditionen ausrüstet, Kleidung und Schuhwerk gekauft – mir kann keiner, mir ist jedes Wetter recht. Der Heimweg ist fast noch schöner, weil die Freude auf den Feierabend dazukommt. – Und übrigens: mein EKG ist o.k.!« (Barbara, 55 Jahre)

Da fragt man sich, was macht diese Frau, wenn sie pensioniert wird? Sie wird entweder täglich die gewohnte Strecke abfahren oder auf eine Weltreise mit dem Drahtesel gehen.

Schwimmen und schwimmen kann bezüglich des Lustgefühls ein himmelweiter Unterschied sein. In einer blauen Lagune unter südlicher Sonne zu schwimmen, ist etwas anderes, als im Chlorwasser des Hallenbades mit abwechselndem Blick auf Uhr oder Plastikpalme seine Runden zu drehen. Sehr fröhlich geht es bei den »Morgenschwimmern« zu. Wer einmal damit anfängt, morgens vor dem Frühstück zu schwimmen, macht es oft ein Leben lang. Wenn man täglich schwimmt, genügen auch 15 Minuten. Schwimmt man seltener, meint man, den teuren Eintritt unbedingt abschwimmen zu müssen. Während das kurze Schwimmen mit der Vorfreude aufs Frühstück richtig Spaß bringt, können 30 oder gar mehr Minuten quälend werden. Außerdem ist Frühbaden wesentlich preiswerter, besonders als Monats- oder Jahresabonnement.

Ehrgeiz

Noch schlimmer fast, als lustlos Sport zu treiben, ist, es mit Ehrgeiz zu tun. »Ich muß es schaffen, ich muß die anderen überholen, ich will besser sein, ich will der Beste sein!« Ich sage bewußt »der«, denn von solchen Ehrgeiz-Viren scheinen doch Frauen etwas weniger befallen zu sein, oder?

Beim letzten Marathon-Lauf in Hamburg hat sich doch tatsächlich ein älterer Mann zwischendurch heimlich ein Stück mit dem Taxi fahren lassen, nur um vorn zu sein.

In dieser Richtung können auch Ballspiele belastend sein. Beim Tennis-Einzel mag es noch angehen, beim Doppel wird der Streß schon doppelt, weil man sich dem Partner verpflichtet fühlt, und beim Mannschaftsspiel kann sich der Streß multiplizieren, wobei da oft noch der Faktor Publikum hinzukommt. Allein oder zu zweit durch die Gegend zu laufen, scheint doch dem Körper – und auch der Seele – dienlicher zu sein, als beim Handball im Tor zu stehen. Doch auch beim Laufen stellen viele zu hohe Anforderungen an sich. Sie haben sicher auch schon einmal den Jogger gesehen, der mit hochrotem Kopf, verzerrten Gesichtszügen, hastigen Blicks auf Uhr und Schrittzähler durch die Straßenfluchten jagt, oft in einem erschreckend verspannten Laufstil. Oder denken Sie an unseren ehemaligen Bundespräsidenten Carstens, der dem Volk etwas vorjoggen wollte und vor laufenden Kameras einen Schwächeanfall erlitt.

Sport und Geld

Die finanzielle Spannweite beim Sport ist groß: das geht vom Nulltarif beim Joggen bis hin zu schwindelhohen Gebühren beim Golf. Wirklich gut aufgehoben ist man hierzulande beim Sportclub »um die Ecke«. Bei meinem Hamburger Sportverein kostet die Aufnahmegebühr 25 DM und der Halbjahresbeitrag 85 DM. Da kann ich, wenn ich Lust habe, an jedem Wochentag irgendwo mitmachen: Gymnastik, Turnen, Tanz. Für Freizeitsportarten und Yoga erhöht sich der Beitrag um 30 bis 50 DM und für Tennis um 165 DM pro Halbjahr. Auch die meisten Seniorenclubs und die Volkshochschule bieten preiswerte Sportkurse an. Also, Geld gilt nicht als Ausrede!

Bewegung im Alltag

Mangelnde Bewegung ist also eine der Hauptursachen für unsere körperlichen Leiden im Alter – wenn wir es denn überhaupt erreichen! Das ist der berufstätigen Frau, die womöglich auch noch einen Haushalt versorgt, schon klar, doch woher soll sie die Zeit nehmen, um Gymnastikkurse zu besuchen, schwimmen zu gehen, Golf, Tennis, Handball oder sonstwas zu spielen.

Für diese Frauen sollen hier Tips für Bewegung und Beweglichkeit folgen, die wenig oder gar keine zusätzliche Zeit kosten und ins tägliche Programm eingeflochten werden können, die sozusagen alltagstauglich sind.

Gehen

Es kommt ja doch vor und läßt sich auch nicht ganz verhindern, daß wir *gehen*. Nutzen Sie jeden Gang durch eine bewußte Körperhaltung. Üben Sie doch erst mal im stillen Kämmerlein und möglichst vor einem Spiegel:

1. Kopf gerade, Hals lang, Nase geradeaus.
2. Schultern *locker* nach hinten und unten. Dies statt »Brust raus«; das geschieht nämlich dann von ganz allein, nur viel entspannter.
3. Nun kommt der schwierigste Punkt: Becken vorschieben, Bauch rein, dabei das Gefühl haben, als ob Lendenbereich und Bauch zueinanderkommen; dabei wird automatisch auch der Po fest.
4. Mit möglichst weit ausholenden Schritten zügig gehen und dabei – wenn keiner guckt – die Arme im Gegenrhythmus weit ausholend und locker bis in die Handgelenke hin und her schlenkern.

5. Rhythmisch atmen, vor allem kräftig ausatmen. Das Ausatmen gelingt am besten mit einem deutlichen gepreßten Zischen: »Tschsch.« Das Einatmen – immer durch die Nase – erfolgt dann von ganz allein ganz tief. Dabei vielleicht doch erst einmal umsehen; denn es kann schon befremdlich auf andere wirken, wenn da auf einmal jemand laut zischt!

Wenn Sie genügend Selbstbewußtsein haben, dann schlenkern und zischen Sie ruhig auch in Gegenwart anderer; Sie denken an Ihre Gesundheit, und was die anderen denken, ist Ihnen egal. Es könnte nur sein, daß Sie – auf dem Lande wohl eher als in der Großstadt – als Sonderling abgestempelt werden.

Vielleicht wird ja auch die »sportlich gehende Frau« einst zum gewohnten Bild. Als die ersten Menschen in Sportdreß und im Dauerlauf durch New Yorks City und dann auch bald durch unsere Städte schnauften, wurde ihnen fassungslos nachgestarrt, und sie wurden belächelt und auch verspottet – bis die ersten Präsidenten und Showstars auch liefen und die Sache »Jogging« hieß, da war es in, und aus dem Spott wurde Anerkennung, ja Kult. Mit einer Namensgebung hat man es beim sportlichen Gehen (»Walking«) auch schon versucht, aber so richtig in ist es noch nicht.

Zunächst fällt es Ihnen sicher nicht leicht, diesen bewußten Gang einzuhalten. Vor allem wenn Sie tief in Gedanken sind und besonders wenn Sie niedergeschlagen sind, sacken die Schultern nach vorn, der Kopf sinkt nach unten – Sie sind dann eben niedergeschlagen in des Wortes wahrer Bedeutung. Doch je früher, oder besser gesagt je jünger, Sie mit der bewußten Gangart anfangen, desto mehr geht sie Ihnen in Fleisch und Blut über, so daß Sie dann auch im Alter gar nicht mehr anders können, als aufrecht zu gehen.

Nichts deutet so sehr auf alt und gebrechlich hin wie eine krumme Haltung, ein schlurfender, schleichender Gang. Gehen Sie aufrecht und forsch, und Sie fühlen sich auch selbst jung! Bei der Jugend wird es ja oft als besonders cool angesehen, mit eingezogenen Schultern und krummem Rücken dahinzuschlurfen – aber darüber sind Sie ja wohl hinaus!

Vielleicht denkt manche Frau, es ist leicht gesagt, eine aufrechte Haltung einzunehmen, wenn doch aber alles so wehtut? Dazu eine Episode, die meine alte Tante erlebte. Sie schlich gebückt und stöhnend aus der Praxis, als der Arzt ihr nachrief: »Ihnen tut es weh beim Laufen, was?« Meine Tante: »Ja!« Darauf der Arzt: »Und wenn Sie aufrecht gehen?« – »Dann tut es auch weh.« – »Ja, dann gehen Sie doch aufrecht!« Meine Tante, die durchaus Humor besaß, richtete sich lachend auf und versuchte, geraden Rükkens zu gehen. Beim nächsten Besuch konnte sie dem Arzt mitteilen, daß die Schmerzen bestimmt nicht schlimmer geworden seien, eher hätten sie etwas nachgelassen, und vor allem habe sich durch das aufrechte Gehen ihre Stimmung gebessert.

Hier sei eingeflochten, daß Gelenkschmerzen, insbesondere Schmerzen, die von der Wirbelsäule ausgehen, durch Schonen, vor allem durch langes Liegen, eher schlimmer werden. Einige Ärzte empfehlen sogar, sich bis zur Schmerzgrenze zu bewegen; der Lohn sei, daß sich die Schmerzattacke verkürze.

Wenn Sie jetzt sagen, ich habe weder Zeit noch Weg, um der sportlichen Gangart zu pflegen, dann will ich Sie mit einem Sprichwort nerven (Sprichwörter sind eigentlich immer penetrant!): »Wo ein Wille ist, ist auch ein Weg«, wobei der Spruch hier wenigstens nicht im übertragenen Sinn, sondern wörtlich gemeint ist. Sie sind also guten Willens – wo ist dann mal schnell ein Weg? Sie könnten zum Beispiel, statt minutenlang auf der Suche nach einem Parkplatz um den Block zu fahren, das Auto ein paar hundert Meter entfernt parken oder eine Bahn- bzw. Busstation früher aussteigen oder – dies gilt wohl mehr für den vollzogenen Ruhestand – beim Brötchenholen eine Runde mehr drehen oder sich einen Hund anschaffen; der »muß« dauernd und somit auch Sie.

Und bei allen noch so kurzen Wegen gilt: Haltung bewahren! Wenn Ihnen das bewußte Gehen auch nicht immer gelingt, an eines sollten Sie immer denken: die Schultern locker lassen, nicht hochziehen, nicht anspannen. Auch beim Autofahren, beim Radfahren, am Schreibtisch, beim Telefonieren, beim Warten – halt möglichst immer: die Schultern locker lassen. Das ständige Verkrampfen der Schulterpartie ist für eine Reihe von Übeln verantwortlich, vor allem für Rücken-, Kopf- und Nackenschmerzen. Beobachten Sie sich einmal beim Auto- oder Radfahren: eine etwas brenzlige Situation – und schon sind die Schultern oben, und da bleiben sie meist, bis der Nacken heftig schmerzt. Da entstehen dann auch die Knoten, die Masseur oder Masseurin den Kopf schütteln und vorwurfsvoll sagen lassen: »Mein Gott, sind Sie verspannt!« Wenn wir ruhig und gelassen sind, haben wir die Schultern entspannt unten. Dies könnte doch umkehrbar sein: Wenn wir die Schultern entspannen, werden wir gelassen und ruhig. Probieren kann man es doch mal!

Übrigens, wenn Sie größere Mengen einkaufen gehen – nur mit Rucksack! Neben dem großen Vorteil, die Hände frei zu haben, ist es fast unmöglich, mit Rucksack auf dem Rücken krumm zu gehen. Manche älteren Frauen haben da Hemmungen: »Ich bin doch kein Wanderbursch« oder »Da denkt man ja, ich will auf jung machen« – Unsinn – Ihre Gesundheit geht vor, und außerdem – es gibt richtig schicke Rucksäcke, auch damenhafte!

Das vorher beschriebene sportlich-forsche Gehen ist auch eine gute Alternative zum Joggen. Wenn man nicht von Jugend an gejoggt hat, ist es besser, mit dem Gehen zu beginnen. Viele Ärzte meinen auch, daß zügiges sportliches Gehen für ältere Menschen gesünder sei als Joggen, da letzteres den Kreislauf zu stark und auch zu abrupt belasten kann. Nicht mehr ganz junge Leute sollten außerdem nur auf weichem Boden joggen und auch gehen. Harter Untergrund, besonders Asphalt, schadet durch das kraftvolle Auftreten den Fuß-, Knie- und Hüftgelenken und der Wirbelsäule.

Auch beim Joggen soll der Oberkörper stets aufgerichtet sein. Die gegenwindgünstige Kopf-nach-vorn-Form mag für einen olympischen Spurt gut sein, fürs gesunde Gehen und auch Joggen gilt die aufrechte Haltung. Auch wenn es mal ein wenig bergan oder treppauf geht, nicht gleich in die dann bequemere Spurthaltung fallen. Und Kopf hoch, nicht ständig auf den Boden schauen, als habe man etwas verloren. In Großstädten, besonders in Berlin, muß man dabei in Kauf nehmen, pro 100 Meter mindestens in ein Hunde-Häufchen zu treten. Erfahrene Großstadt-Jogger haben entsprechendes Entsorgungsgerät stets zu Hause bereitliegen.

Das Gehen kann durch einige Einlagen noch effektiver gestaltet werden:

1. Die Knie abwechselnd zum Brustkorb hochziehen und dazwischen immer drei Schritte normal gehen: links hoch 1-2-3, dann rechts hoch 1-2-3. Dabei bleibt der Kopf gerade, der Hals lang, die Schultern und Fußgelenke locker, der Bauch fest.
2. Die Arme ausgestreckt wie Windmühlenflügel im Wechsel drehen; erst den einen, dann den anderen; einige Male vorwärts und einige Male rückwärts.

3. Die Schultern hochziehen und fallen lassen; mehrmals beide zugleich und mehrmals gegeneinander. Dann die Schultern kreisen lassen, vorwärts und rückwärts.
4. Die Arme gestreckt hinter den Rücken führen und dort wie zum Gebet falten. Dann so weit wie möglich nach oben drücken. Der Oberkörper bleibt aufgerichtet, der Bauch fest. Diese Übung ist auch gut geeignet, um aus schlaff gewordener Haltung wieder in die aufrechte zu kommen.
5. Auf den Zehenspitzen laufen, beide Arme nach oben nehmen und abwechselnd links und rechts mit der Schrittfolge nach oben strecken.

Zwischen den Einlagen immer eine Weile in der normalen sportlichen Gangart gehen. Und das Atmen nicht vergessen. Wenn das Rein und Raus zu hastig wird, zwischendurch – wie schon beschrieben – »auszischen«, dann geht es gleich wieder besser. Die Version mit den Einlagen sollte man vielleicht nicht in einer mehr oder weniger belebten Gegend machen, sondern dort, wo allgemein gejoggt, gebolzt oder sonstwie Sport getrieben wird. Am meisten Spaß macht es wohl da, wo man mit sich und der freien Natur allein ist – wunderbar: frühmorgens am Meeresstrand! Vielleicht können Sie sich auch mit ein paar gleichgesinnten Frauen in einem nahegelegenen Park treffen. Wenn man sich auch allein im Stadtpark albern vorkommt, in der Gruppe sind Sie stark, und man erregt eher Bewunderung als Spott.

Ein großer Vorteil des sportlichen Gehens: Es kostet fast nichts. Das »fast« soll für die Schuhe gelten. Schauen Sie da nicht so auf den Preis, sondern lassen Sie sich in einem Sportgeschäft die für Ihren Fuß richtigen Laufschuhe anpassen. Wenn Sie längere Zeit auf hartem Boden laufen müssen, dann sollte besonders auf die Sohle geachtet werden; da gibt es so etwas Ähnliches wie einen »eingebauten Waldboden«.

Treppensteigen

Treppensteigen ist ein ideales Zwischendurch-Training ohne Zeitverlust. Sie wohnen im vierten Stock ohne Fahrstuhl? Herzlichen Glückwunsch – eine Untersuchung ergab, daß von den Menschen, die so wohnen, 30 % weniger einen Herzinfarkt erleiden als Parterre- oder Mit-Fahrstuhl-Wohner. Wenn Sie zu letzteren gehören, nehmen Sie alle sich bietenden Treppen wahr, auch die neben der Rolltreppe. Und denken Sie auch beim Treppensteigen an die aufrechte Haltung: Kopf gerade, Hals lang, Schultern locker, Bauch fest!

Wenn mehrere Treppen hintereinander zu steigen sind, gilt: Am Anfang langsam gehen und dann die Geschwindigkeit steigern. Meist macht man es umgekehrt: erst einmal sportlich losrasen, und dann bleibt nach der vierten Treppe die Puste weg. Herz und Kreislauf mögen das gar nicht gern. Ganz allgemein gilt im Sport, und besonders für Senioren: erst langsam angehen lassen, dann steigern.

Übrigens: Die Treppen abwärts immer schnell, federnd, locker gehen; das Hinunterhüpfen ist kein Privileg der Jugend. »Waaas, *Sie* sind das? Ich dachte, da kommt ein ganz junger Hüpfer!« – ein äußerst erstaunter Mann zu einer 70jährigen.

Bewegung im Stehen

Bringen Sie auch ins Stehen Bewegung. Zunächst die gesunde Haltung im Stehen: Die Füße sind hüftbreit aufgesetzt, das Becken vorgeschoben, der Bauch eingezogen, die Schultern breit und locker, der Hinterkopf hochgezogen. Nun kommt Bewegung in die Figur: Im Wechsel mal den einen, mal den anderen Fuß belasten; dann auf die Zehen wippen und zurück, mit beiden Füßen zugleich und auch im

Wechsel. Das können Sie zum Beispiel beim Warten auf Bahn oder Bus ganz unauffällig machen. Beobachten Sie einmal die Menschen an der Haltestelle – stocksteif steht da selten jemand, irgendwie zappelt jeder, aber keiner so korrekt und gesund wie Sie!

Bewegung im Sitzen

Die Normalhaltung im Sitzen ist der im Stehen ähnlich. Beide Füße sollen Bodenkontakt haben, so daß die Sprunggelenke sowie die Knie einen rechten Winkel bilden. Das beliebte Übereinanderschlagen der Beine ist gar nicht gut; es schadet den Lendenwirbeln und den Venen. Bei langandauerndem Sitzen immer wieder einmal die Füße kreisen lassen, links herum, rechts herum, gegeneinander, auseinander.

Bei langem Tippen an Schreibmaschine oder PC kann der Nacken verkrampfen und schmerzen. Dagegen gibt es eine gute Übung: Legen Sie die Hände gefaltet an den Hinterkopf, und drücken Sie *sanft* und ganz langsam den Kopf nach unten, die Ellenbogen gehen mit, dann den Kopf langsam aufrichten, dabei die Ellenbogen öffnen und so weit wie möglich nach hinten strecken, der Blick geht zur Decke. Die Spannung kurze Zeit halten, dann langsam lösen und von vorn beginnen. Die Übung muß ganz langsam und fließend gemacht werden, nicht ruckhaft. Die Hände bleiben gefaltet am Hinterkopf. Diese Übung ist auch eine Wohltat beim Zwischenstop während einer langen Autofahrt.

Bewegung im Liegen

Hierfür sind dann wirklich einmal ein paar zusätzliche Minuten nötig, und zwar morgens vor dem Aufstehen. Die

Übungen dienen hauptsächlich der Wirbelsäule und dem Beckenboden:

1. Füße aufstellen, die Lendenwirbel fest gegen die Matratze drücken, dann langsam Wirbel für Wirbel das Becken hochrollen und wieder Wirbel für Wirbel zurückrollen, alles fließend und ohne Pause, ungefähr zehn- bis zwanzigmal.
2. Mit den Händen die Knie festhalten und das Becken hin und her schaukeln.
3. Füße aufstellen, das rechte Knie mit den Armen umfassen und langsam zum Brustkorb ziehen, die Spannung halten, dann langsam zurück. Dann das linke Knie zum Brustkorb ziehen, wieder Spannung halten, dann das zweite Knie dazu holen, fest auf den Bauch drücken, Spannung halten, dann beide Füße wieder aufstellen.
4. Füße aufstellen, mit den Händen die Oberschenkel von innen fassen, langsam den Oberkörper abgerundet hochziehen, und zwar so weit, daß sich Kopf und Schultern von der Matratze lösen. Jetzt die Oberschenkel loslassen, Arme neben die Schenkel, die Bauchmuskeln übernehmen jetzt das Halten, und nun ganz wenig mit dem Oberkörper auf und ab wippen. Bauch- und Beckenmuskulatur werden gefordert. Wie oft? So oft Sie es ohne Verkrampfen des Nackens aushalten. Dann die Arme hinter den Kopf legen, entspannen. Dabei geschieht ganz von allein Übung Nummer
5. Recken und Strecken wie eine Katze nach dem Aufwachen; dabei ordentlich gähnen.
6. Füße aufstellen, die Arme liegen neben dem Körper. Langsam das Becken Wirbel für Wirbel aufrollen und so weit abheben, daß der Körper nur noch auf Füßen, Schultern und Kopf ruht. In den Oberschenkeln soll Spannung sein. Dann die Füße so aufrollen, daß sie nur

noch auf den Zehen ruhen. In dieser Haltung 10 bis 15 Sekunden verharren – aber weiteratmen. Dann erfolgt ganz langsam der Rückweg, natürlich in der umgekehrten Reihenfolge; vor allem Wirbel für Wirbel vom Nakken aus abrollen. Dann ohne Pause ein zweites und ein drittes Mal.

Für alle Übungen gilt: Das Atmen nicht vergessen – ruhig durch die Nase; nie den Atem anhalten, auch nicht bei den Spannungsübungen.

Wenn Sie an Blasenschwäche leiden, sollten Sie noch eine der Übungen einschieben, die unter »Inkontinenz« erklärt sind. Sie können ja dann eine der vorgenannten Übungen weglassen, vielleicht eine, die Sie gar nicht mögen.

Nachdem Sie sich noch einmal ordentlich gerekelt haben, stellen Sie wieder die Füße auf und kommen zum Sitzen, indem Sie sich an den Oberschenkeln hochziehen. Dann die Beine aus dem Bett schwenken, noch ein Weilchen auf der Bettkante sitzen bleiben und dann langsam aufstehen. Jetzt beide Arme nach oben strecken, die rechte Hand faßt den linken Arm am Handgelenk und zieht ihn kräftig nach oben; dasselbe mit der linken Hand und dem rechten Arm. – Eine springlebendige Frau begrüßt den neuen Tag!

Komplizierte Übungen für den Rücken werden hier nicht beschrieben. Wenn man Übungen für die Wirbelsäule allein, also ohne Anleitung macht, können sich leicht Fehler einschleichen, die mehr verderben als der Gesundung dienen. Es gibt überall – man kann sogar sagen, flächendekkend über Stadt und Land verteilt – sogenannte Rückenschulen, die von geschulten Kräften geleitet werden. Außer von privaten Unternehmen wird Rückenschulung auch von Turnvereinen, Volkshochschulen, Krankenkassen und Arztpraxen angeboten. Fangen Sie mit dieser Rückenschulung nicht erst an, wenn es schon schmerzt, sondern beugen Sie vor; dafür sind Rückenschulen bestens geeignet. Die Übungen, die man dort unter fachkundiger Anleitung zu beherrschen lernt, können dann auch gut zu Hause allein ausgeführt werden. Sie lernen dort auch, wie man sich rücken- und wirbelsäulenschonend bückt, setzt, hockt und aufrichtet, wie man Lasten hochheben und tragen soll und wie man richtig vom Liegen zum Stehen kommt.

Literatur-Empfehlungen zu Sport und Bewegung

Berg, Irene: Fit im Alter. Köln 1994

Hempel, Klaus-Jürgen: Schwungvoll ab 50 – beweglich und aktiv mit Gymnastik. Berlin 1992

Kirch, Dr. Karl M.: Aktiv und gesund im Alter. München 1990

Krempel, Otto: Fitneß über 50 – Schonende Trainingsprogramme für Beweglichkeit und Wohlbefinden. München 1990

Meusel, Heinz: Sport ab 40 – Aktiv für Fitneß und Gesundheit. Reinbek 1988

Wolfherz, Caterina: Tanz entlang der Lebenslinie – mit Phantasie und Bewegung älter werden. Freiburg 1994

Wohnen

Auf keinem Gebiet sind die Klagen von Ruheständlerinnen so verschieden und so kontrovers wie beim Wohnen:

»Wäre ich doch aufs Land gezogen.«

»Wäre ich doch in die Stadt gezogen.«

»Wäre ich doch da geblieben, wo ich immer war.«

»Ich hätte nie nach Mallorca ziehen sollen.«

»Wäre ich doch dahin gezogen, wo es immer warm ist.«

»Wäre ich doch zu den Kindern gezogen.«

»Wäre ich doch nie zu den Kindern gezogen.«

»Hätte ich mich doch nie überreden lassen, ins Altenheim zu gehen.«

»Hätte ich mir doch rechtzeitig einen Platz in einem guten Altenheim reservieren lassen.«

»Wäre ich bloß in meinen vier Wänden geblieben.«

»Hätte ich bloß eher daran gedacht, daß meine Wohnung (mein Haus) für einen alten Menschen nicht geeignet ist.«

»Ach, hätte ich doch eher ans Wohnen im Alter gedacht.«

Der letzte Ausspruch faßt sie alle zusammen. Und die Moral von der Geschicht': So früh wie möglich und sinnvoll darüber nachdenken, wo und wie wir im Herbst und im Winter unseres Lebens wohnen wollen – und können! Eine alte Frau antwortete auf die Frage, was sie denn so den ganzen Tag mache, mit strahlendem Lächeln: »Ich wohne!«

Stadt oder Land

»Die ganzen letzten Jahre unserer Berufstätigkeit träumten wir davon, aus der Stadt raus aufs Land zu ziehen. Genaugenommen träumte mein Mann, der lange vor mir ›in Rente‹ ging. Ich hatte gar keine Zeit, groß darüber nachzudenken, konnte es mir aber auch gut vorstellen: weg aus der Hektik der Großstadt und hinaus in die Idylle des Landlebens. Wir fanden ein kleines Haus in einem kleinen Dorf an einem großen Wald. Mein Mann ist glücklich, pusselt den ganzen Tag gutgelaunt im Garten rum. Und ich sitze hier inmitten herrlicher Waldesluft und Vogelgezwitscher, ringsum Natur – und sehne mich nach Kultur. Jetzt hätte ich Zeit, ins Theater zu gehen, in Konzerte, zur Gymnastik, ins Hallenbad. Wenn ich mal zu Besuch in der Stadt bin, dann höre und staune ich, was meine gleichaltrigen Freundinnen so alles unternehmen; nicht nur Theater und so, sie lernen auch lauter neue Sachen: die eine Spanisch, die andere Gitarre, und eine geht sogar richtig zur Uni. Dann fahre ich zurück in meine Idylle, sage trotzig vor mich hin, daß hier die Luft viel besser ist – und bin furchtbar neidisch auf die Städterinnen. Ich glaube, ich werde hier langsam richtig depressiv.« (Sieglinde, 63 Jahre)

So gesehen kann man den Spruch im Prospekt eines Senioren-Clubs in Hamburg verstehen: »Gehst du in Rente, dann geh' in die Stadt, da kannst du was erleben!« Und lange leben: In New York leben – prozentual gesehen – die meisten 100jährigen der USA!

Woran liegt es? Worin liegen die Vorteile der Stadt, besonders der Großstadt, für ältere und alte Menschen?

- Die Gesundheitsversorgung ist optimal,
- öffentliche Verkehrsmittel sind leicht zu erreichen,
- es gibt Kultur- und Freizeitangebote in großer Auswahl,

- breit gefächerte Bildungs- und Weiterbildungsangebote
- viele Möglichkeiten, ehrenamtlich oder auch gegen Geld tätig zu sein,
- spezielle Einrichtungen in breiter Auswahl für die ältere Generation wie Seniorenbeirat, Seniorenbüro, Seniorenvereine in großer Anzahl und in vielen politischen, religiösen, gesellschaftlichen Richtungen, Seniorensport, und … und …

Nun könnte man vereinfacht sagen, daß sich für das Leben auf dem Lande diese Kriterien genau ins Gegenteil, also ins Negative, verkehren:

- Fachärzte und Kliniken sind schlecht zu erreichen,
- die Benutzung öffentlicher Verkehrsmittel ist mehr oder weniger eingeschränkt, und wer kein Auto hat oder nicht mehr Auto fahren kann und auch mit dem Fahrrad Schwierigkeiten hat, ist verkehrsmäßig wirklich nicht gut dran,
- Kultur-, Freizeit-, Bildungs- und Sportangebote sind wesentlich karger gesät als in der Stadt.

Doch dann lesen Sie dies:

»Ich bin aus Berlin in ein kleines Dorf in Kärnten gezogen – und habe es noch keine Sekunde bereut. Die Sache war lange geplant und gut vorbereitet. Gleich nach der Pensionierung wollte ich ein Jahr lang in einem Ferienquartier in Kärnten probewohnen. Schon nach ein paar Wochen wußte ich, daß es das richtige ist, und machte mich in aller Ruhe auf die Suche nach einer Dauerbleibe. Es ist eine Traumwohnung in einem Traumhaus am Berghang mit Blick ins weite Land und bis zu den Karawanken. Was ich wohl am meisten genieße, sind die vier Jahreszeiten: der Herbst mit seiner bunten Pracht, der Winter mit dicken

Schneehauben auf den Dächern und mit Skilanglauf und Schlittschuhlaufen, der Frühling mit der Blumenpracht der Almwiesen und dann der beinahe subtropisch heiße Sommer mit Baden in den warmen Seen. – Nun bin ich allerdings für so ein Leben geeignet: ich liebe die Einsamkeit, ohne einsam zu sein. Den Bekanntenkreis in Berlin hatte ich durch meinen sehr anstrengenden und zeitraubenden Beruf sowieso sträflich vernachlässigt – und hier bahnt sich jetzt eine wunderschöne Freundschaft mit der Ärztin des Dorfes an. Oh, wie praktisch! Ja, das auch, denn die ärztliche Versorgung ist bestimmt in der Stadt einfacher und ›naheliegender‹. Mit dem Bus brauche ich eine Stunde nach Klagenfurt, mit dem Fahrrad fast genausolange – hin, zurück geht es ständig bergan, vor allem im Sommer eine heiße und langwierige Sache! So einen Stadtbesuch genieße ich dann auch: mal etwas Besonderes einkaufen, ins Theater gehen, ein Museum besuchen oder einfach mal wieder Großstadtluft schnuppern. Doch mit großer Freude kehre ich wieder heim in mein Bergparadies. – Übrigens habe ich ein schönes, gemütliches Gästezimmer, aber das darf ich schon nicht mehr so laut sagen, sonst wäre es ständig überfüllt. Es macht mir schon Spaß, mein herrliches Refugium mit guten Freunden gemeinsam zu genießen. Aber ehrlich, ich freue mich sehr, wenn sie kommen, aber fast genauso, wenn sie wieder gehen und ich wieder ganz mit mir allein und eins sein kann.« (Karola, 70 Jahre)

Zwei Frauen, die auszogen aufs Land; die eine hat das Gefühl zu verkümmern, die andere blüht auf und ist glücklich.

Wer vor allem die kulturelle Unterversorgung auf dem Lande befürchtet, sollte sich besonders in dieser Richtung gut informieren. Da gibt es in Deutschland, je nach Gegend, Landstrich und Dorf ein großes Gefälle. Meine Schwägerin wohnt in einem kleinen Bauerndorf in Hessen an der ehemaligen DDR-Grenze, also da ist wirklich absolut nichts los; der einzige Vorteil ist die lächerlich billige Miete für eine große schöne Wohnung. Poetischer ausgedrückt: Da sagen sich Fuchs und Hase gute Nacht – und man kann sie dabei sogar mit bloßem Auge beobachten! Luft und Landschaft sind wunderbar, doch die größte Abwechslung ist der rollende SB-Laden jeden Dienstag und Freitag. Ein Fahrzeug hat meine Schwägerin nicht, und die öffentlichen Verkehrsverbindungen sind schlecht.

So düster sieht es in kultureller Hinsicht keineswegs überall in Deutschland aus. In Schleswig-Holstein gibt es ein Dorf, das außer herrlicher Lage so einiges zu bieten hat: Da gibt es den Theaterbus, der einmal pro Woche die Besucher nach Hamburg und zurück bringt, eine Leihbibliothek auf Rädern und – man höre und staune – eine eigene Volkshochschule, die von Dorfbewohnern gegründet wurde. Sogar die Dozenten sind Dorfbewohner; die Hörer aber kommen auch von weiter her.

Eine gute Möglichkeit, das Leben auf dem Lande mit Kultur, Sport, Gymnastik, Hallenbad und auch noch Ärzten und Kliniken zu verbinden, ist, in einen Kurort zu ziehen. Der Hauch der großen weiten Welt wird in Form der Kurgäste auch noch mitgeliefert!

Wohnen im Urlaubsort

Jahrelang hat man die schönste Zeit des Jahres, den Urlaub, auf Mallorca verbracht. Immer wieder hat man jubelnd das »schönste Fleckchen Erde« begrüßt und mit Tränen der Wehmut Jahr für Jahr wieder verlassen. Warum nicht den »ewigen Urlaub« in eben diesem Paradies verbringen? Doch vor der Wahl des Urlaubsortes als Dauerwohnsitz sei gewarnt. Sicher, das kann gutgehen. Gerade von Mallorca, das auch schon »Altenheim Deutschlands« genannt wird, ist bekannt, daß sich viele alte Leute dort niedergelassen haben und sich wohlfühlen. Wenn Sie den einen oder anderen Urlaubsort als Dauerwohnsitz in Erwägung ziehen sollten, dann besuchen Sie ihn vorher außerhalb der Saison für einen längeren Zeitraum. Sie wollen dann schließlich das ganze Jahr über da wohnen. Waren Sie schon einmal im Januar an der Costa Brava oder im Hochsommer in einem alpinen Skigebiet? Erwägen Sie auch, ob Sie mit einer fremden Sprache – sowohl als Kommunikationsmittel als auch vom Gefühl her – umgehen können. Wobei hier wiederum zum Beispiel Mallorca mit seiner großen deutschen Kolonie nicht so problematisch ist. Eisbein, Sauerkraut, deutsches Bier und deutschen Sang und C & A gibt es da auch!

Der Bericht der Neu-Kärntnerin spricht auch für die Wahl des Urlaubsortes als Dauerdomizil. Doch vor dieser großen Entscheidung gilt: … drum prüfe, wer sich ewig bindet!

Die altersgerechte Wohnung

Ich möchte im Ruhestand genau da wohnen, wo ich immer gewohnt habe – ein verständlicher Wunsch. Der Eintritt in den Ruhestand ist ein scharfer Einschnitt im Leben und sowieso durch zahlreiche Veränderungen geprägt. Kommt dann noch ein Wohnungswechsel hinzu, besteht große Gefahr, in das berüchtigte Rentenloch zu fallen. Stellen Sie so früh wie möglich Überlegungen an, ob Ihre Wohnung auch fürs Alter geeignet ist.

Größe der Wohnung

Ein ganzes Haus, womöglich mit Garten, kann für einen alten Menschen sehr anstrengend sein. Wenn es pekuniär möglich ist, könnten Sie sich in den Jahren, in denen Sie gut verdienen, eine kleine Zweitwohnung kaufen, die zunächst anderweitig, nicht allzu langfristig, vermietet wird. Im Bedarfsfall ziehen Sie in die kleine Wohnung und vermieten das Haus.

Angenommen, Sie haben eine Mietwohnung, die für die große Familie gerade recht war. Im Alter ist Ihnen erstens die Miete zu hoch und zweitens fällt es Ihnen schwer, so viele Zimmer sauberzuhalten. In eine kleinere Wohnung zu ziehen, hat wiederum Nachteile:

- Wegen der langen, vielleicht jahrzehntelangen Wohnzeit zahlen Sie eventuell für die alte große Wohnung weniger Miete als für die neue kleine.
- In einer neu gemieteten Wohnung haben Sie, außer sie gehört zu einer Senioren-Wohnanlage, kaum Kündigungsschutz auf Lebenszeit.
- Sie müßten den seit etlichen Jahren vertrauten Wohnsitz mit allem Drum und Dran verlassen.

Eine Möglichkeit, in der alten Wohnung zu bleiben (vorausgesetzt, sie ist altersgerecht), ist die Untervermietung eines oder vielleicht sogar mehrerer Zimmer. Die Miete der großen Wohnung wird so bezahlbar und der Wohnraum auf ein für Sie passendes Maß verkleinert. Sicher, da ist dann ein fremder Mensch in der Wohnung, aber Sie sind nicht allein, und er muß ja auch kein Fremder bleiben. Um eine größere Distanz zum Untermieter herzustellen, könnten Sie, solange Sie noch gut verdienen, kleine bauliche Veränderungen vornehmen:

- Wenn nicht schon vorhanden, in einer Kammer eine zweite Toilette mit einer kleinen Dusche (aus dem Campingzubehör-Laden!) einbauen.
- In dem Zimmer, das vermietet werden soll, eine Waschecke und/oder eine kleine Spüle einbauen lassen und eine Kochplatte und einen Kühlschrank dazustellen. In Baumärkten gibt es zu einem erstaunlich niedrigen Preis eine sogenannte Single-Küche, eine Kombination aus Kühlschrank, Spüle, Kochplatte, Schrank für Töpfe und Geschirr. Diese Single-Küche ließe sich auch in einer Kammer unterbringen, wenn diese wenigstens ein kleines Fenster hat.

Sowohl die Untervermietung als auch die baulichen Veränderungen müssen mit dem Haus- bzw. Wohnungsbesitzer abgesprochen werden.

Der Einbau von Küche und Naßzelle sowie auch die Möblierung des zukünftigen Untermieter-Zimmers kosten natürlich Geld, vor allem die Handwerkerstunden sind teuer; legen Sie daher rechtzeitig eine nicht zu kleine Summe zurück. Übrigens können solche baulichen Veränderungen auch über einen Bausparvertrag finanziert werden.

Lage der Wohnung

- Sind öffentliche Verkehrsmittel vorhanden und ohne lange Fußmärsche zu erreichen?
- Sind Ärzte, die man halt im Alter öfter braucht, und Einkaufsmöglichkeiten in der Nähe?
- Entspricht das Ambiente der Lebensweise, die Sie im Ruhestand anstreben? Mehr Kultur oder mehr Natur? Stadt oder Land? Mehr Trubel oder mehr Ruhe?
- Wenn die Wohnung höher als im ersten Stock liegt: ist ein Fahrstuhl vorhanden?

Inspizieren Sie einmal Ihre Wohnung zu einer Zeit, in der Sie noch weit von jeglicher Gebrechlichkeit entfernt, jedoch gut bei Kasse sind, auf »Altersgerechtigkeit«. Falls Sie einen alten Menschen in seiner Wohnung betreuen, fällt Ihnen sicher so manches auf und ein, was Sie in Ihrer Wohnung ändern sollten, falls Sie immer da bleiben wollen und auch können.

Der Sanitärbereich

Das Badezimmer gilt als häufigster Unfallort in der Wohnung von Senioren. Was ist zu beachten?

- Die Tür muß nach außen aufgehen. Geht sie nach innen auf, könnte zum Beispiel ein am Boden liegender Mensch den Zugang blockieren.
- Der Bodenbelag muß rutschsicher, pflegeleicht und angenehm warm für die Füße sein.
- Ein Heizlüfter sollte für die Übergangszeit und für kühle Sommertage aufgestellt werden.
- An der Wand neben der Badewanne und in der Dusche müssen Haltegriffe angebracht werden.
- Der Spiegel über dem Waschbecken muß so groß sein, daß man sich auch im Sitzen waschen, frisieren, cremen, schminken, fönen kann.
- Badewanne und Duschwanne müssen besonders rutschsicher sein; hierfür gibt es Gummimatten mit Saugnäpfen.

Auch in der Toilette sollten Haltegriffe, die vor allem das Aufstehen erleichtern, angebracht werden. Wir Deutschen sind keine Freunde des Bidets; für alte Menschen ist ein Bidet jedoch ideal. Ist kein Platz dafür vorhanden, so kann man sich eine Kombination aus WC und Bidet einbauen lassen. Der Sanitärhandel bietet auch einen WC-Sitz mit eingebauter Warmwasser-Unterdusche und Warmlufttrocknung an.

Veränderungen im sanitären Bereich sollten Sie unbedingt nur von Fachmann oder -frau vornehmen lassen. Die wissen, wo genau die Haltegriffe hingehören, und vor allem sorgen sie dafür, daß die elektrischen Leitungen so verlegt und die Geräte so installiert werden, daß keine Gefahr für Gesundheit und Leben besteht.

Die Küche

In den meisten Küchen kann man nur im Stehen oder in gebückter Haltung tätig sein. Eine Wohnberaterin: »Es ist doch eigenartig, daß wir erst beim Planen und Gestalten für behinderte oder alte Menschen merken, was praktischer und bequemer für uns alle ist.«

Für eine Küche gilt: alles muß in greifbarer Nähe sein, und man muß auch im Sitzen kochen, spülen, Essen zubereiten können. Wenn Sie Ihre Küche umbauen oder eine neue kaufen wollen, dann studieren Sie doch vorher die Abbildung auf den Seiten 200 und 201 und nehmen Sie sie als Planungshilfe zum Kauf oder zur Beratung mit.

Auch in der Küche sollte der Fußboden warm und rutschsicher sein. Am besten geeignet und am besten zu reinigen – leider auch am teuersten! – ist Synthese-Kautschuk.

Wohnzimmer/Eßzimmer

Hier kann und sollte Ihnen bei der Einrichtung niemand reinreden, da gilt und waltet Ihr persönlicher Geschmack. Problematisch sind hier Teppiche und Brücken auf blankem

Die Greifbereiche

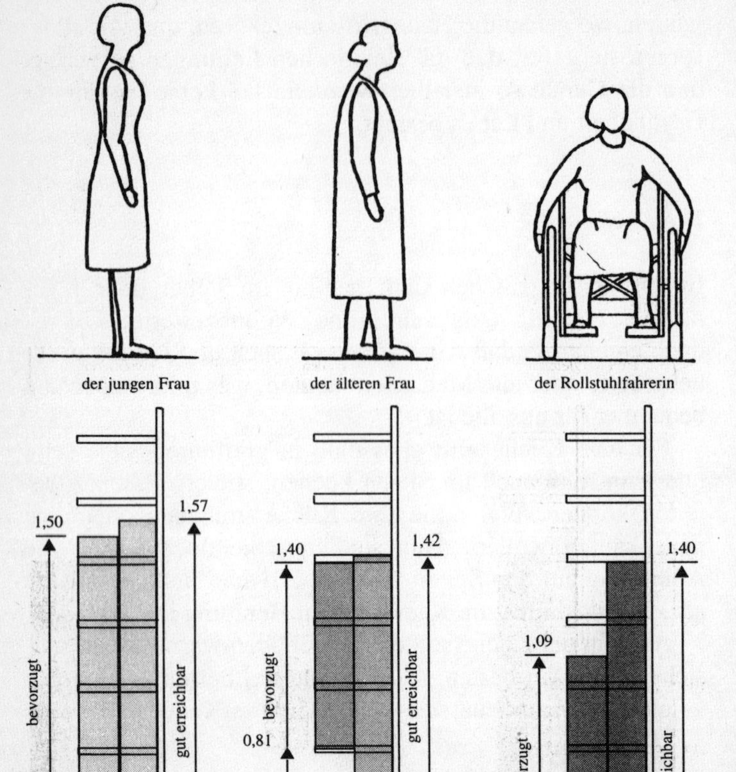

Planungshilfe *Angaben in Metern*
(nach Dipl.-Arbeit von Christa Osbelt)

Gegenüberstellung
aller Greifbereiche der untersuchten Personengruppen

Ergebnis:

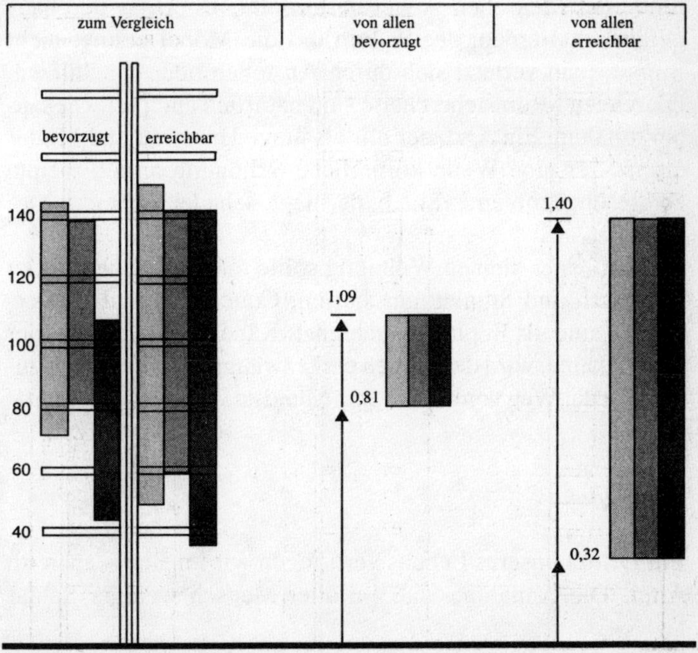

Aus: Rita E. Biebricher, Richtig wohnen - selbständig bleiben bis ins hohe Alter.

Parkett oder ähnlichem; die Gefahr zu rutschen, zu stolpern und zu stürzen, ist zu groß. Es gibt zwar gitterartige Rutschhemmer, die man unter den Teppich legen kann, doch ein sicherer Schutz sind sie nicht. Am besten ist ein großer Teppich oder Auslegeware.

Alten Frauen wird oft vorgeworfen, daß ihr Wohnzimmer mit Möbeln überladen sei und überall zuviel Nippes herumstehe und -hänge. Doch was soll die Frau denn machen, wenn der Raum so klein und die Erinnerung so groß ist! Was für Sohn, Tochter, Enkelkinder Nippes ist, ist für den alten Menschen Vertrautes, Liebgewonnenes, gibt ihm Sicherheit und Freude. Vielleicht sollte man sich in jüngeren Jahren schon einmal von dem einen oder anderen Stück trennen. Da tut es noch nicht so weh, und es kann sich nicht gar so viel ansammeln. Wenn im Wohnbereich eines alten oder behinderten Menschen zuviel herumsteht, kann das durchaus gefährlich werden; der Slalom um die Möbel gelingt nicht immer, man verletzt sich durch Anstoßen oder gar Stürzen. Die vielen »Rumsteherchen« sind natürlich auch schwer sauberzuhalten. Ein Arzt, der mir als junge Hausfrau und Mutter einmal für eine Weile körperliche Schonung anriet, meinte zu diesem Problem: »Staub, der liegt, schadet nicht.«

Auch in einer kleinen Wohnung sollte man sich eine Eßecke mit Tisch und Stühlen anschaffen. Couchtisch und Polstergruppe sind als Eßplatz ungeeignet: Kauert man vorn auf der Polsterkante, wird der Magen eingezwängt, lehnt man sich zurück, ist der Weg vom Teller zum Mund zu weit – man kleckert!

Schlafzimmer

Ein Drittel unseres Lebens verbringen wir im Bett – auch im Alter. Die Annahme, daß ein alter Mensch weniger Schlaf brauche als ein junger, ist nach neuesten Forschungen irrig (siehe auch unter »Schlafstörungen«). Die modern-niedrige Betthöhe ist nicht altersgerecht. Aus einem höheren Bett – im Mittel sollten es 58 cm vom Boden bis zur Liegefläche sein – kann man viel besser aufstehen. Es ist kein Problem, die Höhe eines Bettes zu ändern; bestimmt kann das der Tischler. Ein Lattenrost, bei dem Kopf- und Fußteil verstellbar sind, ist unbedingt erforderlich. Das Kopfteil muß in der Höhe verstellbar sein, um lesen oder im Krankheitsfall essen zu können; das Fußteil sollte bei Anlage zu Krampfadern ungefähr 10 cm höhergestellt werden, damit das Blut besser aus den Venen abfließen kann. Ideal für ältere Menschen ist eine elektrisch verstellbare Rückenstütze auf dem Lattenrost. Ein Knopfdruck genügt, und man bringt sich in die gewünschte Lage. Beim Kauf einer neuen Matratze sollte man sich unbedingt vom Fachhändler beraten lassen, der unsere persönlichen Schlaf- und Gesundheitsprobleme berücksichtigen und dann die passende Matratze aussuchen kann. Wenn man auch zur kälteren Jahreszeit bei offenem Fenster schläft, ist eine Unterlage aus reiner Wolle angebracht. Auch das liebe alte Bettjäckchen tut dann gute Dienste. Eine elektrisch beheizbare Unterlage, wie auch das Heizkissen, muß mit einer automatischen Abschaltvorrichtung ausgestattet sein. Besser ist die Wärmflasche; die ist ungefährlich und gibt auch heilsame Wärme ab.

Heizung

Sollte die Wohnung, die Sie im Alter nutzen wollen, eine Ofenheizung haben, dann ist es ratsam, jetzt schon eine andere Heizmöglichkeit zu wählen. Elektroheizungen haben sich bewährt; sie sind umweltfreundlich und kostengünstig, es fällt kein Staub, keine Asche, kein Ruß und kein Geruch an, es wird weder ein Brennstofflagerraum noch ein Tank benötigt. Ideal ist eine Nachtstromspeicherheizung. Sie nimmt nachts, wenn die Kraftwerke weniger beansprucht werden, den Strom für die Wärmespeicherung auf, und dieser Nachtstrom hat einen besonders niedrigen Tarif. – Ähnliche Vorteile hat das Heizen mit Gas. Falls eine Gasleitung in der Infrastruktur nicht schon vorhanden ist, wird die Installation allerdings sehr teuer.

Beleuchtung

Alte Menschen brauchen wegen der eingeschränkten Sehfähigkeit mehr Licht als junge. Außer einer guten Allgemeinbeleuchtung müssen überall dort, wo gelesen, geschrieben, gehandarbeitet wird und auch an möglichen Stolperstellen Leuchten mit gezieltem Licht angebracht werden.

Einbruchschutz

Alle drei Minuten wird in Deutschland eine Wohnung ausgeräumt! Dabei wird nicht nur gestohlen und zerstört, sondern auch Gesundheit und Leben sind in Gefahr. Allein schon der Schock durch die Anwesenheit eines Einbrechers im Haus kann für einen alten Menschen lebensgefährlich sein, ohne daß er tätlich angegriffen wird, was allerdings auch passieren kann.

Für den Einbruchschutz gibt es kriminalpolizeiliche Beratungsstellen, die kostenlos Ratschläge erteilen. Auskunft über die nächstgelegene Beratungsstelle erteilt jede Polizeistation. Die erforderlichen Ein- und Umbauten sind nicht billig, doch allein das Gefühl, innerhalb der Wohnung in

Sicherheit zu sein, ist das Geld wert. Es gibt Firmen, die sich ganz auf Einbruchschutz spezialisiert haben und vom Stahlgitter vor dem Kellerfenster bis zum Türspion alles einbauen.

Altenheim

»Bloß nicht ins Heim!« ein Angstruf fast aller Menschen, nicht nur der alten. Der Journalist Michael Preute, der eine Gruppe alter Menschen wegen eines Zeitungsartikels über längere Zeit begleitete, berichtet: »Jeder von ihnen fing bei der Vorstellung, morgen in ein Altenheim eingewiesen zu werden, zu zittern an. Einer sprach es für alle aus: ›Wenn ich im Heim lande, komme ich nur mit den Füßen voran wieder raus.‹«

Altenheime haben einen schlechten Ruf; viele, wenn auch bestimmt nicht alle, leider zu Recht. In einem *SPIEGEL*-Report über Altenheime schreibt Michael Preute: »Unterschiedslos werden Greise und Greisinnen, leichte wie schwere Pflegefälle, nach strammdeutschen Dienstplänen geweckt, gewaschen, gewendet, gefüttert, auf den Topf gesetzt, ins Bett beordert – Pflege im Akkord, Versorgung im Fließbandverfahren.« Nun wäre es äußerst ungerecht, alle Schuld dem Pflegepersonal zu geben. Altenpfleger und -pflegerinnen haben einen physisch und psychisch ungeheuer anstrengenden Dienst, und sie werden beschämend schlecht dafür bezahlt. Das führt zu großer Personalnot, zu Überstunden und damit zu einer ständigen Überforderung der pflegenden Personen.

Wie schon erwähnt, sind nicht alle Altenheime unbefriedigend, nur sind die guten und sehr guten meist teuer und sehr teuer. Doch gibt es durchaus auch preiswerte Heime, in denen es sich gut leben läßt, aber die sind wiederum oft auf Jahre hinaus »ausgebucht«.

Wenn Sie sich im Alter ein Leben in einem Heim vorstellen können, dann sammeln Sie zunächst Prospektmaterial. Woher bekommt man die Anschriften? Vom Sozialamt, vom Seniorenbeirat, von Wohlfahrtsverbänden, von den Kirchengemeinden; auch in den *Gelben Seiten* der Telekom können Sie nachschauen. Wenn Lage, Komfort und vor allem der Preis für Sie in Frage kommen, dann gehen Sie vor Ort und befragen – noch vor Heimleitung und Personal – die Bewohnerinnen. Was Sie da hören, ist weit aufschlußreicher als der schönste und umfangreichste Prospekt. Einige Heime bieten sogar Probewohnen an. Sie werden feststellen, wenn ein Heim preiswert und obendrein besonders gut beurteilt wird, ist prompt kein Platz frei. Wenn Sie interessiert sind, sollten Sie sich durch Voranmeldung, was oft mit einer größeren Anzahlung verbunden ist, einen Platz sichern.

Altenwohnanlage

Es handelt sich um Wohnanlagen, die speziell für Senioren gebaut werden und vom Staat, von den Wohlfahrtsverbänden, den Gemeinden, der Kirche oder von privaten Unternehmen geführt und unterhalten werden. Man bezieht allein oder mit Partner eine eigene Wohnung, meist bestehend aus Wohnzimmer, Schlafzimmer, Küche, Bad, WC. Innerhalb der Anlage befindet sich eine Kranken- bzw. Pflegestation, oft mit eigenem Arzt, immer mit Pflegepersonal. Diese Station kann im Notfall angerufen (meist einfach mit Knopfdruck von jedem Raum der Wohnung aus) oder aufgesucht werden. Es gibt Friseur, Masseur, Hand- und Fußpflege, Fahrbereitschaft, Hilfen zum Saubermachen der Wohnung und *Essen auf Rädern.* Weiter sind da Gemeinschaftsräume, wo man sich zum Unterhalten, Spielen, Tanzen und Fernsehen treffen kann. Meist gibt es auch einen Gymnastikraum, manchmal sogar ein Hallenbad. Es werden Veranstaltungen angeboten wie Chor, Gymnastik, Diskussionsgruppen, Laientheater. Das sind alles ähnliche Angebote wie im Heim, nur ist man halt wesentlich freier, vor allem nicht an eine gar so strenge Heimordnung gebunden. Sie können sich zurückziehen in Ihr eigenes Reich, und Sie können in der Gemeinschaft mitmachen, wie und wann Sie Lust haben. Und Sie werden, wenn Sie krank sind, versorgt; auch wenn Sie anderweitig Hilfe brauchen, ist jemand da, an den Sie sich wenden können. Ein weiteres Plus: Sie haben in Ihrer Wohnung Kündigungsschutz auf Lebenszeit.

Die Wohnungen werden von den oben erwähnten Trägern subventioniert, so daß man auch bei bescheidenen eigenen Mitteln zu einer Wohnung kommen kann. Allerdings tut rechtzeitiges, sogar sehr rechtzeitiges Anmelden not. Meist ist eine einmalige finanzielle Einlage (oft mehrere tausend Mark) Vorbedingung, um auf die Warteliste zu kommen. Dieses Einkaufen in die spätere Wohnung fällt leichter, wenn man noch seinen vollen Verdienst hat.

Großfamilie

Es gibt sie noch – auf dem Lande weit mehr als in der Stadt. Zwei Dinge sind für das Funktionieren einer Großfamilie lebensnotwendig: Platz und Toleranz. Ideal ist hier ein Haus mit der althergebrachten Einliegerwohnung für die Eltern bzw. Großeltern. Je enger es ist, desto mehr wird die Toleranz der einzelnen Familienmitglieder gefordert. Für viele Großmütter gibt es keinen schöneren Lebensinhalt, als die

Enkelkinder heranwachsen zu sehen und vor allem noch gebraucht zu werden.

Die Großfamilie sollte gemeinsam gewachsen sein. Problematisch ist es oft, erst im Alter zu den Kindern zu ziehen, von denen man lange Jahre getrennt gelebt hat. Bei jedem einzelnen hat sich dann schon viel Eigenständigkeit gebildet, und es ist nicht einfach, bis »zusammenwächst, was zusammengehört« (siehe auch Kapitel »Familie«).

Wohngemeinschaft

»Hey, hört euch das an, Leute, Oma zieht in 'ne WG!« Die Enkel schwanken zwischen Fassungslosigkeit und einem bewundernden »Mensch, irgendwie toll, die Olle«.

Zunächst gab es nur wenige Modelle von Alten-WGs, doch in letzter Zeit boomt es geradezu.

Was ist nun eigentlich eine WG? Es ist die Abkürzung für Wohngemeinschaft; und nun die nähere Definition: »Zusammenschluß mehrerer in der Regel nicht verwandter Personen zu einer Lebensgemeinschaft in einer gemeinsamen Wohnung. Dem Zusammenleben dienlich sind erfahrungsgemäß vor allem Sympathie, Solidarität, Übereinstimmung in wichtigen Daseinsfragen und gemeinsame Haushaltsführung.«

Es gibt WGs, in denen Jung und Alt zusammenleben und solche, in denen nur alte Menschen leben. Bei letzteren gibt es drei Arten: in der einen leben nur Frauen, in der anderen nur Männer und in der dritten Frauen und Männer.

Es gibt autonome WGs, die sich selbst organisieren und verwalten, aber auch betreute. Bei der betreuten WG gibt es professionelle Begleiter, die bei Organisation und Verwaltung helfen.

Die WG, in der verschiedene Generationen und Geschlechter zusammenleben, ist der Großfamilie nachempfunden, wobei diese Wahlfamilie gewisse Vorteile hat. Kinder können sich ihre Eltern und Eltern ihre Kinder nicht aussuchen, hierzulande auch nicht ihre Schwiegerkinder. Anders in der WG: hier kann man sich gegenseitig aussuchen. So fallen schon mal die Schuldzuweisungen aufgrund der Gene weg: »Diese Borniertheit hat er von dir« oder »Du bist genauso schlampig wie deine Mutter«. Ganz reibungslos geht es in einer WG natürlich auch nicht ab, und sicher gibt es auch WGs, die wieder auseinandergehen, was aber wesentlich einfacher ist und wohl auch mit weniger Herzblut vonstatten geht als das Zerreißen einer echten Großfamilie.

In Hamburg z. B. gibt es eine Vorzeige-Wahlfamilie, die man – auf Anmeldung – sogar besuchen darf. (Genaueres darüber siehe Buchvorschlag 1) Bei öffentlichen Informationsabenden hängt dort als Motto an der Wand: »Wohngruppen, wenn sie gelingen, sind soziale Kunstwerke.«

Auf zwei Bücher, in denen jeweils eine Wohngemeinschaft mit alten Menschen dargestellt wird, sei hier besonders hingewiesen, damit Sie sich (falls Ihnen das alles doch etwas exotisch vorkommt) ein Bild machen können. In dem einen wird eine WG beschrieben, in der ausschließlich ältere und alte Menschen, allerdings verschiedenen Geschlechts zusammenleben, das andere Buch berichtet von einer generationenübergreifenden WG.

Schachtner, Christel: Ein neues Leben, alt werden in einer Wohngemeinschaft. Frankfurt/M. 1989

Schmidt, Ulrich: Wahlfamilie, die Wohngemeinschaft Jung und Alt. Zürich 1990

Umfassende Informationen zum Thema Wohngemeinschaft alter Menschen sowie auch Adressenmaterial erhalten Sie von der Bundesgeschäftsstelle des Forums für gemeinschaftliches Wohnen im Alter, Lerchenstraße 37, 22767 Hamburg, Tel.: (040) 4393388.

Und wenn Sie nun selbst eine WG gründen, vielleicht sogar mit zusätzlichen Ambitionen wie Umweltschutz, politischem oder sozialem Engagement oder gar innerhalb eines Öko-Bauernhofs? Nur Mut!

Finanzierung

Sicher ist Ihnen aufgefallen, daß gerade beim Thema »Wohnen« besonders viel vom Geld die Rede war. Wohnen ist nun einmal teuer, und ohne Wohnen ist ein Leben im Alter kaum noch ein Leben. Eine obdachlose alte Frau – es gibt kaum etwas Trostloseres. Bei vielen Frauen in unserem Lande ist das Einkommen oder die Rente so niedrig, daß es zum Wohnen nicht mehr reicht. Im Idealfall sollte für das Wohnen nicht mehr als 25 % des Netto-Einkommens ausgegeben werden, doch vielfach sind es schon 30 bis 40 %. Bei einem geringen Einkommen bleibt selbst bei 25 % nicht viel zum Leben übrig. Wer allein lebt, kann sich die Mietkosten mit niemandem teilen – und viele Frauen leben allein. Um die finanziellen Lasten des Wohnens für Menschen mit wenig Einkommen zu mildern, wird in Deutschland ein Mietzuschuß, das staatliche Wohngeld, gewährt. Viele Frauen nehmen dieses Entgegenkommen nicht wahr, teils aus Unwissenheit, teils auch aus Scham über ihre Bedürftigkeit. Umfangreiche Information bietet die Broschüre »Wohngeld«, die man kostenlos bei Bezirksämtern oder beim Ministerium für Raumordnung und Städtebau, Deichmanns Aue 31-37, 53179 Bonn, erhalten kann.

Ob Sie nun mehr oder weniger gut bei Kasse sind, es sei hier noch einmal ausdrücklich gesagt: Denken Sie zur rechten Zeit ans Wohnen im Alter. Mit der rechten Zeit ist hier dic Zeit gemeint, in der Sie noch nicht im Ruhestand sind und daher ein besseres Einkommen haben. Wohnen ist teuer!

Literatur:

Wohnen im Alter allgemein:

Presse- und Informationsdienst der Bundesregierung (Hrsg.): Gemeinsam statt einsam. Kostenlos in Gemeinde- und Bezirksämtern erhältlich

Preute, Michael: Wenn Du alt wirst in Deutschland. Ratgeber für das Wohnen im Alter. München 1994

Schulz, Dorothea: Aktiv bleiben. Broschüre der Techniker Krankenkasse

Einrichten:

Biebricher, Rita E.: Richtig wohnen – selbständig bleiben bis ins hohe Alter. Frankfurt/M. 1991

Püttmann, Heinz: Älter werden – am liebsten zu Hause. Heidelberg 1990

Altenheim:

Altenheim-Adreßbuch. Hannover 1996

Frieling-Sonnenberg, Wilhelm: Altenheime in der Krise? Hannover 1992

Heime-Verzeichnis. Reha-Verlag, Bonn 1990

Alternatives Wohnen:

Alt sein – aber nicht allein – Neue Wohnkulturen für Jung und Alt. Votum Verlag, Münster 1993

Familie

Partnerschaft

Der Zeitpunkt der Pensionierung ist auch für die Zweierbeziehung ein großer Einschnitt, ein Prüfstein; besonders schwierig ist es für Paare, die nicht so gut miteinander auskommen und/oder die es nicht schaffen, sich mit den Problemen der Partnerschaft auseinanderzusetzen. Und dann wird man älter und bequemer, und allein sein will man auch nicht, und sooo schlimm ist er/sie ja nun auch nicht, und was ist, wenn man mal krank wird – also bleibt man halt zusammen. Für derart wacklige Gemeinschaften ist der Augenblick, in dem ein Partner oder gar beide »in Rente« gehen, eine besonders große Belastung. Vorher sah man sich mal kurz morgens, etwas länger abends und dann noch am Wochenende. Waren beide berufstätig, dann war die Freizeit auch oft ausgelastet mit Haushalt, Einkaufen, Gartenarbeit. Jetzt sieht man sich permanent – für manche Frauen ein Alptraum: Vorhölle statt gemeinsamen friedlichen Lebensabends!

Wenn es bei Ihnen jetzt schon kriselt, dann sprechen Sie miteinander! In Österreich las ich einmal auf einem riesigen Plakat der Kirchen zur Rettung der Ehe den Satz: »Solange Ihr streitet, redet Ihr wenigstens noch miteinander.« Bringen die Streitgespräche nichts, dann hilft vielleicht das Hinzuziehen eines Dritten, einer vertrauten Person als Schiedsrichter; wobei es dem oft schwerfällt, ein wirklich Unparteiischer zu sein; er wird wohl immer mehr dem einen oder der anderen verbunden sein. Ein professioneller Berater oder eine Beraterin kann da hilfreicher sein, einen Weg aus dem Dilemma der bröckelnden Partnerschaft zu einer neuen lebbaren Gemeinschaft zu finden.

Wo findet man nun eine solche Paar-Beratung? Sie können sich an die Kirchen, an Wohlfahrtsverbände oder an die Sozialbehörde bzw. das Sozialamt wenden, wo die Beratung sogar meist kostenlos ist. Eine weitere Möglichkeit wäre es, einen Psychotherapeuten aufzusuchen. Adressen kann man über die Krankenkassen erhalten; jedoch werden die Kosten von diesen kaum übernommen. Man muß mit ungefähr 100 DM für eine Stunde Beratung rechnen.

Ob mit oder ohne Hilfe von außen: Es wird immer wieder vorkommen, daß die Radikallösung – die Trennung – die beste Lösung ist, eingedenk des Spruches: Lieber ein Ende mit Schrecken als ein Schrecken ohne Ende. Wobei der Zeitpunkt der Pensionierung ein äußerst ungünstiger für diese krasse Entscheidung wäre. So vieles muß sich da wandeln, und dann käme noch diese ungeheure Veränderung des Lebens hinzu. Psychologen ordnen sowohl Trennung vom Partner als auch Pensionierung als Lebenskrisen ein – und dann zwei auf einmal, das kann zur Katastrophe führen. Den Zeitpunkt der Pensionierung können Sie kaum verschieben, doch mit der Klärung Ihrer Partnerbeziehung können Sie schon heute beginnen.

Auch der Tod kann uns den Partner nehmen. Wenn man es auch wegschieben möchte, wir müssen darüber nachdenken: Wie geht es weiter, wenn mein Partner vor mir stirbt? Laut Statistik ist das durchaus wahrscheinlich: bei den über 60jährigen gibt es sechsmal mehr Witwen als Witwer. Der Tod des Partners darf kein Tabu-Thema sein, und es ist nicht kaltherzig, jetzt schon zumindest über die äußeren Umstände nachzudenken. Besonders wenn Sie selbst keine Altersversorgung haben, muß ganz einfach über die finanzielle Seite gesprochen werden. Reicht es für Ihren Lebensabend? Können Sie dann noch Ihre Wohnung halten? Machen Sie sich mit Behördenangelegenheiten und finanziellen Dingen vertraut. Es soll Frauen geben, die nach dem Tod des Ehemannes nicht einmal in der Lage waren, einen Scheck auszuschreiben.

Sollte Ihr Partner im privaten Bereich dominierend sein, dann gibt es auch da einiges zu bedenken. Sind die gemeinsamen Freunde auch Ihre Freunde? So manche Frau stellt mit großer Überraschung und tiefer Traurigkeit fest, daß nach dem Verlust des Partners so nach und nach auch die Freunde verschwinden. Überprüfen Sie ruhig einmal, ob auch in Ihrem Alltag einseitig Regie geführt wird. Bauen Sie sich bei aller Liebe und allen Wünschen für ein langes Leben des Partners eine eigene kleine Welt auf. Der Verlust des Partners ist doppelt hart, wenn mit ihm Ihre ganze Welt verlorengeht. Dann sind Sie wirklich verlassen und allein.

Viele alleinstehende Frauen – ob schon immer Single gewesen oder erst später geworden – suchen einen neuen Partner. Das ist nicht einfach, besonders wenn Sie einen Mann ungefähr Ihres Alters suchen – es gibt einfach zu wenige. Von 100 Singles über 60 sind 86 Frauen.

So manche Frau findet es auch grotesk oder peinlich, mit grauem Haar auf Männerfang zu gehen – aber warum eigentlich! Es gibt gute Möglichkeiten, das ganz unauffällig und vielleicht sogar ohne bewußte Absicht zu betreiben. Die besten Chancen, jemanden kennenzulernen, hat nicht die Schönste und nicht die Reichste und nicht die Jüngste, sondern die Unternehmungslustige, die die meisten Leute kennt, die lebensfroh und neugierig ist. Gut geeignet als »Jagdrevier« sind Vereine, Clubs, Veranstaltungen, Kurse, Seminare, Workshops. Hier hat man schon mal *eine* Sache gemeinsam.

Laut Umfrage einer Frauenzeitschrift lernen sich auch erstaunlich viele ältere Paare via Annonce kennen. Warum nicht? Vor allem für Frauen, die abgelegen auf dem Lande leben oder eher schüchtern sind, ist das doch eine gute Möglichkeit.

Abschließend noch eine ganz andere Frage: Muß es denn unbedingt ein Mann sein? (Näheres unter »Sexualität«)

Auf das komplexe Thema Partnerschaft kann hier seiner Vielschichtigkeit wegen nicht tiefer eingegangen werden; es würde den Rahmen dieses Buches sprengen. Zur Vertiefung sei hier folgende Literatur empfohlen:

Caine, Lynn: Und plötzlich stehst du allein – Rat und Hilfe für Witwen. Reinbek 1990

Cassell, Carol: Die Sehnsucht nach dem siebten Himmel. Reinbek 1986

Jaeggi, Eva: Wenn Ehen älter werden: Liebe, Krise, Neubeginn. München 1992

Lauritzen, Christian: Ehe in reifen Jahren. Stuttgart 1991

Lützen, Karin: Was das Herz begehrt – Liebe und Freundschaft zwischen Frauen. Reinbek 1990

Schmitz-Köster, Dorothee: Liebe auf Distanz – getrennt zusammenleben. Reinbek 1991

Stemmer-Beer, Roswitha: Zu alt für die Liebe – Liebe und Partnerschaft im Alter. München 1994

Tessina, Tina: In guten wie in schlechten Tagen – Anregungen für homosexuelle Paare. Reinbek 1991

Vaughan, Diane: Wenn Liebe keine Zukunft hat – Stationen und Strategien der Trennung. Reinbek 1990

Kinder aus dem Haus

»Als der Sohn erwachsen wurde, war doch oft miese Stimmung im Haus. Die Meinungen und die Lebensweise drifteten immer mehr auseinander. Vielleicht bin ich altmodisch – aber ich hatte auch große Probleme damit, daß unter der Teddy-Galerie im Kinderzimmer jetzt mein Sohn mit der Freundin im Bett lag. Als er auszog, war ich richtig von einem Druck befreit. Wenn er jetzt zu Besuch kommt, ob mit oder ohne Freundin, ist das immer locker, und wir haben viel Freude aneinander.«

»Ja, als die Töchter aus dem Haus gingen, erst die eine und bald darauf die andere, das war ganz schlimm für mich. Ich konnte nichts mit mir anfangen, die Wohnung war so leer ohne die beiden, und bei mir drin im Innern war es auch leer. Ich wurde sogar das erste Mal in meinem Leben richtig krank: Magen und Kreislauf.«

Im ersten Fall führte der Kinder-Exodus eher zu einer Lösung der familiären Probleme, im zweiten Fall stürzt die Mutter in ein Stimmungstief.

»Kinder aus dem Haus« bezeichnen die Soziologen als eine ernste Krise im Leben eines Menschen; sie hat sogar einen Namen: *Empty-Nest-Situation*. Diese Krise wird wohl von nicht-berufstätigen Müttern als besonders hart empfunden. Für diese Frauen kommt »Kinder aus dem Haus« der Pensionierung gleich, und sie können, sind sie unvorbereitet, wie »echte« Rentnerinnen in das Ruhestands-Loch fallen. Für solche Frauen tut die gesamte Skala der in diesem Buch gegebenen Vorbeugungsmaßnahmen für den Ruhestand ebenso not wie für die Berufstätigen.

Doch auch für die Haushalt-plus-Beruf-Mutter kann das leere Nest sehr wohl zur Krise werden. Wir sollten versuchen, den Auszug unserer Kinder nicht als Verlust zu sehen, sondern als Gewinn für unsere ureigensten Bedürfnisse, die doch wegen des Sorgens und Versorgens der Kinder meist hintangestellt werden mußten.

Und was leer ist, kann schließlich gefüllt werden. »Wir haben uns gleich einen Hund angeschafft.« Auch eine Möglichkeit – schnell wieder etwas Lebendiges ins Nest legen! Viele Frauen helfen sich aus dem Gefühl der Leere heraus, indem sie eine neue Tätigkeit aufnehmen, durch Pflegen eines – vielleicht bisher vernachlässigten – Hobbys oder durch Weiterbildung.

Nun gehen ja die Kinder im Regelfall nicht auf Nimmerwiedersehen von uns; oft wird die familiäre Beziehung sogar besonders gut, wenn die Alltagsreibereien wegfallen.

Ein großes Problem erwächst uns daraus, daß die Kinder zwar flügge sind, die Nabelschnur ist endgültig durchtrennt, doch es fällt uns furchtbar schwer, sie ganz loszulassen. Das Hauptanliegen der Mütter ist doch, daß es den Kindern gutgehen möge, und das bleibt so, seien sie nun nah oder fern. Und wenn es ihnen gutgeht, dann ist auch für uns die Welt in Ordnung. Doch wehe uns, wenn es schlecht um die Kinder steht, weil ihnen Leid zugefügt wird, weil sie auf die schiefe Bahn geraten, in schlimmer Gesellschaft sind, sich krank machen, sich selbst zerstören, unglücklich sind. Dann fühlen wir uns wie ans Kreuz gebunden. Jetzt stehen wir am Rande; wir können sie nicht mehr an die Hand nehmen, vermutlich würden sie uns auch abschütteln. Und dann kommen die grausamen Schuldgefühle, wir fühlen uns verantwortlich für all das Schlimme, das unser Kind durchmacht. Und dann grübeln wir und graben in der Kindheit – sagen doch die Psychologen, daß die frühen Lebensjahre über das Wohl und Wehe eines Menschen entscheiden. Was haben wir falsch gemacht? Wir grübeln und grübeln und belasten unser Leben – sinnlos! Denn der Zug ist abgefahren, so oder so, wir können die Uhr nicht zurückdrehen.

Allerdings ist auch der andere Fall denkbar, nämlich daß die »ausgezogenen« Kinder nicht loslassen:

»Mit den frohen Botschaften sind sie ja zurückhaltend, da gilt: keine Nachricht, gute Nachricht. Aber jeder Kummer wird mir brühwarm und schonungslos mitgeteilt. Und es ist ja auch recht und schön, daß sie Hilfe erwarten, aber ich spüre, daß sie da mehr an Hilfe materieller Art denken. Wehe, ich rühre an die Ursachen ihrer Probleme; wehe, ich übe Kritik an ihrem Lebenswandel oder erlaube mir gar, einen Rat zu erteilen. Sie erwarten Verständnis und konkrete Hilfe, aber ansonsten habe ich mich rauszuhalten. Das zermürbt. Oft gebe ich natürlich auch schlicht und einfach Geld, und ich habe dann das Gefühl, ich müßte für etwas bezahlen. Wofür? Ja, irgendwie ist es wohl meine Schuld, daß sie so geworden sind, oder?«

Wie kann man nur diesen Müttern helfen? Sie leiden so sinnlos. Wir müssen uns mit aller Deutlichkeit sagen, daß wir nicht länger Verantwortung für das Sein und Tun unserer erwachsenen Kinder tragen. Wir waren verantwortlich, als sie klein waren, und ob wir ihnen nun mehr oder weniger gut bei der Entfaltung ihrer Persönlichkeit geholfen haben – es ist gelaufen, von uns jetzt nicht mehr zu ändern. Wenn wir uns auch gedanklich mit Schuldgefühlen martern, es hilft den Kindern überhaupt nicht – aber uns, unserer Seele, fügt es tiefen Schaden zu. Wir müssen versuchen, einen gesunden Egoismus zu entfalten, wir müssen *unser* Leben leben, wir müssen frei werden – das sei unser Ziel, wenn die Kinder erwachsen sind.

An dieser Stelle soll meine Tochter Sandra zu Wort kommen: »Für die Kinder ist es im übrigen auch eine große

Entlastung, wenn sie das Gefühl haben, die Eltern kommen auch ohne sie gut zurecht. Es kann sich daraus eine ganz neue, fruchtbare, vielleicht eher freundschaftliche Beziehungsebene entwickeln. Eine ewig sorgenvolle Mutter belastet auch das Kind mit Schuldgefühlen, kann sogar Wut erzeugen, und letztlich wird eine gesunde Entwicklung zur Eigenständigkeit und Autonomie behindert. Natürlich soll die Mutter ihrem Kind zeigen, daß sie interessiert an seinem Lebensweg ist, aber sich bitte nicht aufdrängen. Eine Mischung aus Aufmerksamkeit einerseits und In-Ruhe-Lassen (ohne dabei gleichgültig zu sein) andererseits ist ideal für das Wohl von Mutter und Kind.«

Viele Mütter verdrängen auch nach dem Auszug der Kinder ihr Ich, sind nach außen nur das, was ihre Kinder sind. Die Umwelt macht es ihnen aber tatsächlich nicht leicht. Man sieht sich mal wieder nach langer Zeit – Begrüßung: »Wie geht's den Kindern?« Meist ist das keine Frage nach deren körperlichem oder geistigem Wohlergehen, sondern danach, ob »was aus ihnen geworden ist«. Wohl dem, der die Frage so beantworten kann wie die Gattin unseres ehemaligen Bundespräsidenten, Frau v. Weizsäcker: Alle wohlgeraten, alle ehrsame akademische Berufe mit Anstellung, alle sozialkonform verheiratet!

Wie muß sich dagegen eine Frau aus der Schlinge winden, deren Tochter in einer linken Öko-WG auf dem Lande haust und Straßenblockaden gegen Atom-Transporte errichtet? Eva Marie Solheim sagt in ihrem Buch »Älter werden wir später« (Hamburg 1993) zu diesem Thema: »Ob hoch oder niedrig, Gefühle sind für alle gleich. Wenn dein Sohn ein Penner ist, hast du nicht einmal als Professor ein gutes Selbstgefühl, aber wenn *er* Professor ist, dann ist dein Selbstgefühl garantiert in Bestform, wozu du selbst es im Leben auch immer gebracht haben magst.«

Und dabei spielt es nicht einmal eine Rolle, ob es der Öko-Tochter womöglich körperlich und seelisch blendend geht, während der professorale Sohn kreuzunglücklich ist.

So dürfen wir uns nicht verleugnen. Von den erwachsenen Kindern erwartet man, daß sie eigenständige Menschen werden, ihr Leben selbst bestimmen. Und was machen wir? Wo bleibt unsere Eigenständigkeit? Wenn wir uns mit unseren Kindern identifizieren, ihr Lebensweg auch den unseren bestimmt, dann wird nichts aus unserer Selbstverwirklichung. Ob wir zur grauen Maus werden, weil aus unseren Kindern »nichts geworden ist« oder zur triumphalen Lichtgestalt, weil sie so großartig sind – falsch ist beides. Egal, was wir sind – aber *wir* sind es!

Großmutter

»›Laura ist da‹, drei knappe Worte – vom Schwiegersohn durchs Telefon, doch welche Wirkung. Großmutter – ich bin wahrhaftig Großmutter geworden. Als dann noch ›Mutter und Kind gesund‹ folgte, war da ein irrsinniges Glücksgefühl in mir – ich weinte und lachte zugleich und hüpfte herum. Der dazugehörige Großvater staunte nur und nannte mich ›eine verrückte Urschel‹. Er freute sich auch, schon, aber wesentlich gebremster.«

Es hat schon etwas Faszinierendes, Großmutter zu werden, eine neue Generation zu erleben, junge, zarte Blättchen am Lebensbaum, wo du schon knorriger Ast bist.

»Und als ich sie dann sah, dies winzige Bündel da im Körbchen, da ging es nochmal mit mir durch, diesmal stiller, Schauer auf der Haut – ich glaube, ich habe gebetet. Also, so feierlich war mir nach der Geburt meiner Kinder nicht, da steckt man wohl zu aktiv mit drin und muß gleich praktisch denken. Ach, und als ich sie dann erst im Arm hatte, die zarte Haut an meiner Wange, der süße Kälbchengeruch – na ja, ich war so voller Liebe.«

Oft kommen diese wunderbaren Kuschelgeschöpfe gerade dann in unser Leben, wenn wir einen Mangel an Nähe, an Liebe spüren. Mit den Kindern findet meist nur noch eine kurze Umarmung bei Begrüßung und Abschied statt, der Ehemann ist auch mehr auf Distanz gegangen, und jetzt haben wir also diesen kleinen Körper, dieses süße Wesen im Arm, das bedingungslos unser Verlangen nach Nähe, nach Liebe befriedigt.

Allerdings fallen nicht alle Neu-Großmütter in solchen Freudentaumel. Eine Freundin von mir erzählte mir folgendes:

»Als meine Tochter mir mitteilte, daß ich demnächst Großmutter werden würde, hatte ich Mühe, ihr gegenüber meine Bestürzung zu verbergen und mußte ehrlich gesagt Freude heucheln. Oma – um Gottes willen – ich sah meine eigene Großmutter vor mir, mit schütterem Haarknoten, dunkelblauem Kleid mit weißen Blümchen und darüber eine weiße Schürze mit dunkelblauen Blümchen über formloser Taille. Ich rannte zum Spiegel und sah eine blonde Frau, gute Figur, schickes Kostüm – mein Gott, und dann Oma; ich wollte doch gerade mit meinem neuen Lebensgefährten auf Urlaub fahren. Nein, also es paßte mir überhaupt nicht, Großmutter zu werden.«

Nun paßt die Großmutter unserer Tage sowieso nicht in das Bild der Märchenbücher, der Kinderbücher vergangener Zeit. Diese Märchen-Großmutter entspricht dann schon eher den heutigen Urgroßmüttern.

Auch bei der begeisterten Großmutter legt sich nach einer Weile das Pathetische, und es gilt, die Beziehung zu den Enkelkindern aufzubauen und die zu den Kindern neu zu definieren.

Ob Sie sich nun mehr oder weniger freuen, ob die Enkelkinder nah oder fern sind – nicht kopfüber in die Beziehung stürzen, es gilt, einiges abzuwägen. Es ist auch nicht falsch, sich lange vor Ankunft der neuen Generation Gedanken darüber zu machen, ehe uns die Emotionen überrumpeln.

Die Mutter, die für ihre Kinder lange Zeit nicht mehr so wichtig war, wird dann wieder dringend gebraucht – als Babysitter. Stellen Sie sich jetzt schon ganz nüchtern die Fragen: Habe ich Lust dazu? Kann ich mir das körperlich zutrauen? Werde ich vielleicht ausgenutzt? Traue ich mich, auch einmal nein zu sagen? Kann ich es ertragen, auf gerade gewonnene Freizeit und Freiheit zu verzichten?

Frau Sch., Großmutter von sieben Enkeln, sechs Monate bis acht Jahre alt, die alle in der Nähe wohnen: »Oft kriege ich schon Herzklopfen, wenn das Telefon geht, weil es halt oft bedeutet, daß ich einige Enkelkinder hüten soll. Versteht mich nicht falsch, ich habe meine Enkelkinder wirklich gern, ich will auch unbedingt Kontakt zu ihnen halten, und ich bin ja auch gern mit ihnen zusammen, aber nicht so willkürlich und nicht gar so oft. Ich traue mich aber nicht, auch einmal nein zu sagen. Neulich habe ich zu einer lächerlichen Notlüge gegriffen: ich habe gesagt, daß ich eine dringende Verabredung hätte, was gar nicht stimmte. Und dann mußte ich auch noch die ›dringende Verabredung‹ einweihen, damit ich mich nicht verrate. Ich kam mir so schäbig und gemein vor, daß ich überhaupt nichts von dem »freigelogenen« Tag hatte. Ich gehe jetzt immer hin, auch wenn ich mal gar keine Lust dazu habe.«

Machen Sie doch, noch während Sie berufstätig sind, Probe-Betreuungsstunden, -tage oder auch -wochen. Seien Sie dann ganz ehrlich zu sich: Überwiegt die Freude am Hüten (daß das kein dauernd lustvolles Hochgefühl ist, wissen wir alle), oder sind Sie doch eher genervt? Wenn Sie die Tage zählen, bis der »Urlaub mit den Enkeln« endlich vorbei ist, wenn Sie die Verantwortung bis in die Träume hinein bedrückt, wenn das Schönste am Kinderhüten der Moment ist, da sie wieder gehen, dann ist Vorsicht geboten, dann ist das – zumindest als ständige Einrichtung – weder für Sie noch für die Kinder eine gute Sache. Es hat dann keinen Sinn, daß Sie sich zwingen, nach dem Motto: »Man hat als Großmutter für die Enkel da zu sein, das ist meine Pflicht … und was sollen die Leute denken!« Wenn Sie sich darüber im klaren sind, daß ihnen zuviel Enkelkind zuviel ist, dann kommt die nächste Hürde: Wie sag ich's meinem Kinde? Das ist nun in der Tat nicht einfach und kann durchaus zum Debakel werden: »Du liebst wohl deine Enkelkinder nicht, was bist du für eine Großmutter, andere wären selig … und überhaupt …« Wenn sich der erste Sturm gelegt hat und Sie verständlich machen konnten, daß die Häufigkeit der Kinderbetreuung doch nicht mit dem Begriff »Liebe« korrespondieren muß, dann machen Sie einen Vorschlag: Sie übernehmen die Kinder an einem fixen Tag – ganztägig oder für Stunden. Dieser kinderfreie Tag ist für die Eltern eine herrliche Sache, und Sie selbst haben durch die begrenzte und fest eingeplante Zeit dann auch Freude an den Kindern. Wenn die Kleinen dann weg sind, entspannen Sie sich mit dem wunderbaren Gefühl eines guten Gewissens nach einem ausgefüllten, erlebnisreichen Tag.

Überlegen Sie auch, was Sie leisten können und mögen und was nicht. Vielleicht gehen Sie gern mit den Kindern auf den Spielplatz, oder Sie hassen es geradezu, »Mensch ärgere dich nicht« zu spielen. Oder Sie helfen lieber den Großen bei den Schularbeiten statt die Kleinen zu füttern und zu wickeln. Als Mutter hatten Sie damals keine Wahl, als Oma stehen Sie dazu, daß Sie das eine gern machen und das andere eben nicht.

Aber halten Sie Kontakt zu den Enkelkindern! Die Großmutter kann soviel bedeuten im Leben eines Menschen.

»Wenn ich heute an die besonders glücklichen Stunden meiner Kindheit denke, dann ist da immer Großmutter: klein, rund, verschmitzt, liebevoll. Mein Vater war selten zu Hause, meine Mutter sehr korrekt, aber irgendwie unnahbar. Dafür war Oma zum Anfassen! Sie wohnte nicht weit von uns entfernt in einem richtigen Großmutter-Haus, einer Fachwerkkate mit buntem Bauerngarten darum. Wie oft bin ich die Strecke zu ihr hin geradelt. Wenn ich klingelnd um die Ecke bog, stand sie schon in der Tür, und sie umarmte mich jedesmal mit einer Freude, als sei ich nach langer Zeit aus der Fremde zurückgekehrt. Und dann: ›Na, was ist los, erzähl' mal.‹ Dieser Ausspruch allein machte mich schon froh; ich wünschte, heute sagte das auch mal wieder jemand zu mir. Und dann sprudelte ich los: Harmloses, Lustiges, Aufregendes, und vor allem Kummer konnte ich bei ihr ausschütten. Wir haben viel zusammen gelacht, und sie konnte so wunderbar trösten.« (Lisbeth, 50 Jahre)

»Mit den Babys konnte ich als Oma gar nicht so sehr viel anfangen. Ich fand sie süß, aber mehr Freude habe ich an ihnen, seit sie größer sind. Ich mache gern mit den Enkelkindern Urlaub. Letzten Sommer war ich mit vieren – fünf bis acht Jahre alt – an der See. Meine Freundin mit ihren beiden Enkelkindern war auch mit von der Partie. Wir hatten uns einen großen Bungalow gemietet – also das war eine gelungene Sache. Die Kinder verstanden sich erstaunlich gut miteinander, hatten sich gegenseitig zum Spielen, so daß wir beiden Alten auch mal erwachsen klönen konnten. Am Strand erregten wir richtig Aufsehen – die beiden Großmamas mit der Enkelkinderschar.« (Sophie, 54 Jahre)

So als segenspendende Oma auftreten zu können, ist natürlich schön und für alle Seiten äußerst befriedigend. Die Großmutter, die ständig in der Familie lebt, die die Kleinfamilie zur Großfamilie macht, hat da meist einen ungleich schwereren Stand. Sie ist da oft die »Omma für't Jrobe«. Während die eine die vergnüglichen Ferien mit den Enkeln verbringt oder besucht wird oder zu Besuch kommt, gehört die andere zum Alltag. Da gibt es dann doch häufig Reibereien – vor allem auch mit der Generation dazwischen. Der Oma wird jede Einmischung übelgenommen, obwohl sie manchmal platzt, weil es – oft wohl auch zu Recht – besser weiß. Wenn Sie einen Rat anbringen möchten, gehen Sie halt diplomatisch vor. Vielleicht leiten Sie das Ganze mit einem Lob ein, wie toll die jungen Eltern das so hinkriegten, aber ... Und nie Kritik in der Streßsituation üben; in der Wut fallen dann auf beiden Seiten böse Worte, und die machen alles nur noch schlimmer. Ganz ohne Reibereien wird es kaum gehen, wenn man so eng aufeinander lebt. Wenn es räumlich und finanziell irgend möglich ist, sollten Sie sich innerhalb der Großfamilie ein Refugium schaffen. Im Idealfall ist das die sogenannte Einliegerwohnung. Doch auch ein eigenes Wohn- und Schlafzimmer ist geeignet, in das sich die Großmutter zurückziehen kann, wo sie zu bestimmten Zeiten auch nicht gestört werden darf.

So oder so – nehmen Sie Ihre Rolle als Großmutter wahr. Und wenn Sie auch keine biologische Großmutter sind, so brauchen Sie auf diese Funktion nicht zu verzichten. Es gibt sicher Großnichten, -neffen oder Nachbarskinder, die dringend eine Oma brauchen. Oma hat Zeit, Oma kann zuhören, Oma zeigt Verständnis; Oma und Enkel halten oft die gleichen Dinge für wichtig, Dinge, die die Zwischengeneration als unwichtig abtut. Und wenn Klein Sophie beim Abschiedwinken sagt: »Es war richtig schön bei dir, ohne das ewige Gemeckere von Mami«, oder wenn der Teenager Sophie nach einem Gespräch Sie mit den Worten »Wie schön, daß ich dich habe« an sich drückt – na, das ist doch was!

Im Urlaub in der Bretagne sah ich einmal eine Grandma aus London, mit ihren Enkelkindern, die trug ein T-Shirt mit der Aufschrift: »If I had known what fun it is to have grandchildren, I would have had them first.«

(»Wenn ich gewußt hätte, wieviel Spaß man mit Enkelkindern hat, hätte ich sie zuerst bekommen.«

Literatur:

Richter, Ursula: »Was heißt hier Oma« – das Selbstverständnis der Großmütter von heute. Stuttgart 1994

Schwiegermutter

Die Schwiegermutter – eine Gestalt im Zwielicht, eine Gestalt der Widersprüche. Schließlich kann die böse Schwiegermutter der Karikatur und die liebe, gute Großmutter aus dem Märchenbuch durchaus dieselbe Frau sein. Und es scheint, als sei die Schwiegermutter der jungen Frau, also die Mutter des Sohnes, noch viel »böser« als die des jungen Mannes, wobei die beiden wiederum sehr ähnlich sein können.

Väter sollen ja auch keinen Mann der Welt gut genug für ihre kostbaren Töchter finden, aber da ist es mehr der Gedanke vorher; ist der Schwiegersohn dann leibhaftig da, und hat er gar noch für den Fortbestand der Familie gesorgt, wird er akzeptiert und oft zum guten Kumpel. Das Verhältnis der Mutter zur Schwiegertochter ist wohl komplizierter – Rivalität um den gleichen Mann. Die Schwiegertochter ist eifersüchtig auf die Mutter ihres Mannes und umgekehrt.

Vieles am Schwiegermutter-Mythos ist natürlich Klischee. Vieles hat sich aber auch gewaltig geändert.

»Einer der aufregendsten Tage meines Lebens war, als ich meiner zukünftigen Schwiegermutter vorgestellt werden sollte. Die Nacht vorher hatte ich kaum geschlafen. Vollgestopft mit Ermahnungen und Tips meines Verlobten, betrat ich zitternd das Schwiegerhaus. – Heute ist es so, daß mein Sohn mir sagt, wie ich mich seinen Freundinnen gegenüber zu verhalten habe.« (Ilse, 62 Jahre)

Den heute so um die 60 Jahre alten Frauen wird heute auch allerhand zugemutet. Sie werden beurteilt, aber nach ihrem Urteil wird nicht gefragt. Damals zitterten sie vor der Schwiegermutter, heute vor den Schwiegerkindern oder vor den eigenen Kindern, die einem eins auf die Finger geben, wenn man sich nicht richtig verhält.

Nun muß man berücksichtigen, daß sich Schwiegereltern und Schwiegerkinder zunächst völlig fremd sind. Wir haben sie uns nicht ausgesucht, das waren unsere Kinder. Vielleicht sind sie uns gleich sympathisch. Wenn das auch noch auf Gegenseitigkeit beruht, dann ist die Welt in Ordnung. Besonders fassungslos sind wir, wenn sich Sohn und Tochter einen Menschen aussuchen, der so ganz anders ist als wir, der so gar nicht unserem Traumbild eines Schwiegerkindes entspricht, das wir schlimmstenfalls unsympathisch und für das Heil unseres Kindes bedrohlich finden. Da muß dann Ruhe und Anstand walten: Wir müssen unser Urteil hintanstellen, wir müssen die Wahl unseres Kindes akzeptieren und versuchen, sie zu verstehen. Wenn unser Kind mit dem uns mißfallenden Menschen glücklich und zufrieden ist – ja, was wollen wir denn mehr, als daß es unserem Kinde gutgeht. Über Toleranz und auch Bereitschaft zu Gespräch und Auseinandersetzung wird sich ein Weg zum

Schwiegerkind finden lassen – und außerdem: *wir* sollen ja nicht mit ihm zusammenleben.

Die Geburt der Enkelkinder kann die Beziehung der Schwieger-Verwandten auf eine neue Ebene heben. Die Schwiegertochter, die Ihr Enkelkind gebiert, rückt Ihnen deutlich näher, eine Art Solidarität entspinnt sich, auch wenn Sie sich vorher nicht so grün waren.

»Ich werde nie vergessen, als meine Schwiegermutter, zu der ich ein ziemlich kühles Verhältnis hatte, mich nach der Geburt meines ersten Kindes in der Klinik besuchte. Sie küßte mich ganz zart auf die Wange und sagte: ›Danke‹. Kein anderer Glückwunsch hat mich so ergriffen, wie dieses eine kleine Wort.« (Erika, 65 Jahre)

Eine seltsame Beziehung entsteht zwischen den beiden Schwiegermüttern. Zwei sich vorher meist völlig fremde Frauen bekommen plötzlich im hohen Alter je ein Kind, jede das Kind der anderen, und sie werden Großmütter desselben Enkelkindes. Oft läuft es auf eine Rivalität um die Gunst der Enkel hinaus. Schade, es ließe sich doch auch etwas Schönes daraus machen, aufeinander zugehen, sich nahekommen, vielleicht sogar eine Freundschaft entstehen lassen.

Alte Tochter – alte Eltern

Unsere hohe Lebenserwartung hat innerhalb eines gar nicht so langen Zeitraums zu einer erstaunlichen Verschiebung geführt: Während früher die 30- bis 40jährigen für ihre 60- bis 80jährigen Eltern sorgten, sind es heute oft die 50- bis 70jährigen, die sich um ihre 80- bis 100jährigen Eltern kümmern. Und meist sind es die Frauen, die sowohl die Sorgenden als auch die, die versorgt werden, sind. In einem Alter, in dem wir die Befreiung vom Arbeitsleben genießen könnten, in dem wir andererseits selbst anfangen, die Beschwernisse des Altwerdens zu spüren, werden wir wieder in die Pflicht genommen zu sorgen, Verantwortung zu tragen, auf Freiraum zu verzichten.

»Meine 87jährige Mutter ist durch ein Hüftleiden und eine Sehschwäche ziemlich behindert. Ich bin mit 62 Jahren gerade Rentnerin geworden, bin alleinstehend. Da meine Geschwister alle Familie haben, nahm ich Mutter zu mir. Ich bin so ganz schön angebunden und kann die schöne Freizeit als Pensionärin mit gutem Auskommen nicht für die langersehnten Reisen nutzen. Aber ich kann auch nicht sagen, daß ich unglücklich bin. Meine Mutter ist eine verträgliche Frau, und wir kommen gut miteinander aus. Ihr Leben lang hat sie gegeben, vor allem Güte, und sie gibt weiter. Sie teilt meine Sorgen, sie hört mir zu – ich glaube, ohne sie wäre ich ganz schön einsam, zumal ich hier erst seit kurzem wohne und wenig Leute kenne. … Ja, es stimmt, manchmal bin ich dann doch gereizt, Ich würde doch zu gern mal ein Wochenende wegfahren oder gar mal eine längere Reise machen. Sie merkt das dann auch gleich, sagt dann, daß sie doch eine große Last für mich sei. Dann kriege ich gleich ein schlechtes Gewissen, gebe ihr schnell einen Kuß und sage: ›Ich weiß doch gar nicht, was ich ohne dich täte‹.« (Judith)

»Ich habe eine 89jährige Mutter, um die ich mich kümmere, besser gesagt, kümmern muß. Sie ist körperlich zwar nicht schwer, aber doch behindert durch stark schmerzende Bandscheibenprobleme, aber sie ist leidlich mobil, geistig topfit – und unverträglich, fast bösartig. Mit ihr zusammenzusein ist alles andere als ein Genuß. Die Unterhaltung mit ihr ist unerfreulich und einseitig, denn meist redet nur sie. Die Menschen ihrer Umgebung werden schlechtgemacht, nur wie sie selbst ist, denkt und fühlt und was sie tut, ist richtig. Sie kann nicht lieben, nicht geben, nur fordern, und das eisern und unerbittlich, aber heuchlerisch: ›Ich habe ein besonders leckeres Mittagessen für uns vorbereitet‹, sagt sie, obwohl sie genau weiß, daß ich um elf Uhr gehen muß. Sie hört mir nicht zu, spricht nur von sich, von ihren Erlebnissen, ihrer Überlegenheit über alle und alles. Sie fragt nie nach meinen Problemen, Sorgen oder Freuden. Natürlich höre ich von allen Seiten: Warum tust du dir das an? Warum besuchst du sie überhaupt dauernd und kümmerst dich um sie? – Ja, warum? Es ist sonst keiner da, der sich um sie kümmert. Meine Geschwister wohnen weit weg, und die haben es auch geschafft, sich schon früher von ihr zu befreien; sie haben räumlich und gedanklich Abstand geschaffen. Einen Freundeskreis hat sie natürlich nicht. So hat sie nur mich – und es ist doch schließlich meine Mutter. – Ja, sicher, das stimmt schon, mein Leben könnte so schön sein, jetzt mit der guten Rente und so, wenn ich nicht dauernd zu ihr hinmüßte, die doch nie mit mir zufrieden ist, weil ich nicht noch öfter komme, weil ich nicht noch länger bleibe, weil ich Tennis spiele, weil ich ehemalige Kollegen besuche, weil ich die Enkelkinder hüte, weil ich im Büro meines Sportvereins aushelfe. Manchmal kann ich mich des Gedankens nicht erwehren, daß es ihr irgendwie Genuß verschafft, in mir schlechtes Gewissen zu erzeugen. – Ja natürlich, ich habe immer wieder versucht, mit ihr zu sprechen, aber selbst bei der kleinsten Andeutung von Kritik bricht sie haltlos in Tränen aus, bekommt einen richtigen Heulkrampf. Manchmal möchte ich natürlich alles hinschmeißen, möchte ihr kurz und gezielt die Meinung sagen – aber ich wäre doch nicht frei. Das schlechte Gewissen würde mich auf

Schritt und Tritt verfolgen. – Es ist halt mein Los.« (Anne, 63 Jahre)

Beide Töchter haben nicht gut vorgeplant. Beide hätten lange vor dem Punkt Null den Fall »Was wird aus unseren Eltern, wenn sie Hilfe brauchen?« im Familienkreis besprechen müssen. Wobei sich im ersten Fall, bei dem guten Mutter-Tochter-Verhältnis, sich heute noch etwas machen ließe; nämlich wenigstens eine zweite Person zu finden, zu der die Mutter Vertrauen hat oder entwickeln könnte. Diese Frau (ein Mann wird es kaum sein) könnte sogar für ihre Dienste entlohnt werden, falls es aus eigenen Mitteln oder mit Hilfe der Pflegeversicherung möglich ist. Auch die Geschwister mit Familie könnten doch dafür herangezogen werden. So etwas sollte natürlich rechtzeitig geschehen, ehe ein Notfall eintritt, zum Beispiel eine plötzliche Krankheit der Tochter. Nicht zuletzt für die alte Mutter ist es besser, wenn sie sich möglichst frühzeitig an eine andere Person gewöhnen kann.

Lassen Sie die Last, für einen alten Menschen zu sorgen, nicht nur auf Ihren Schultern ruhen; Sie könnten daran zerbrechen, schließlich sind Sie dann ja auch nicht mehr die Jüngste. Es muß wenigstens ein zweites Paar Schultern da sein, das die Last tragen hilft. Auch auf Ihr Verhältnis zum alten Menschen wirkt es nur vorteilhaft, wenn Sie auch einmal aus allem herauskommen. Die gütige alte Dame mit dem Hüftleiden wird bestimmt Verständnis zeigen und sogar froh über eine Entlastung ihrer Tochter sein.

Der zweite Fall ist wegen des schlechten Mutter-Tochter-Verhältnisses weit problematischer. Mutter und Tochter – sowieso eine äußerst schwierige Zweierbeziehung. Vor allem bleiben wir bis an unser Lebensende Töchter, während die Söhne, von ödipalen Beziehungen abgesehen, die Sohn-Rolle als Erwachsener gut abgeben können. Obwohl wir längst nicht mehr zu Hause wohnen, eigene Kinder großgezogen haben, neben dem Haushalt einen weiteren Beruf ausüben – wir bleiben Töchter. Viel stärker als von den Söhnen wird von uns Zuwendung, Pflege, Hilfe, Besuche, auch Hautkontakt, Zärtlichkeit gefordert, selbst dann, wenn die Liebe erloschen ist, wenn da nur noch Pflichterfüllung, kindlicher Gehorsam und schlechtes Gewissen ist.

Margret Forster hat in ihrem Roman »Mother can you hear me?« das Drama der »ewigen Tochter« behandelt. Der deutsche Titel dieses Buches sagt es besonders drastisch: »Es sind die Töchter, die gefressen werden«. (Berlin 1984)

Lassen Sie sich nicht fressen! Lassen Sie doch einmal Ihre Gedanken ein paar Jahre vorauseilen: Sie haben den Rang der älteren Frau erreicht, sind pensioniert, der unmittelbaren Sorge um die Kinder ledig, Sie haben endlich Zeit für sich, Zeit auch, das Leben zu genießen – und dann erscheint Mutter auf der Bildfläche: »Jetzt hast Du endlich Zeit für mich.« Bong – Ende der Vorausschau! – Vereinbaren Sie noch heute ein Treffen im erweiterten Familienkreis, zunächst ohne die alten Eltern. TOP 1: Wer macht was, wenn die Eltern die Hilfe der Kinder brauchen? Setzen Sie durch, daß später nicht alles an Ihnen hängenbleibt. Vor allem den Brüdern gelingt es oft, sich da aus der Schlinge zu ziehen, womöglich noch mit dem Spruch: »Sowas ist doch Frauensache.«

Wenn Ihr Verhältnis zu den Eltern oder einem Elternteil nicht besonders gut ist, vor allem, wenn da Unausgesprochenes schwelt, Spannungen da sind, dann versuchen Sie mit aller Behutsamkeit, doch auch Konsequenz, spätestens jetzt klärende Gespräche mit den Eltern zu führen – jeden Tag später wird es schwieriger. Mit einer 90jährigen eine Grundsatzdiskussion über Beziehungsprobleme und familiäre Querelen zu veranstalten, hat nicht nur keinen Sinn, sondern wäre auch unfair. Das muß Jahre – besser Jahrzehnte – früher stattfinden.

Wenn Sie nicht allein verantwortlich sind, wenn Ihnen genügend Freiraum bleibt und wenn das Verhältnis zu Mutter oder Vater gut oder wenigstens geklärt ist, dann kann das Sorgen um den alten Menschen auch für Sie selbst positiv sein, kann Ihnen Zufriedenheit und auch Erfüllung geben.

Literatur:

Caplan, Paula J.: So viel Liebe, so viel Haß – zur Verbesserung der Mutter-Tochter-Beziehung. München 1993

Forster, Margaret: Es sind die Töchter, die gefressen werden. Berlin 1984

Freunde

Ein chinesisches Sprichwort sagt: »Wenn der Himmel einen Menschen liebt, dann läßt er ihm einen Freund begegnen.«

Wenn Ihnen der Himmel so gewogen war, pflegen Sie die göttliche Gabe mit aller Sorgfalt – jetzt, ehe es zu spät ist. Auch wenn Sie sich die Zeit zur Hege der Freundschaft zwischen Familie, Beruf und Haushalt stehlen müssen, tun Sie es. Auch eine gute Freundschaft kann erkalten, wenn sie zu lange auf Eis liegt. Es wird nicht immer gelingen, mit einem fröhlichen »Du, ich hab jetzt wieder Zeit« da anzuknüpfen, wo man vor Jahren aufgehört hat. Die andere Seite hat nicht unbedingt jahrelang darauf gewartet, daß wir irgendwann einmal wieder für sie da sind. Gerade nach Eintritt des Ruhestandes, wenn die eher lockeren Freundschaften des Berufslebens oft wegfallen, ist der Verlust der engen Freundin besonders schmerzlich.

Wir verlieren Freunde nicht nur durch Zeitmangel und Achtlosigkeit, sondern auch durch räumliche Entfernung oder durch den Tod. Freunde zu haben, ist ein Grundbedürfnis des Menschen. Je älter wir werden, desto schwieriger wird es wohl, neue Freunde zu finden; eine enge Freundschaft zu gewinnen, ist fast ein Glücksspiel. Doch tun uns auch lockere Freundschaften gut, steigern unser Lebensgefühl.

Wie gewinnt man Freunde, und seien es auch zunächst nur die lockeren? Da kann es kein Patentrezept geben, aber einige Anregungen können uns helfen.

Zunächst müssen wir nach draußen gehen – unter Menschen, am besten unter die, mit denen man schon einmal *eine* Sache gemeinsam hat, zum Beispiel die Lust am Kegeln, Tanzen, Chorsingen, Sporttreiben, Interesse an Sprachen, Literatur, Philosophie, Astrologie, EDV, und, und, und. Solche Möglichkeiten bieten sich der Städterin breiter gefächert an als der Frau auf dem Lande. Vor allem in der Großstadt gibt es ein mannigfaches Angebot an Vereinen, Clubs, Weiterbildung, Volkshochschule, Seminaren, Workshops.

So, nun sind wir vor Ort – was tun? Wir wollen ja nicht nur einen Freund gewinnen, sondern wir selbst wollen jemandem Freund sein. Als Vorstufe dazu müssen wir dem/der anderen erst einmal sympathisch sein. Es gibt diese Lieblinge der Götter, denen immer und überall die Herzen zufliegen. Das müssen nicht unbedingt die Edelsten und Besten sein, es gibt auch solche, die sich besonders gut verkaufen können. Wenn Sie still und verschlossen in der Ecke sitzen und darauf harren, daß endlich jemand Ihren wertvollen Kern entdeckt, können Sie vermutlich lange warten.

Schnell Zugang findet man zu Menschen, die heiter und humorvoll sind. Auch Goethe sagte: »Ich liebe mir den heiteren Mann am meisten unter meinen Gästen. Wer sich nicht selbst zum besten haben kann, der ist gewiß nicht von den Besten.« Sie können das vielleicht, über sich selbst lachen, aber Sie können es nicht zeigen. Aber höflich, freundlich können Sie sein – und lächeln. Machen Sie doch einmal die Probe. Lächeln Sie Ihr Gegenüber in der U-Bahn an, die Kassiererin im Supermarkt, den Penner auf der Parkbank, den mürrischen Oberschulrat von nebenan – Sie werden verblüfft sein über die Wirkung. Lächeln Sie doch jetzt – ja, genau in diesem Moment. Wie fühlen Sie sich?

Jeder hört seinen Namen gern; nennen Sie Ihre Mitmenschen beim Namen. Er fühlt sich dann von Ihnen angenommen, er vermutet, wichtig für Sie zu sein; es schafft Vertrauen.

Lassen Sie Ihr Gefühl walten und suchen Sie nicht nach irgendwelchen Werten beim anderen, zeigen Sie lieber Verständnis. Antoine de Saint-Exupéry sagt: »Ich sag' dir Dank dafür, daß du mich so hinnimmst, wie ich bin. Was habe ich mit einem Freund zu tun, der mich bewertet.«

Seien Sie ein guter Gesprächspartner. Nicht Ihre brillant vorgetragene Meinung macht dem anderen Freude, sondern Ihre Fragen danach, wie er oder sie eine Sache sieht. Wenn wir gefragt werden – nach unserer Gesundheit, einem Reiseerlebnis, einer Problembewältigung –, sind wir froh über das Interesse des anderen an unserem Leben, wir spüren Geborgenheit. Und hören Sie zu – der beliebteste Gesprächspartner ist der gute Zuhörer. Lauschen Sie nicht nur mit den Ohren, sondern auch mit dem Herzen. Versuchen Sie, auch eine andere Meinung zu akzeptieren. Deswegen brauchen Sie der Ansicht des anderen nicht zuzustimmen, und was schadet es, wenn ein Gespräch mit der Feststellung endet: Da haben wir unterschiedliche Sichtweisen.

Fragen Sie andere um Rat, aber erteilen Sie selbst nur dann welchen, wenn Sie darum gebeten werden.

Loben Sie Ihre Mitmenschen. Lob ist das Öl auf des Lebens Glücksrad. Es muß nicht das dick aufgetragene Lob sein, das macht eher mißtrauisch. Es sind die mehr unauffälligen Äußerungen, die uns so guttun: »Nicht schlecht«, »Wie machst du das bloß?« oder auch nur ein anerkennender Blick.

Wir sollen zuhören, verstehen, achten, loben, lächeln – es könnte der Verdacht entstehen, als wollten wir uns einschmeicheln, anbiedern. Wir möchten den anderen gefallen, das ja, wir wollen ja schließlich einen Freund finden, doch wir dürfen uns nicht verleugnen; ein angepaßter Schmeichler ohne eigene Meinung taugt nicht als Freund. Sie vertreten Ihre Ideologie, ohne halsstarrig zu sein, doch auch ohne dem anderen nach dem Munde zu reden. Sonst würde die Unehrlichkeit beginnen und damit enden, daß Sie keine negative Kritik wagen. Wir spielen dem anderen übel mit, wenn wir ihn nicht erfahren lassen, was uns mißfällt. Auf dem Boden der Unaufrichtigkeit kann keine Freundschaft gedeihen. Äußern Sie Ihr Mißfallen, Ihre Kritik, aber zählen Sie erst bis zehn, wenn Sie wütend sein sollten; im Zorn sagen wir leicht Worte, die alles zunichte machen können. Kritisieren Sie das Verhalten, nicht den Menschen. Fragen Sie nach, ob es wirklich so gemeint war, wie Sie es aufgefaßt haben. Zeigen Sie Ihre Verletzlichkeit. Und wenn die Situation geklärt ist, alles ausgesprochen ist, dann seien Sie nicht nachtragend.

Kritik zu äußern ist schwierig, sie zu ertragen nicht minder, vor allem, wenn es an unsere gefühlsmäßige, seelische Substanz geht, sind wir tief betroffen, und die Freundin, der Freund muß uns mit Verständnis und Liebe bei der Bewältigung helfen. In die Tiefe gehende Kritik muß der engen Freundschaft vorbehalten bleiben.

Sie haben eine neue Freundschaft schließen können – hegen Sie das zarte Pflänzchen der neuen Beziehung. Das oberste Gebot der Freundschaftspflege ist Verschwiegenheit. »Das bleibt unter uns«, braucht unter Freunden nicht gesagt zu werden, es ist selbstverständlich. Und noch eins: Nicht klammern! Zuwenig Zeit für den anderen ist nicht gut, doch auch ein Zuviel kann die Freundschaft töten, geradezu erwürgen. Wenn wir zu oft gefordert werden, fühlen wir uns eingeengt, mögen nicht nein sagen, fallen uns auf die Nerven. Seien wir auch hier ehrlich: in einer guten Freundschaft muß einer dem anderen Freiräume lassen, sonst erstickt die Freundschaft.

Daß es kein leichtes Unterfangen ist, Freunde zu finden, meint auch Schiller in seiner Ode an die Freude: »Wem der große Wurf gelungen, eines Freundes Freund zu sein, [...] stimme in den Jubel ein!«

Literatur:

Ryborz, Heinz: Freundschaft. München 1991

Schott, Barbara: Freunde finden. Reinbek 1994

Haustiere

Wer schon immer Hund, Katze, Meerschwein oder Vogel im Hause hatte, weiß Bescheid: Sie machen unser Leben reich und froh und verlangen so wenig dafür. Futter, Pflege und auch schon mal ein bißchen Ärger stehen in keinem Verhältnis (oder sagen wir 1:100) zu der Freude, die sie uns bereiten.

Sie haben – noch – kein Tier im Haus, vielleicht, weil Sie berufstätig sind und das Tier nicht so lange allein lassen mögen? Ob man sich für die Dauer-Freizeit ein Tier anschafft, will natürlich gründlich überlegt sein. Eines ist so simpel, wie sicher: wer ein Tier hat, ist nicht allein – und gesünder, wie zahlreiche Untersuchungen, insbesondere in den USA, zeigen. Die Biologin Dr. Erika Fiedmann, Professorin am *Brooklyn Institut* in New York hat in einer groß angelegten Studie festgestellt, daß Haustierbesitzer nach einem Herzinfarkt eine viermal höhere Überlebenschance haben als andere. Das *Institute of Animal Assisted Therapy* in Amerika untersucht seit Jahren den Zusammenhang von Mensch-Tier-Beziehung und Gesundheit. Es hat sich herausgestellt, daß Haustierbesitzer im allgemeinen einen viel schnelleren Heilerfolg haben als andere, auch bessere Blutdruckwerte und einen ruhigeren Puls, seltener einen Infarkt erleiden und auch weniger depressiv sind. »Wenn das so ist«, könnten Sie sagen, »dann her mit dem Hund!« Doch da gilt es natürlich, einiges abzuwägen.

Mögen Sie denn überhaupt Tiere, oder genauer gesagt, mögen Sie ein Tier in Ihrer Wohnung haben? Tierhalter können selten eine piekfeine Wohnung vorweisen. Es riecht – oder stinkt sogar – nach Tier. Sie haaren und federn und drecken und kleckern, und wenn es sich um junge Tiere oder freifliegende Vögel handelt, zerzupfen, zerkratzen oder zerbeißen sie schon mal Teppiche, Gardinen und Tapeten. Junge Hunde und Katzen werden nicht stubenrein geboren, und man muß mit Pfützen und Häufchen auf dem Teppich rechnen. Auch wenn das Tier krank ist, kann so etwas passieren. Und noch etwas: Sie haben immer mal wieder Flöhe, Zecken, Milben und Würmer.

Habe ich Ihnen die Tierhaltung jetzt gründlich vermiest? Das ist nicht beabsichtigt, doch wollte ich Ihnen unbedingt auch die Kehrseite der Medaille vor Augen führen – und dabei denke ich auch an das Tier. Auch für dieses ist es schrecklich, wenn es Ihnen lästig wird. Es soll Leute geben, die ihren Hund ständig mit – für den Menschen – wohlduftendem Shampoo waschen, weil sie den Hundegeruch nicht ertragen oder der Katze kein Fleisch geben, damit der Kot nicht riecht – ganz zu schweigen von denen, die das Tier, wird es lästig, einfach aussetzen.

Sie jedoch würden zwar gern ein Tier mit all seinem Geruch und Schmutz ans Herz drücken – doch Sie sind Allergikerin? Durch einen vom Arzt durchgeführten Test läßt sich herausfinden, ob, und wenn, gegen welches Tier, Sie allergisch sind. Am häufigsten lösen Katzenhaare Allergien aus.

Was weiter gegen die Anschaffung eines Tieres spräche, wäre Ihre eventuelle Reiselust. So wie der Mensch das Tier braucht, braucht das Tier den Menschen; zumindest beim Hund und auch bei manchen Katzen ist es mit der Versorgung durch Futter und Trank nicht getan. Ein Haustier leidet, wenn die Bezugsperson lange Zeit nicht da ist. Und das Tier auf die Reise mitzunehmen, macht höchstens dem Hund Spaß.

Es gibt eine Tierart, die weder Allergien auslöst noch traurig ist, wenn Sie verreisen, noch stinkt oder schmutzt – das sind Fische. Sind sie in einem guten (meist nicht billigen) Aquarium untergebracht, können sie auch für längere Zeit automatisch mit Sauerstoff und Futter versorgt werden. Ein Aquarium ist in jeder Hinsicht ästhetisch. Untersuchungen haben ergeben, daß das Betrachten von Fischen in besonderem Maße die Nerven beruhigt, den Blutdruck senkt und überhaupt das Wohlbefinden des Menschen steigern kann. Nur zum Kuscheln eignen sich Fische rein gar nicht!

Dafür Hund und Katze um so mehr. Das Streicheln löst bei Mensch und Tier großes Wohlbehagen aus; der Hund räkelt sich wohlig auf dem Rücken, das Kätzchen schnurrt – und wir entspannen uns, und es geht uns »tierisch« gut. Streichel-Tiere werden in Kliniken sogar als Therapie-Maßnahme eingesetzt. Besonders bei Depressionen sollen die Heilerfolge erstaunlich sein. Paul Keller hat in seinem Roman »Die Ferien vom Ich« gestreßten, herrschsüchtigen Managern die »krummbeinige Medizin« empfohlen: einen Dackel.

Womit wir beim Hund wären, den viele als den besten Freund des Menschen bezeichnen. Und in der Tat: Er hört zu, er bewacht Sie (wo ein Hund bellt, kehrt der Einbrecher um), er hilft Ihnen, Leute kennenzulernen (beim Gassigehen), er freut sich über Sie, jedes Mal, wenn Sie nach Hause kommen, ob Sie nun fünf Stunden weg waren oder fünf Minuten. Das tägliche mehrmalige Gassigehen tut dem Menschen genauso gut wie dem Hund; der Hund sorgt dafür, daß wir bei Wind und Wetter an die frische Luft kommen und Bewegung haben. Zum Problem wird der Hund, wenn man lange verreisen will. In manchen Ländern wie Großbritannien gilt ein absolutes Einreiseverbot für Hunde; für Norwegen und Schweden gilt, daß sechs Wochen vor Antritt der Reise Impfungen gegen Tollwut und Blutuntersuchungen vorgenommen werden müssen. In den meisten anderen europäischen Ländern genügt ein Paß, in dem die Impfung gegen Tollwut bestätigt wird. Die Beförderung in Bus, Bahn und vor allem im Flieger ist teuer, im Bus oft gar nicht gestattet. Die Deutsche Bahn läßt seit neuestem Tiere, die in einer »normalen« Tasche Platz haben und während der Fahrt dort bleiben, umsonst mitfahren. Auch in Hotels, Appartements und auf Campingplätzen ist der Hund nicht immer gern gesehen. Doch den Hund selbst schert das alles wenig. Im Gegensatz zu den anderen Haustieren ist er ein begeisterter Reisebegleiter, kann er doch bei seinem geliebten Frauchen oder Herrchen bleiben. Wenn der Hund zu Hause bleiben soll, dann nur bei Leuten, die er gut kennt und mag. Einen seinem Frauchen nachtrauernden Hund zu betreuen, kann einen selbst in die Schwermut treiben.

Katzen sind anders. Der Hund liebt uns schon, wenn wir ihn nicht treten – die Katze tritt uns, wenn wir sie nicht lieben. Sie wedeln nicht mit dem Schwanz zur Begrüßung, sie zeigen ihre Freude verhaltener, auch herablassender, und es ist schon eine große Ehre, wenn sie uns gravitätisch und schnurrend um die Beine streichen. Sie blicken uns nicht ergeben an wie der Hund, sondern geheimnisvoll, abwartend, skeptisch und – frech. Katzen spielen gern. Selbst der alte Kater kann mit unserem Wollknäuel durch die Stube jagen und uns eine Stunde Arbeit mit verheddertem Garn bescheren. Es empfiehlt sich, einen Krallenschärfbaum im Zimmer aufzustellen; wenn Sie Glück haben, nimmt die Katze ihn an und verschont Ihre Sessel. Während Herr und Hund ein Team bilden, bleiben Katze und Mensch Individualisten – jeder sucht allein sein Glück, das sie dann gemeinsam genießen. – Im Gegensatz zum Hund liebt die Katze fast mehr das Haus als den Herrn. Verreisen mag sie gar nicht. Wenn die Katze in ihrer gewohnten Umgebung gut versorgt und neben dem Füttern auch mal gestreichelt und angesprochen wird, kann man getrost verreisen.

Vögel sind von der Pflege her unproblematisch, und auch während der Reise kann man sie gut zum Nachbarn bringen. Ob man einen Vogel, dessen Bewegungsart das Fliegen und dessen Lebensraum der freie Himmel ist, ständig in einem kleinen Käfig betrachten mag, ist eine andere Sache.

Es gibt heute kaum noch Hausbesitzer oder -verwaltungen, die Tierhaltung verbieten, es sei denn, man hat mehrere Hunde und/oder Katzen oder einen Alligator in der Badewanne. Auch in Altenheimen – und sowieso in Altenwohnanlagen – wird heute meist das Halten von Tieren erlaubt, schon des günstigen Einflusses auf das Wohlbefinden alter Menschen wegen. Trotzdem sollten Sie sich vorher erkundigen, auch hinsichtlich der für später vorgesehenen Art des Wohnens.

Tierhaltung kostet Geld. Beim Futter kann man sparen, wenn man »Abfall« beim Fleisch- oder Fischhändler kauft statt des teuren Dosenfutters. Für den Hund muß Steuer bezahlt werden. Der Preis für die Anschaffung eines Tieres reicht von »geschenkt« bis zu enormen Summen für Rassetiere. Was besonders ins Geld geht, sind die Tierarzt-Rechnungen. Dabei sind es nicht so sehr die üblichen Impfungen, sondern die im Notfall notwendig werdenden Behandlungen, besonders Operationen, die meist zu beträchtlichen Arzt-Honoraren führen. Doch was sollen wir machen, wenn uns das Tier so richtig ans Herz gewachsen ist – dann ist uns nichts zu teuer!

Ausklang: Gedanken zur Lebensqualität

Eine perfekte Vorbereitung des dritten Lebensabschnitts in Sachen Geld, Wohnen, Gesundheit, Familie und Freizeit ist wohl ein wunderbarer Nährboden, doch noch keine Garantie für die Erfüllung von Lebenssinn und Lebensglück im Alter.

Tiefgehende philosophische Fragestellungen oder gar Antworten können im Rahmen dieses Ratgebers nicht behandelt werden, sie würden auch meine Kompetenz überschreiten. Doch ein paar Hausrezepte, wie die Qualität des Lebens und damit des Alters zu einer guten und freudvollen werden kann, möchte ich weitergeben und damit immerhin einige Wegweiser zum Glück aufstellen.

Lebensqualität – wer hat die bessere? Die Reiche oder die Arme? Die Gesunde oder die Kranke? Die Junge oder die Alte? Wir sind natürlich geneigt, spontan zu rufen: die Junge, die Reiche, die Gesunde und ganz gewiß doch die gesunde, junge Reiche! Doch da fällt uns schon die Frau aus dem Bekanntenkreis ein, auf die alle drei Attribute zutreffen und die nun zum zweiten Mal versucht hat, ihr Leben selbst zu beenden; wobei bei dieser Frau die Gesundheit wohl nur für den Körper gelten kann.

Wir kennen andererseits den Schwerkranken, der sich über ein paar Stunden Schmerzfreiheit freut, und wer kennt nicht Arme und Alte, die sich durchaus über vieles freuen können. Für Franz von Assisi, der ja in tiefster Armut lebte, reichte sogar das Summen eines Bienchens für tagelange Freude aus!

Sich freuen können – eines der schönsten Gefühle, dessen wir fähig sind. Und wenn das nicht so gelingt – kann man »freuen« lernen? Warum nicht!

Wenn nur die großen glückhaften Ereignisse des Lebens, wie bestandenes Examen, Anstellungsvertrag, der Bescheid, gesund zu sein, Geburt eines Kindes, das Siegestor, Freude auslösen, ist man noch kein Meister im Freuen. Da putschen uns die Glückshormone hoch, so daß wir gar nicht anders können, als zu jubeln – das kann jede!

Ein gutes Übungsfeld fürs Freuen ist der Alltag. Gibt es nicht jeden Tag etwas, worauf Sie sich freuen könnten? *Auf* etwas freuen – das Ereignis ist noch gar nicht da, wir sitzen noch mitten im Elend, jagen gestreßt durch die letzte Stunde des Arbeitstages – da lassen Sie den Gedanken an den Feierabend aufblitzen – Vorfreude – eine schöne, sichere und preiswerte Freude. Selbst wenn statt des erhofften geruhsamen Feierabends zu Hause der Teufel los ist, wenn das Feriendomizil statt am Strand an der Hauptstraße liegt, der Freund das Rendezvous absagt – die Vorfreude haben wir gehabt und genossen, die kann uns keiner mehr wegnehmen. Auch wenn das Ziel, die eigentliche Freude, gar nicht stattfindet, hatten wir unseren Genuß. Die Vorfreude ist auch von der Zeitdauer her meist viel länger. Man kann sich doch mindestens ein halbes Jahr auf einen dreiwöchigen Urlaub freuen. Und wenn die drei Wochen Ferien schiefgehen – wir hatten 25 Wochen Vorfreude!

Zum Üben im Freuen, speziell im Vorfreuen, können wir ganz kleine Brötchen backen. Die kleinen Freuden sind es, die den Alltag des Lebens schön machen, wie die Freude auf den Feierabend. »Abends muß ich immer meine Eßlust wegen meiner Gewichtsprobleme bremsen, aber ich freue mich da schon immer aufs Frühstück.« Oder Freuen auf Mittwochabend, da gibt es meine Lieblingszeitschrift, oder auf Donnerstagabend, da geht es zum geliebten Kartenspielen, oder auf Freitag auf den Lieblingskrimi oder auf heute abend, da kann ich in dem tollen Buch weiterlesen.

Laßt uns die Vorfreuden genießen, die kleinen und die großen. Wir sollten immer wieder versuchen, die grauen Gedanken zu verjagen und der Vorfreude Raum geben. Die Freude geschieht ja von ganz allein. Und wenn es eine Enttäuschung gibt – wir hatten unsere Vor-Freude.

Nun gibt es allerdings auch Pessimisten. Die haben sich ein-, zweimal so richtig schön vorgefreut, und dann ging es schief. Also läßt man das Vor-Freuen lieber sein, damit man dann nicht enttäuscht ist. Aber woher weiß man, ob man nicht trotzdem enttäuscht ist. Und wie ärgerlich ist es erst, wenn man sich 25 Wochen lang *nicht* vorgefreut hat – und dann ist der Urlaub doch schön!

Paul Watzlawick warnt sogar vor dem Ankommen. Er zitiert R. L. Stevensons Worte »Es ist besser, hoffnungsfroh zu reisen, als anzukommen« und deutet sie so: »Im Aufbruch, nicht am Ziele, liegt das Glück.«

Womit wir beim Glück wären. Was ist Glück? Wie wird man glücklich? Es gibt unzählige Bücher von Philosophen, Psychologen, Religionslehrern, Dichtern, die uns da auf die Sprünge helfen wollen. Paul Watzlawick versucht es in seinem Bändchen »Anleitung zum Unglücklichsein« auf paradoxe Art. Ein herrliches Lesevergnügen, das uns mit Witz und Ironie anleitet, wie man perfekt unglücklich werden kann – und das Gegenteil bewirkt.

Das Glücksempfinden der Menschen ist so verschieden wie die Menschen selbst. Wie dasselbe Ereignis positiv oder negativ gesehen werden kann, zeigt das Weinglas-Gleichnis. Wie ist es mit Ihrem Empfinden, wenn Sie ein Glas köstlichen Weines zur Hälfte getrunken haben? Sagen Sie: »Wie schade, nun ist mein Glas schon halb leer« oder »Wie schön, mein Glas ist noch halb voll«?

So manches Mal im Leben hilft auch der beste Wille zum Freuen und Glücklichsein nichts – wir haben Probleme. Wir wälzen sie, wie man bildlich treffend sagt. Unsere Gedanken kreisen und kreisen, wir sind nervös, essen zu wenig oder andauernd, der Schlaf ist gestört, von Lebensfreude keine Spur. Könnte Ihnen dieses »Gebet« da heraushelfen?

Herr, gib mir
die Stärke, die Dinge zu ändern,
die geändert werden können,
die Geduld, diejenigen zu akzeptieren,
die nicht geändert werden können,
und die Weisheit,
den Unterschied zu erkennen.

Der letzte Vers läßt uns schmunzeln – und das ist schon viel wert. Und im Ernst: Bei manchen Problemen müssen wir wirklich um die Gottesgabe der Weisheit bitten, um zu wissen, zu welcher Kategorie unsere Sorgen gehören. Zu Vers zwei gehören wohl auch die Schuldgefühle wegen Vergangenem, bei denen alles Grübeln müßig ist. »Wäre ich doch zu Papa netter gewesen, jetzt ist er tot«, »Hätte ich mir doch mehr Zeit für die Kinder genommen«, »Hätte ich vor 30 Jahren bloß das Grundstück gekauft«, »Hätte ich die rote Ampel nicht übersehen«. Ihnen fällt da sicher mühelos auch so einiges ein. Die Handlungsweisen in der Vergangenheit sind nun wirklich nicht zu ändern. Wir machen sie einerseits durch unsere Schuldgefühle nicht ungeschehen und können andererseits keinem mit ihnen helfen, nur uns selbst schaden. Ein Operettentext weiß guten Rat: »Glücklich ist, wer vergißt, was nicht mehr zu ändern ist.« Wir brauchen genug

Kraft zum Abwägen der Dinge, die uns *heute* vor die Frage stellen: Ist es zu ändern? Und wenn sich ein Wenden der Dinge unserer Macht entzieht, dann sollen wir nicht verzweifeln, sondern mit Geduld akzeptieren, wobei »Geduld haben« schon wieder einen Funken Hoffnung enthält.

So manches Mal brauchten wir den Herrn nicht anzurufen, um den Unterschied zwischen den lösbaren und den unlösbaren Problemen zu erkennen. Im Hinterstübchen wissen wir schon, daß da was zu ändern wäre, doch aus Faulheit oder Feigheit sagen wir: Da kann man ja doch nichts machen. Und das nagt an uns, ohne daß es uns recht bewußt wird. Schieben Sie solche Probleme auch nicht auf die lange Bank, womöglich gar bis zum Rentenbeginn mit der Begründung: da habe ich Zeit. Diese Zeit soll doch eine schöne sein und nicht mit der Lösung von Problemen vollgepackt.

Die Zeit – welch herrliches Geschenk des Alters! Gut, sie ist und war schon immer da, doch wie oft leugnen wir ihr Da-Sein (»Hab' keine Zeit«), vergeuden sie oder schlagen sie gar tot; meist gezwungen von der, die sie erbarmungslos mißt – der Uhr. Doch dann fallen die Klammern der Erwerbstätigkeit und der Familienverantwortung weg oder sind doch stark gelockert. Unsere Entscheidungsfreiheit, was heute oder morgen geschehen soll, wird um vieles größer. Der Alltag hat sein stereotypes Attribut »grau« endgültig verloren. *All*-Tag, welch merkwürdiges Wort; wir deuten es so: im Alter ist alles drin! Wir gestalten ihn nach unserem Willen, nach unserer Lust, bauen Höhepunkte ein, genießen den Augenblick – »Verweile doch, du bist so schön«, sagt Goethes Faust. Sicher, wenn Kummer oder Krankheit uns heimsuchen, klingt es sarkastisch, daß solche Augenblicke verweilen mögen. Doch auch diese nehmen wir an, werten sie, bauen sie ein. Fremdbestimmung unserer Zeitplanung lehnen wir so weit wie irgend möglich ab. *Wir* verwalten, *wir* gestalten unsere Zeit!

Viele Frauen vermissen während des angespannten Lebens für Familie und Beruf vor allem die Zeit zur Besinnung auf sich selbst. Mit den Jahren und der abnehmenden Belastung ist dann Zeit da, und es tauchen dann doch so hin und wieder und mehr und mehr tiefgehende Fragen auf: Was bleibt von mir, wenn die großen Rollen auf der Lebensbühne – berufstätige Frau, Hausfrau, Tochter, Ehefrau, Mutter – ausgespielt sind? Was habe ich aus dem Geschenk des Lebens gemacht? Und auch die berühmteste philosophische Frage rüttelt an unserer Seele: Was ist der Sinn des – meines – Lebens?

Wer in einer religiösen Glaubensgemeinschaft aufgewachsen ist und auch – glaubend – geblieben ist oder auch länger schon einer angehört, wird diesen Fragen wohl mit größerer Ruhe begegnen. Manche versuchen, an frühere Interessen für Religion, Philosophie oder spirituelle Wissenschaft anzuknüpfen. Sie werden feststellen, daß die in den verschiedenen Rollen gemachte Lebenserfahrung diese Bereiche mit neuen Inhalten füllt.

»Ich stand, als ich im wahrsten Sinne des Wortes zum Ruhestand kam, mit vollen Händen, aber leerem Herzen da. Das Haus war bestellt, die Pflicht getan, ich selbst gut versorgt. Doch statt befriedigt auf mein Lebenswerk zu blikken, war ich unruhig, ja unzufrieden. ›Mein Gott, ich habe doch alles‹, dachte ich, ›was ist bloß mit mir los?‹ Meine Tochter schenkte mir Erich Fromms ›Haben oder Sein‹. Schon der Titel ließ in mir ein Glöckchen klingen: Ja, ich *habe* alles, aber was *bin* ich? Nun, ich habe das Buch mit heftigem Engagement – und mit dem Fremdwörterduden! – durchgeackert. Alles habe ich nicht verstanden, einiges gefiel mir auch nicht. Doch ein von Fromm aus der Bibel (Lk 9,25) zitierter Satz traf mich mitten ins Herz: ›Jesus sagt: Denn was nützt es dem Menschen, wenn er die ganze Welt gewinnt, sich selbst aber verliert, und Schaden an seiner Seele nimmt.‹ – Vielleicht hätte mich auch ein anderes Buch als das Frommsche oder auch etwas ganz anderes anrühren können. Auf jeden Fall bin ich wachgerüttelt und mir selbst schon ein Stückchen nähergekommen. Und ich habe Wegweiser entdeckt, wenn auch noch nicht den Weg gefunden. Inzwischen habe ich mich einer Gruppe gleichgesinnter Menschen angeschlossen; allein konnte ich das alles gar nicht mehr bewältigen. Ich landete dauernd in Sackgassen.« (Margit, 66 Jahre)

Es ist sicher ein guter Weg, sich in Lebensfragen zunächst der Literatur zuzuwenden. Doch ist es meist nicht gut, mit dem angelesenen Wissen allein zu sein; da tun Aussprachen not, mit Freunden, in einer Gruppe. Die Gruppe muß allerdings – zumindest während der Zeit des Suchens – offen und undogmatisch sein, damit wir nicht mit unserer suchenden Seele an Kreise geraten, die uns ihre Doktrinen überstülpen, ehe wir uns selbst unseres Weges und unseres Zieles einigermaßen sicher sind.

Eine gute Möglichkeit, undogmatische und doch wegbereitende Gruppen zu finden, bieten die Volkshochschulen. Aus der reichen Auswahl eines Vorlesungsverzeichnisses sei hier ein Kurs inhaltlich wiedergegeben:

Persönliche Lebensplanung statt »Ich warte auf die große Wende«

Ziel dieses Kurses ist, Lebensziele wiederzufinden, und »Stolpersteine« zu erkennen, die uns hindern, die eigenen Ziele wirklich zu verfolgen. Wir gehen dabei aus von unserer persönlichen Lebenskurve, den förderlichen und den eher hinderlichen Einflüssen, überlegen, welche persönlichen Stärken wir für uns nutzen können, welche Schwachstellen beachtet oder bearbeitet werden wollen. Über unser Lebenswunschbild nähern wir uns einer realistischen Zielplanung und erarbeiten einen persönlichen Maßnahmenkatalog.

Weitere Kurse sind – mit Kurzbeschreibung – am Ende dieses Kapitels aufgeführt.

Wohlgemerkt, solche Kurse sind Wegweiser, Krücken, die uns bei der Suche nach neuen Werten helfen können, vielleicht einen Schubs, eine Richtung geben, wenn wir uns beim Nachdenken über die Dinge im Kreise drehen. Die Moral, die ich letztendlich für mich akzeptieren, verinnerlichen und leben kann, muß aus mir selbst kommen.

Laßt uns, wenn wir uns aufmachen auf den Weg zum Ich, auf den Weg zum Sein, die Freude nicht vergessen.

Erich Fromm soll hier sprechen: »[...] spielt die Freude in den religiösen und philosophischen Systemen, die im Sein den Sinn des Lebens sehen, eine zentrale Rolle. [...] Das Alte Testament sieht in der Freude die Grundstimmung, die das Sein begleitet. Das Buch der Psalmen endet mit einer Folge von fünfzehn Gesängen, die ein einziger Hymnus an die Freude sind. [...] Freude ist die Glut, die dem Sein innewohnt. [...] Freude also ist es, was wir auf unserem Weg hin zum Ziel der Selbstverwirklichung erleben.«

Hier widerspricht Fromm zu unserer Erleichterung dem alten Seneca, der uns »über rauhe Pfade zu den Sternen« schicken wollte. Doch gerade wenn wir älter werden, sollte dieser Weg nicht gar so rauh und steinig sein.

Dieser Ratgeber sollte bewirken, daß Sie sich auf behaglichem Grund mit frischem Geist und gesundem Leib lockersportlich ausschreitend auf den Weg zu den wunderbaren Möglichkeiten des Älterwerdens begeben.

Weitere Beispiele von »undogmatischen« Kursen:

Mittendrin – Frauen über Vierzig – (Aufbaukurs)

Ging es im Grundkurs vorwiegend um eine Bestandsaufnahme, sollen im Aufbaukurs Perspektiven und hilfreiche Strategien für Frauen in der Lebensmitte entwickelt werden: Wie kann ich mir in der »Mittendrin-Wechsel-Zeit« Gutes tun? Was brauche ich, um mit mir und meinem Älterwerden in Einklang zu kommen?

Die Frau meiner Träume

An diesem Wochenende geht es um weibliche Lebensentwürfe, Idealbilder und Selbstkonzepte. Mit Übungen zur Selbstwahrnehmung, Phantasiereisen und Visualisierungen wollen wir lernen, uns selbst besser anzunehmen, unsere Möglichkeiten zu erweitern und unsere Grenzen zu akzeptieren.

Einführen in das Philosophieren

Dieses »Schnupperwochenende« wird mit Möglichkeiten und Grenzen des philosophischen Fragens, Argumentierens und Denkens bekanntmachen oder Bekanntes auffrischen. Wir werden an scheinbar unphilosophischen Beispielen philosophisches Hinterfragen erproben, aber auch klassische Texte lesen und besprechen.

Bewußtheit durch Bewegung

Ziel der Feldenkraismethode ist, die Aufmerksamkeit für uns selbst zu schulen, um unsere Bewegungsabläufe, aber auch Verspannungen bewußter zu erkennen und eine bessere Beweglichkeit zu erreichen. Dadurch können Verspannungen auch im Rückenbereich gelindert und das eigene Wohlbefinden erhöht werden. Darüber hinaus erweitert sich unser Selbstbild, und wir entdecken unsere Vielfalt an Handlungsmöglichkeiten. Bitte Wolldecke und bequeme Kleidung mitbringen.

Sich auf das Wesentliche konzentrieren – zentrieren

Viele, sehr viele – zu viele Aufgaben und Erwartungen, die an uns gerichtet sind; ob sie nun von außen kommen oder ob wir sie uns selbst auferlegt haben. Dazu wenig Zeit und Ruhe, um das »Wesentliche« im privaten oder beruflichen Leben zu bemerken oder herauszufinden. Mit Hilfe von Wahrnehmungs-, Entspannungs- und Bewußtseinsübungen wollen wir versuchen, dem »Wesentlichen« näher zu kommen.

Malen – Meditieren – Entspannen
Ein Weg zu sich selbst

Über spontanes Malen, geführte Meditation und Entspannungsübungen bekommen wir Zugang zu unserem inneren Erleben, innere Bilder werden sichtbar. Selbst-Verständnis kann entwikkelt und neue Möglichkeiten des Da-Seins können ausprobiert werden, Wachstumsprozesse werden angeregt. Ich möchte die Teilnehmenden ermutigen, ihre kreativen und schöpferischen Kräfte zu leben und den eigenen Ausdruck zu finden.

Philosophieren in »Sofies Welt«

»Wer bist du?« fragt ein Unbekannter die vierzehnjährige Sofie. – Stellen wir uns nicht im Alltag dieselbe Frage – und finden öfter keine Antwort? Jostein Gaarder führt Sofie in seinem Buch »Sofies Welt« mit Hilfe der Geschichte der Philosophie einigen Antworten näher. In einer orientierungslosen Zeit kann die Philosophie Antworten bieten, auf die Fragen »Wer bist du?« und »Wie sieht eine gute Lebensführung aus?« Dieser Kurs will in einer gemeinsamen Anstrengung Wege in der Postmoderne finden.

Als Literatur sollen hier nur die beiden im Text erwähnten Bücher angeführt werden:

Fromm, Erich: Haben oder Sein. Neuauflage München 1992
Watzlawick, Paul: Anleitung zum Unglücklichsein. München 1996

Über die umfangreiche Literatur zu diesem Thema lassen Sie sich am besten in Bibliotheken oder von den Kursleitern beraten.

Band 66317

Armin E. Möller
Alf Koblischke
Dr. med. Wolfgang Kühl

Helfen Heilen Relaxen

Rheuma, Rückenleiden, Herz-Kreislauf-Probleme, Asthma und Allergien machen vielen Menschen zu schaffen. 400 Kurorte und noch mehr Kliniken haben sich darauf spezialisiert, zu helfen und zu heilen. Fitneß für Beruf und Leben, ein Dasein ohne Gesundheitsprobleme, gesund werden oder bleiben: Das wird von der Vor- oder der Nachsorge erwartet – und mehr! Dazu gehört auch »die Seele baumeln zu lassen«. Relaxen und Kurlaub werden von den Ärzten befürwortet.
Aber auch der bestinformierte Arzt kann nicht alle Spezialkliniken und Kurangebote kennen. Dieser Ratgeber zeigt: Was bieten die Kurorte und Kliniken? Wer hat Anspruch auf eine bezahlte Kur? Was können Selbstzahler verlangen? Welche Erholungseinrichtungen gibt es außerhalb der Klinik?

BASTEI LÜBBE

Band 60435

Karin Jäckel

Alles Ehe oder was...

Immerwährendes Glück in der Partnerschaft fällt kaum jemanden in den Schoß. Oft sind Enttäuschungen, Auseinandersetzungen und ein Zurückschrauben der eigenen Erwartungen unumgänglich, bis das Paar eine Basis für das gemeinsame Glück gefunden hat.
Karin Jäckel gelingt in diesem Buch die aufschlußreiche Bestandsaufnahme dessen, was sich in heutigen Langzeitpartnerschaften abspielt. Da gibt es die Traum-Ehe, die Kampf-Ehe, die Frust-Ehe, die Gewohnheits-Ehe und die Gruppen-Ehe. Die Autorin hat die Partner unabhängig voneinander in der ihr eigenen, einfühlsamen Art befragt und die jeweiligen Aussagen einander gegenübergestellt. Auf diese Weise entstehen faszinierende Porträts typischer Beziehungsmuster, in denen jede Leserin und jeder Leser sich wiederfinden kann.

BASTEI LÜBBE